# Allgemein-BILDUNG

## FÜR KINDER

Feryal Kanbay

Compact Verlag

Alle Angaben wurden sorgfältig recherchiert, eine Garantie
bzw. Haftung kann dennoch nicht übernommen werden.
Text: Feryal Kanbay
Chefredaktion: Evelyn Boos
Redaktion: Simone Steger
Produktion: Wolfram Friedrich
Abbildungen: dpa Picture-Alliance, Frankfurt
Titelabbildungen: dpa Picture-Alliance, Frankfurt; IFA-Bilderteam, München
Gestaltung: Axel Ganguin
Umschlaggestaltung: Inga Koch

ISBN 3-8174-5940-8
5459401

Besuchen Sie uns im Internet: www.compactverlag.de

# Liebe Leserin, lieber Leser,

wenn du dieses Buch in Händen hältst, wirst du schnell merken, dass man viele Wissensgebiete auch ganz anders und oft spannender als in der Schule behandeln kann.

Dieses Buch erklärt dir einiges, was Schulfächer wie Biologie, Chemie, Physik, Mathematik und Geschichte interessant und wissenswert macht. Aber du erfährst auch viel über Religion, Philosophie, Musik, Kunst und Literatur – Bereiche, für die in der Schule meist nur wenig Zeit bleibt.

Du wirst schnell merken, dass es diesem Buch darum geht, dich neugierig zu machen. Du findest hier also nicht alles, was es über die jeweiligen Gebiete zu wissen gibt. Aber das will dieses Buch auch gar nicht. Es möchte dir einen allgemeinen Überblick geben und dir vor allem helfen, dich zu orientieren und – was noch wichtiger ist – es soll dir Lust machen, mehr über die Dinge des Lebens zu erfahren. Denn Wissen ist nicht verstaubt und langweilig, sondern es macht neugierig und sogar Spaß!

Um es für dich übersichtlicher zu machen, haben wir die Themengebiete in diesem Buch alphabetisch geordnet. Die Gebiete Chemie, Physik und Mathematik haben wir zu einem großen naturwissenschaftlichen Kapitel zusammengefasst und diese oft ungeliebten Schulfächer einmal aus einem anderen Blickwinkel beleuchtet.

Der informative Text wird durch zahlreiche Abbildungen bereichert und durch Kästen aufgelockert, die spannende Informationen enthalten, die du wahrscheinlich in keinem deiner Schulbücher finden wirst.

Solltest du einen speziellen Begriff suchen, kannst du im Stichwortverzeichnis im Anhang des Buches nachschlagen. Dort sind die wichtigsten Begriffe alphabetisch geordnet.

Du brauchst dieses Buch auch nicht gleich von Anfang bis Ende durchzulesen – es ist schließlich kein Roman. Blättere erst mal darin, damit du einen Überblick bekommst. Und wenn du weißt, welches Thema dich am meisten interessiert, kann es losgehen. Viel Spaß beim Schmökern!

# INHALTSVERZEICHNIS

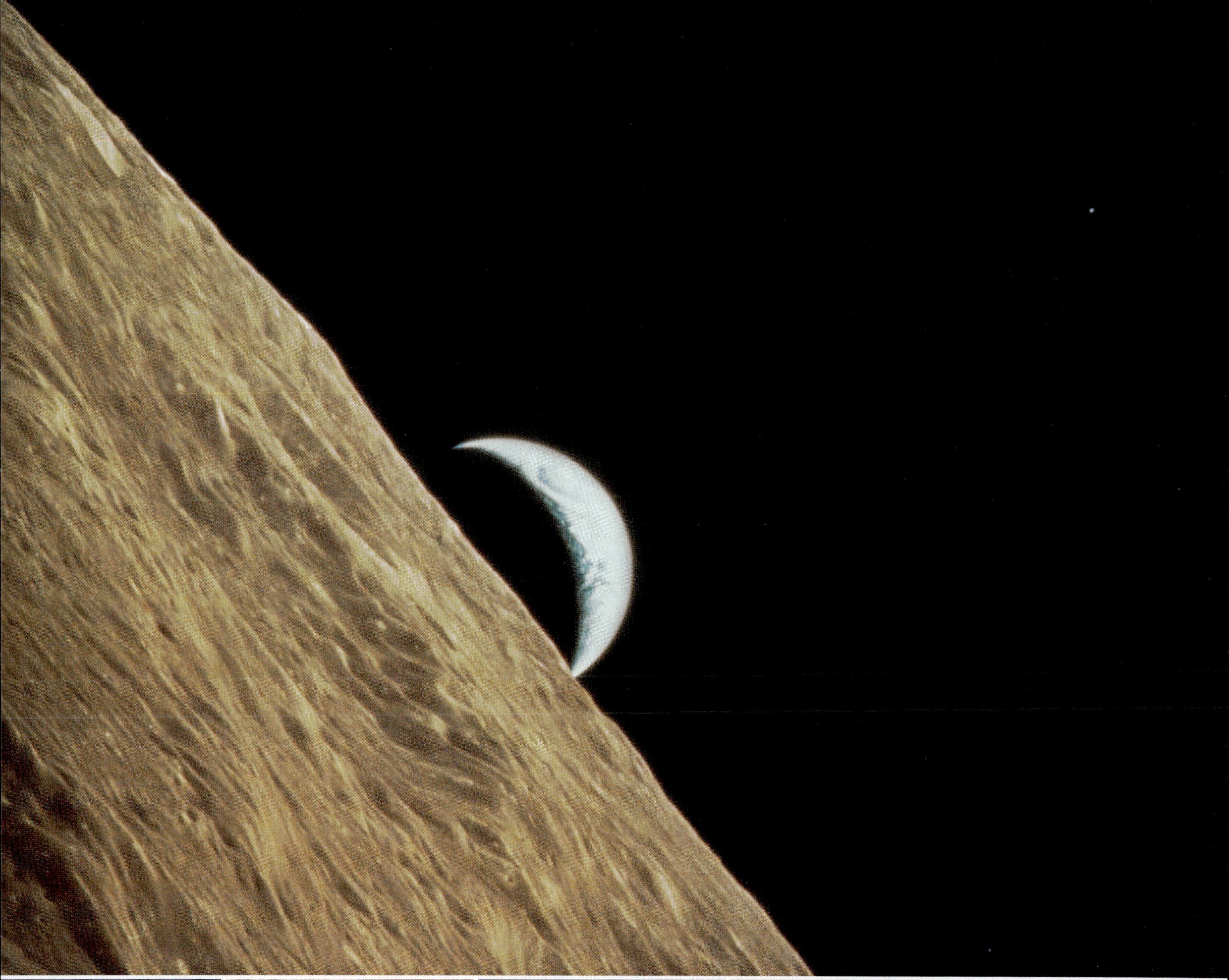

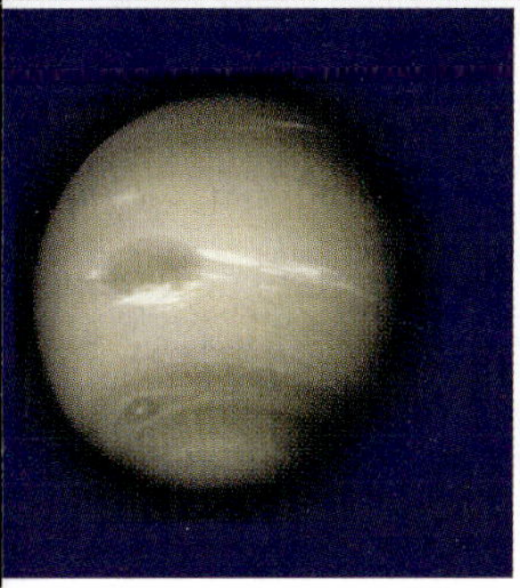

# Astronomie

# Was ist Astronomie?

Die wissenschaftliche Erforschung des Weltalls nennt man Astronomie oder Himmelskunde. Dazu gehört das Sonnensystem, das Milchstraßensystem und alles, was jenseits der Milchstraße liegt. Du darfst aber Astronomie nicht mit Astrologie verwechseln. Die Astrologie versucht die Sterne zu deuten.

*Historische Teleskope*

## Die frühen Astronomen

Die ersten Sterngucker versuchten zu erklären, was sie am Himmel sahen. Besonders der Nachthimmel erschien ihnen als ein magischer Raum. Schon vor Jahrtausenden versuchten sie Figuren zu erkennen, machten fünf Planeten aus und nutzten die Bewegungen von Sonne und Mond, um die Zeit zu bestimmen. In Europa, Asien und Afrika entstanden Mythen über den Himmel und die Götter, die dort wohnten. Vieles im Weltall gab den Menschen Rätsel auf und sie fürchteten sich vor dem, was sie nicht verstanden.

## Das Universum im Altertum

Die alten Ägypter glaubten, dass die Himmelsgöttin Nut ihren Körper über die Erde wölbte – das war der Himmel, den sie sahen. Sie wurde so dargestellt, dass ihr Körper mit Sternen übersät war und als Band der Milchstraße am Himmel erschien. Schuh, der Gott des Lichtes und der Luft, stützte Nut. Darunter lag Nuts Gemahl Geb, der Erdgott. Chinesische Astronomen beobachteten schon früh Kometen sowie Sonnen- und Mondfinsternisse. Wenn die Sonne bei einem dieser Ereignisse ganz dunkel wurde, bekamen die Menschen Angst. Sie glaubten, ein Drache würde versuchen, die Sonne zu fressen. Sie schlugen Trommeln und schossen Pfeile gegen die Sonne, um den Drachen zu vertreiben.

Lange Zeit glaubten die Menschen, die Erde sei flach wie eine Scheibe und im Himmel würden die Götter wohnen. Die alten Griechen schließlich erkannten, dass die Erde rund war.

## Erste Observatorien

Die Astronomen begannen allmählich, das was sie am Himmel sahen, genauer zu beobachten. Sie zeichneten die Bewegungen der Planeten auf und erstellten Kalender. Sie legten Listen der Sterne an und suchten nach Erklärungen für Himmelserscheinungen. Für diese Zwecke wurden große Bauten errichtet. Der Tempel El Caracol in Mexiko entstand vor rund 1000 Jahren. Durch die schmalen Fensteröffnungen konnten sie zu bestimmten Zeiten den Planeten Venus sehen und dadurch das Datum bestimmen.

*Das Observatorium El Caracol der Mayas*

## Hast du schon gewusst,

**dass die Steinblöcke von Stonehenge in Südengland möglicherweise eine Art Observatorium waren? Sie wurden vor über 4000 Jahren zu einem Kreis angeordnet. Vermutlich dienten sie zur Festlegung bestimmter Tage nach dem Stand der Sonne oder anderer Sterne.**

# Erste Kalender

Den ältesten Kalender der Menschheit stellten die Ägypter 2270 vor Christus auf. Als Grundlage dienten ihnen der Auf- und Untergang bestimmter Sterne während des Jahres. Sie nahmen als Fixpunkt für ihren Kalender den hellen Hundsstern Sirius. Dieser ist nur einige wenige Tage im Jahr kurz vor Sonnenaufgang im Osten am Himmel zu sehen. Auch die Babylonier, die vor 4000 Jahren in Vorderasien lebten, hatten einen Kalender. Sie teilten damals schon das Jahr in zwölf Monate zu je 30 Tagen ein. Wenn es zu große Unterschiede zwischen Mond- und Sonnenjahr gab, schoben sie Schaltmonate ein. Auch der Tierkreis wurde von den Babyloniern in die zwölf Sternbilder geteilt, wie wir sie heute noch kennen.

Von den Azteken, die vor rund 500 Jahren in Mittelamerika lebten, ist ebenfalls ein Kalender erhalten. Es ist ein großer Stein, auf dem der Sonnengott in der Mitte eingraviert ist. Um ihn herum wurden die Tage und Monate eingemeißelt.

# Verbreitung des Wissens

Die alten Griechen bauten ihr astronomisches Wissen auf die Kenntnisse der Babylonier auf. Um 200 vor Christus errechnete der griechische Astronom Eratosthenes die Größe der Erde. Die Griechen gaben ihr Wissen schließlich an die arabisch sprechenden Völker weiter und diese brachten die Astronomie im Mittelalter auch nach Europa.

# Das Zentrum des Weltalls

*Das ptolemäische Weltbild*

Lange Zeit glaubten die Astronomen, dass die Erde im Mittelpunkt des Universums stehe und die Sonne und andere Himmelskörper sie umkreisen. Der griechische Astronom Ptolemäus schrieb im 2. Jahrhundert ein Buch, in dem er das ganze astronomische Wissen dieser Zeit zusammenfasste. Auch wenn er die Erde ins Zentrum des Universums setzte, war Ptolemäus als Wissenschaftler wegweisend. Denn er bestimmte als Erster die Lage von Orten auf der Erdkugel durch Längen- und Breitenkreise. Das Weltbild des Ptolemäus blieb gültig, bis ein revolutionärer Gedanke auftauchte: Im Jahr 1543 behauptete der polnische Geistliche Nikolaus Kopernikus, die Erde würde sich um die Sonne drehen. Sein Buch *Über die Umläufe der Himmelskörper* leitete eine Wende im astronomischen Denken ein. Kopernikus selbst konnte seine Theorie jedoch nicht beweisen. Trotzdem vertraten bald auch andere Gelehrte wie Johannes Kepler die Ansicht von Kopernikus, die auf erbitterten Widerstand der katholischen Kirche stieß.

## Johannes Kepler

**Der deutsche Astronom, Physiker und Mathematiker Johannes Kepler (1571–1630) entdeckte die drei Gesetze der Planetenbewegungen (keplersche Gesetze). Das erste Gesetz beschreibt die Form der Planetenbahnen, das zweite die Umlaufgeschwindigkeit der Planeten und das dritte macht eine Aussage über die Beziehung zwischen Umlaufzeit und Bahnradius.**

## Nikolaus Kopernikus

**Der polnische Astronom Nikolaus Kopernikus (1473–1543) schuf ein neues Bild vom Weltall. Bis dahin glaubte man, dass die Erde im Mittelpunkt des Universums stehe und die Sonne und andere Himmelskörper sie umkreisten. Kopernikus bot eine neue Erklärung für den Aufbau des Universums. Er setzte die Sonne in ihren Mittelpunkt. Zu dieser Erklärung gelangte er durch die Beobachtung der Bewegungen der Sterne und Planeten. Er selbst konnte seine Theorie nicht beweisen – das gelang erst späteren Astronomen. Das Werk von Kopernikus beeinflusste Galilei, Kepler und Newton.**

## Das Universum – früher und heute

In der Frühzeit hielten die Astronomen das Weltall für viel leerer als es in Wirklichkeit ist. Sie meinten, sie könnten das ganze Weltall sehen. Dabei erblickten sie nur einen Bruchteil davon. Sie kannten nur die Erde, den Mond und fünf Planeten – Merkur, Venus, Mars, Jupiter und Saturn. Heute wissen wir, dass es viel mehr gibt, und wir wissen, dass die Sonne nicht das Zentrum des Weltalls ist. Die Sonne ist nur einer von Milliarden von Sternen, aus denen das Milchstraßensystem, unsere Galaxis, besteht. Die Milchstraße ist wiederum nur eine von Milliarden weiterer Galaxien im Universum.

## Wie entstand das Universum?

Die Erde und die übrigen Planeten, alle Sterne, die Galaxien und der Raum um sie herum bilden das Universum oder das Weltall. Nach heutiger Ansicht der Astronomen war vor rund 15 Milliarden Jahren die gesamte Materie und Energie an einem einzigen Punkt konzentriert. Dann kam es zu einer unvorstellbaren Explosion, dem „Urknall“. Innerhalb von wenigen Minuten entstanden so Raum, Zeit, Energie und Materie. Dabei bildeten sich die wichtigsten Stoffe des Weltalls, vor allem die Kerne von Wasserstoff und Helium. Natürlich war damals niemand dabei und deshalb weiß man nicht, was wirklich geschah. Aber mit den Erkenntnissen der Astrophysik kann die Vergangenheit des Universums bis zum Bruchteil einer Sekunde zurückverfolgt werden. Im Laufe von Jahrmillionen nach dem Urknall bildeten die Gase riesige Körper – die Galaxien. Man weiß, dass sich das Weltall infolge des Urknalls immer noch ausdehnt. Ganze Galaxien entfernen sich mit ungeheurer Geschwindigkeit voneinander. Lange glaubte man, dass sich diese Bewegung aufgrund der Schwerkraft irgendwann einmal verlangsamt und zum Stillstand kommt. Man dachte, es könnte geschehen, dass sich das Universum wieder zusammenzieht und das Ganze vielleicht mit einem neuen Urknall von vorn beginnt.

## Hast du schon gewusst,

**dass Astronomen als Maß für die riesigen Entfernungen im Weltall das Lichtjahr verwenden? Es ist die Entfernung, die das Licht in einem Jahr zurücklegt. Für zirka 300.000 Kilometer braucht das Licht eine Sekunde, also ergibt das für ein Jahr immerhin eine Strecke von mehr als neun Billionen Kilometer! Nun versuche dir vorzustellen, dass die nächste Galaxie, der Andromedanebel, zirka zwei Millionen Lichtjahre von uns entfernt ist. In Kilometern ergibt sich daraus die unvorstellbare Zahl 19.000.000.000.000.000.000!**

## Sterne und Planeten

**Ein Stern ist eine Kugel aus sehr heißen und stark leuchtenden Gasen, die durch Kernfusion Energie erzeugt. Die Sonne ist solch ein Stern. Ein Planet dagegen ist ein großer, kugelförmiger Himmelskörper aus Gestein oder Gas, der die Sonne oder einen anderen Stern umkreist. Unsere Erde ist ein Planet.**

# Das Sonnensystem

Die Erde gehört zu einer Familie von Planeten, Monden, Kometen, Asteroiden (kleine Planeten zwischen Mars und Jupiter), die alle um die Sonne kreisen. Unser Sonnensystem entstand vor rund 4,6 Milliarden Jahren aus einer riesigen Wolke aus Gas und Staub. Es erstreckt sich über zwölf Milliarden Kilometer. Der beherrschende Himmelskörper ist die Sonne. In früheren Zeiten hielt man unser Sonnensystem für den größten Bestandteil des Universums. Heute wissen wir, dass es im Vergleich zum gesamten Weltall nur winzig klein ist.

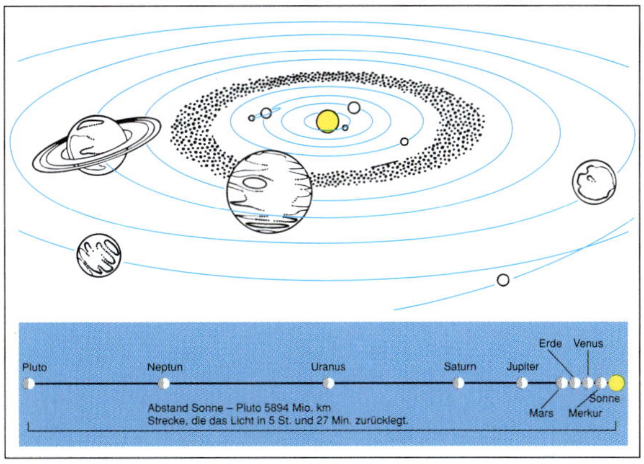


*Die Positionen der Planeten im Weltall*

## Entstehung der Planeten

Die Planeten und andere Himmelskörper bildeten sich vor etwa 4,6 Milliarden Jahren aus Material, das bei der Entstehung der Sonne übrig geblieben war. Die Sonne war von einer Wolke aus Gas (Wasserstoff und Helium) und Staub (Eisen, Gestein und Eis) umgeben. Dieser Nebel flachte sich allmählich zu einer rotierenden Scheibe ab, der Staub lagerte sich zu „festen Klumpen“ zusammen, aus denen sich Merkur, Venus, Erde und Mars bildeten. Weiter außen wurden Eis, Staub und gasförmige Materie zu den Planeten Jupiter, Saturn, Uranus und Neptun verbunden. Pluto ist anders aufgebaut. Unter der Oberfläche aus gefrorenem Methan liegt wahrscheinlich eine Schicht aus Wassereis.

## Umlaufbahnen

Das Sonnensystem ist eine flache Scheibe, in deren Mitte die Sonne steht. Die Planeten umkreisen sie auf ihren Umlaufbahnen. Sie bewegen sich alle in der gleichen Richtung, aber mit unterschiedlicher Geschwindigkeit. Deshalb dauert ein Umlauf unterschiedlich lang.

## Schwerkraft im Sonnensystem

Die Schwerkraft, eine Anziehungskraft zwischen Körpern, hält das Sonnensystem zusammen. Die Stärke der Schwerkraft hängt von der

*Die Planetenbahnen*

Masse des Körpers und von ihrer gegenseitigen Entfernung ab. Die Wirkung der Schwerkraft wird mit zunehmender Entfernung geringer: Je weiter ein Planet von der Sonne entfernt ist, desto langsamer bewegt er sich. Es ist auch die Schwerkraft, die das Material in den Himmelskörpern zusammenhält. Ist sie stark genug, bindet sie Gase an einen Planeten oder Mond, sodass eine Atmosphäre entsteht. Im 17. Jahrhundert erforschte Isaac Newton die Bewegung des Mondes und der Planeten und formulierte das Gravitationsgesetz.

## Die Sonne

In der Mitte unseres Sonnensystems liegt die Sonne – ein wirbelnder Ball aus extrem heißen, leuchtenden Gasen, vor allem Wasserstoff und etwas Helium sowie winzigen Spuren anderer Elemente. Im Innern der Sonne entsteht durch Kernfusion (Wasserstoffkerne verschmelzen zu Heliumkernen) ständig Licht- und Wärmeenergie. Diese Reaktion findet bei etwa 14 Millionen Grad Celsius statt; an der Oberfläche der Sonne (Photosphäre) herrscht eine Temperatur von 5500 Grad Celsius. Die Sonne leuchtet, weil sie Lichtenergie erzeugt. Das Licht braucht rund acht Minuten, um von der Sonne auf die Erde zu gelangen. Die Sonne scheint seit rund 4,6 Milliarden Jahren und wird noch einmal so lang ihr Licht aussenden.

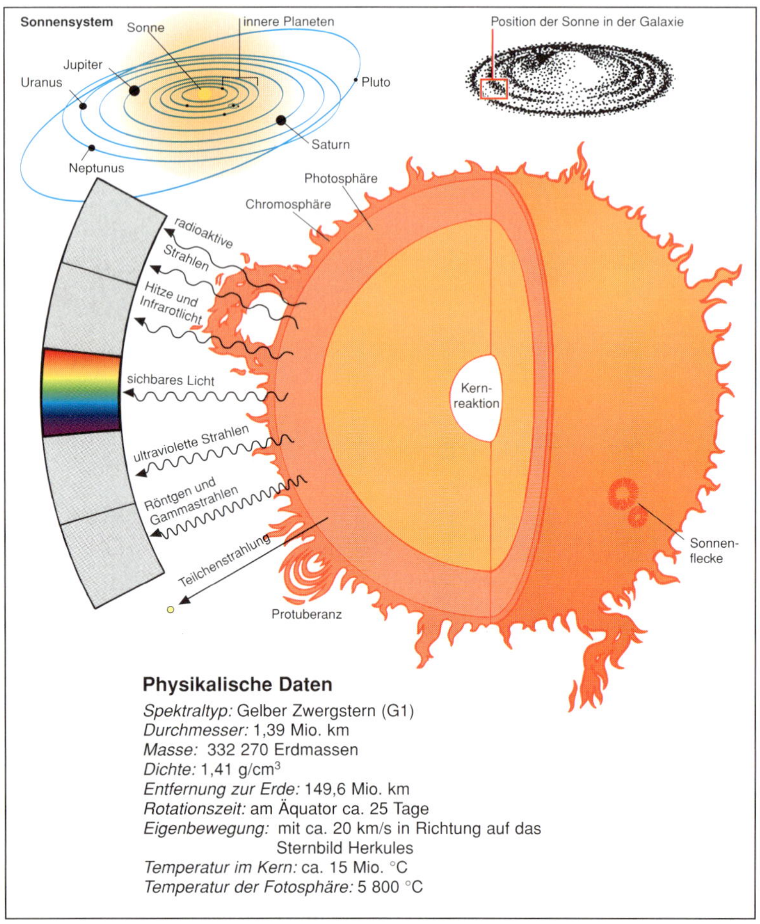


*Der Aufbau der Sonne*

## Sonnenflecken und Eruptionen

Die Oberfläche der Sonne ist in ständiger Bewegung. Gase wirbeln herum und schießen in Fontänen in die Höhe. Dunkle Flecken, die Hunderte oder Tausende von Kilometern breit sind, treten in regelmäßigen Abständen auf. Die so genannten Sonnenflecken sind verhältnismäßig kühle und dunkle Stellen auf der Oberfläche der Sonne. Sie sind etwa 500 Grad Celsius kühler als die Umgebung. Viele von ihnen sind so groß wie die Erde. Darüber bilden gigantische Eruptionen riesige Bögen. Bei genauem Hinsehen kann man die Sonnenflecken manchmal erkennen. Aber du darfst niemals ohne Spezialfilter direkt in die Sonne schauen, weil ihr grelles Licht die Augen schädigen kann.

### Hast du schon gewusst,

**dass die Sonne einen Durchmesser von rund 1,4 Millionen Kilometern hat? 109 Erdkugeln würden aneinander gereiht diese Strecke ergeben. Sie ist unser nächster Stern und ca. 150 Millionen Kilometer von der Erde entfernt.**

## Sonnenfinsternis

Vielleicht hast du schon einmal eine Sonnenfinsternis erlebt. Der Mond steht dann zwischen Sonne und Erde. Der Mondschatten fällt nur auf ein kleines, streifenförmiges Gebiet der Erde. Wer gerade in dieser Schattenzone steht, sieht die komplett verdunkelte Sonne nicht. Der Mond braucht nur eine Stunde, um die Sonne vollständig zu bedecken. Wir können dann die Sonnenkorona sehen. Die Korona ist die äußere Schicht der Sonne, die nur bei einer totalen Sonnenfinsternis zu sehen ist. Die Phase der totalen Bedeckung dauert höchstens 7,6 Minuten.

## Erde

Unser Heimatplanet, die Erde, ist von der Sonne aus der dritte Planet. Sie hat einen Durchmesser von 12.756 Kilometer. Die Erde ist möglicherweise der einzige Planet des Sonnensystems, auf dem Leben, wie wir es kennen, entstehen konnte. Von einem Raumschiff aus betrachtet, erscheint die Erde als farbiger Planet mit grünen Flächen, gelben Wüsten, blauen Ozeanen und weißen Eisfeldern. Leben auf der Erde ist nur möglich, weil sie gerade so weit von der Sonne entfernt ist, dass das Wasser nicht verdampft. Wäre unser Planet der Sonne nur um einige Millionen Kilometer näher, wäre es auf ihm so heiß wie auf der Venus. Läge die Erde von der Sonne weiter weg, wäre es auf ihr öde und kalt wie auf dem Mars. Anders als andere Planeten ist die Erde von einer Gashülle, der Atmosphäre, umgeben, die ausreichend Sauerstoff enthält. Die Rotation der Erdkugel und die Atmosphäre sorgen dafür, dass die Temperaturen auf unserem Planeten keine extremen Schwankungen zeigen. Eine Drehung der Erde um die eigene Achse in 23,9 Stunden bringt uns Tag und Nacht und jedes 365,25 Tage dauernde Jahr, in dem die Erde die Sonne umrundet, die Jahreszeiten.

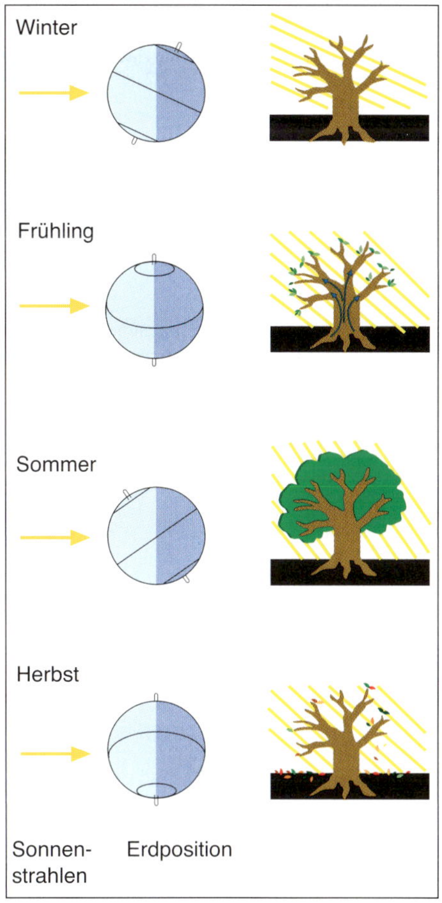


*Die vier Jahreszeiten*

### Die Jahreszeiten

**Die vier Jahreszeiten der Erde entstehen durch die Neigung der Erdachse. Im Laufe eines Jahres herrschen auf der Nord- und Südhalbkugel entgegengesetzte Jahreszeiten: Wenn auf der Nordhalbkugel Winter ist, herrscht auf der Südhalbkugel Sommer.**

## Der Erdmond

Der Mond ist unser nächster Nachbar im Weltall. Er ist etwa 384.500 Kilometer von der Erde entfernt. Er dreht sich in 27 Tagen um seine eigene Achse, umkreist die Erde in der gleichen Zeit und bewegt sich mit ihr um die Sonne. Der Mond ist eine kalte und unbelebte Gesteinskugel und etwa ein Viertel so groß wie die Erde. Auf dem Mond gibt es keine Atmosphäre und kein flüssiges Wasser. Seine Oberfläche ist von Bergen und Kratern übersät. Er scheint am Nachthimmel nur, weil er das Sonnenlicht reflektiert. Der Mond gehört zu den bestuntersuchten Himmelskörpern im Sonnensystem. Im Jahr 1609 be-

*Die Erde (hinten) und der Mond (vorne)*

trachtete der italienische Astronom Galileo Galilei erstmals mit einem Teleskop den Mond. Er ist der einzige außerirdische Ort, den Menschen je betreten haben.

## Wie ist der Mond entstanden?

Man weiß nicht genau, wie der Erdmond entstanden ist. Die wahrscheinlichste Theorie besagt, dass gleich nach der Entstehung der Erde ein großer Himmelskörper auf sie prallte und viele Bruchstücke in eine Umlaufbahn der Erde schleuderte. Diese heißen Bruchstücke verschmolzen dann zum Mond.

## Ansichten des Mondes

Die Sonne bescheint nur die sonnenzugewandte Seite des Mondes. Je nach Stellung auf seiner Umlaufbahn um die Erde sehen wir eine schmale Sichel (zunehmend oder abnehmend), den Halbmond (zunehmend oder abnehmend) oder den Vollmond.

### Galileo Galilei

**Der italienische Astronom und Naturforscher Galileo Galilei (1564–1642) entdeckte mit einem selbst gebauten Fernrohr 1610 die ersten vier Jupitermonde Io, Europa, Ganymed und Callisto. Deshalb nennt man sie heute auch galileische Monde. Er trat wiederholt für das von Kopernikus aufgestellte Weltbild ein und entdeckte, dass nicht alle Himmelskörper um die Erde kreisen. Durch diese Behauptungen geriet Galilei in Konflikt mit der Kirche. Es war schwierig, die Menschen seiner Zeit davon zu überzeugen, dass die Erde nicht im Mittelpunkt des Weltalls steht, sondern sich um die Sonne dreht. Er wurde von der Kirche zum Schweigen, dann unter Androhung von Folter zum Widerruf verurteilt und in Haft gehalten. Galilei war Mathematiker am Hof von Florenz und gilt als Begründer der modernen mathematischen Naturwissenschaft. Er entdeckte die Gesetzte der Pendelschwingung und untersuchte am Schiefen Turm von Pisa die Gesetze des freien Falles.**

## Gesteinswelten

Venus und Mars sind unsere nächsten planetarischen Nachbarn. Alle drei – Erde, Venus und Mars – sind Gesteinskugeln, allerdings mit sehr unterschiedlichen Oberflächen. Die Venus ist der Sonne näher als die Erde und daher eine wahre Gluthölle. Die Temperatur erreicht 460 Grad Celsius – das ist acht Mal heißer als die höchste Temperatur, die auf der Erde nachgewiesen wurde. Der Mars liegt weiter von der Sonne entfernt als unser Planet. Er ist kalt und öde. Die Temperaturen an seinen Polen betragen –120 Grad Celsius. Venus und Mars sind am Himmel leicht zu sehen. Beide Planeten werden schon seit Jahrtausenden von Astronomen beobachtet, aber Näheres über sie haben wir erst mithilfe von Raumsonden erfahren.

## Vulkanische Oberfläche

Auf die Oberfläche der Venus, die sich hinter dichten Wolken verbirgt, konnten die Astronomen zum ersten Mal 1975 blicken, als eine Raumsonde den Flug durch die Atmosphäre schaffte und Bilder von der steinigen Oberfläche zur Erde sandte. Heute verwenden Wissenschaftler Radar, um durch die Wolken auf die Oberfläche der Venus zu blicken.

*Die Venus*

Überall auf dem Planeten gibt es Vulkane und Lavaströme. Mons Maat ist mit 110 Kilometer Durchmesser und acht Kilometer Höhe einer der größten Vulkane auf der Venus.

## Der Rote Planet

*Der Mars*

Wenn du am Nachthimmel einen hellen roten Stern siehst, könnte dies der Planet Mars sein. Seine charakteristische rote Färbung verdankt er dem eisenhaltigen Gestein und Staub. Der Mars hat eine sehr dünne Atmosphäre, darum können wir meist direkt auf seine Oberfläche blicken. Diese gleicht einer riesigen gefrorenen Felswüste, die mit gewaltigen Vulkanen durchsetzt ist. Mons Olympus ist der größte Vulkan im Sonnensystem – er ist 600 Kilometer breit und etwa 24 Kilometer hoch. Außerdem durchzieht den Mars eine riesige Schlucht, die 4500 Kilometer lange und acht Kilometer tiefe Valles Marineris.

## Gibt es Leben auf dem Mars?

Die Vorstellung, dass es auf dem Mars Leben geben könnte, hat die Menschen schon immer fasziniert. Forscher schicken schon seit über 40 Jahren Raumsonden zum Mars, um herauszufinden, wie der Planet wirklich aussieht. Viele Sonden haben den Mars umkreist, andere sind auf ihm gelandet. Ein ferngesteuertes Marsauto hat sogar das Gelände erkundet. Es gibt detaillierte Karten und Bilder von der Marsoberfläche und man hat Gesteine nach Spuren von Leben untersucht, aber keine Hinweise darauf gefunden.

### Hast du schon gewusst,

**dass die Venus am langsamsten von allen Planeten rotiert? Sie dreht sich selbst nur einmal in 243 Tagen um die eigene Achse und braucht 225 Tage, um die Sonne zu umrunden.**

## Merkur und Pluto

Merkur und Pluto sind die kleinsten Planeten des Sonnensystems. Pluto hat einen Durchmesser von 2270 Kilometer und Merkur 4880 Kilometer. Obwohl beide Planeten Gesteinskugeln sind, sind sie voller Gegensätze. Merkur ist der Sonne am nächsten und unvorstellbar heiß. Er umkreist die Sonne in 88 Tagen am schnellsten und dreht sich in 59 Tagen um die eigene Achse. Pluto ist der fernste Planet und liegt 100-mal weiter von der Sonne entfernt als Merkur. Er umkreist die Sonne am langsamsten und braucht dafür 248 Jahre. Aber dafür dreht er sich in 6,4 Tagen um die eigene Achse.

## Blick auf Merkur

*Der Merkur*

Merkur ist schwer zu beobachten, weil er sich nie weit von der Sonne entfernt. Seine der Sonne zugewandte Seite wird bis zu 450 Grad Celsius heiß. Nachts aber geht die Temperatur auf –180 Grad Celsius zurück, weil die Atmosphäre von Merkur viel zu dünn ist und die Wärme nicht halten kann. Merkur und der Erdmond sind sich sehr ähnlich. Da beide früher von Meteoriten bombardiert wurden, haben sie eine von Kratern überzogene Oberfläche. Bisher wurde Merkur nur von der Raumsonde Mariner 10 besucht. Sie flog 1974 und 1975 dreimal am Planeten vorbei. 2008–2009 soll die amerikanische Sonde Messenger dort eintreffen.

## Hast du schon gewusst,

**dass ein Astronaut auf dem Merkur nicht einmal halb soviel wiegen würde wie auf der Erde? Denn der Planet ist deutlich kleiner als die Erde und hat eine geringere Anziehungskraft. Diese kann keine Gase festhalten, sodass der Merkur praktisch keine Atmosphäre hat.**

## Pluto – geheimnisvoller Planet

Über den fernen Pluto wissen wir am wenigsten. Die große Entfernung und seine geringe Größe erschweren die Beobachtung. Pluto wurde 1930 entdeckt und ist nach dem griechischen Gott der Unterwelt benannt. Selbst das besonders leistungsfähige Hubble-Weltraumteleskop liefert keine detaillierten Bilder. Pluto ist ganz anders aufgebaut als die übrigen Planeten. Die Oberfläche aus gefrorenem Methan bedeckt wahrscheinlich eine darunterliegende Schicht aus Wassereis. Von allen Planetenbahnen ist seine Bahn am wenigsten kreisförmig und am stärksten geneigt. Wenn Pluto der Sonne am nächsten ist, erwärmt er sich auf -212 Grad Celsius! Wegen dieser Unterschiede halten viele Astronomen Pluto nicht für einen echten Planeten, sondern für ein Eisobjekt, das zum Kuiper-Gürtel gehört. Das ist der flache Gürtel aus Eis- und Felsbrocken, der jenseits der Neptunbahn beginnt und bis zu der Oortischen Wolke, einer Ansammlung von Kometen, reicht.

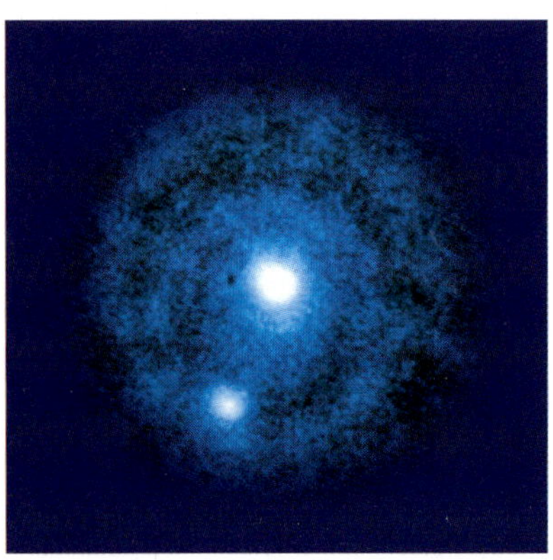

*Der Pluto*

## Ringwelten

Die vier größten Planeten im Sonnensystem – Jupiter, Saturn, Uranus und Neptun – haben vieles gemeinsam. Sie sind alle ferne, farbige, kalte Planeten, deren äußere Schichten aus Gasen bestehen. Und alle sind von Ringen umgeben. Sie bestehen hauptsächlich aus Wasserstoff, aber ihre besondere Färbung verdanken sie anderen Elementen. Die Ringe aller vier Planeten bestehen aus Milliarden von winzigen Felsbrocken, die um ihren Planeten kreisen.

## Jupiter, der Riese

Jupiter ist der größte Planet des Sonnensystems – seine Masse ist drei Mal so groß wie die der anderen acht Planeten zusammen. Er dreht sich in 9,8 Stunden am schnellsten von allen vieren um die eigene Achse und braucht 11,9 Jahre, um die Sonne zu umrunden. Obwohl Jupiter hauptsächlich nur aus Gasen besteht, herrscht auf ihm eine ungeheure Schwerkraft und damit ein sehr hoher Druck. Seine Atmosphäre besteht aus Wasserstoff, Ammoniak und Methan. In ihr gibt es eiskalte Wirbelstürme. An Jupiters Oberfläche herrscht eine Temperatur von bis zu –140 Grad Celsius, aber in seinem Kern ist es 30.000 Grad Celsius heiß. Im Jahre 1979 fand die Raumsonde Voyager 1 heraus, dass der Jupiter von einem schmalen Ring aus Gesteins- und Eisteilchen umgeben ist. Die Raumsonde Galileo war bei der Erkundung des Planeten am erfolgreichsten. Sie erreichte Jupiter 1995 und umkreiste ihn und seine Monde acht Jahre lang.

*Der Jupiter*

## Hast du schon gewusst,

**dass Jupiter seit Millionen von Jahren jedes Jahr um mehrere Zentimeter schrumpft? Heute hat er „nur noch" einen Durchmesser von 142.984 Kilometer.**

# Im Inneren Jupiters

Jupiter besteht vorwiegend aus Wasserstoff und etwas Helium. Wäre Jupiter aus 50-mal soviel Wasserstoff entstanden, hätte er sich zu einem Stern entwickelt. Der Planet hat keine feste Oberfläche, sondern eine 1200 Kilometer dicke Atmosphäre aus den Gasen Wasserstoff und Helium. Darunter befinden sich Wasserstoff und Helium in flüssiger Form. Ganz im Inneren hat Jupiter einen festen Gesteinskern. 1989 schickte die NASA die Raumsonde Galileo in das Weltall. Bei seinen Vorbeiflügen an Jupiter machte Galileo zahlreiche Aufnahmen von Vulkanausbrüchen auf der Oberfläche.

## König der Planeten

**Die frühen Astronomen haben Jupiter nach dem obersten Gott der alten Römer benannt. Aber als sie ihm den Namen gaben, konnten sie noch nicht gewusst haben, dass er der größte Planet ist. Der Grund für seinen königlichen Namen war wahrscheinlich, dass er einer der hellsten Himmelskörper am Nachthimmel ist.**

# Starke Stürme

Wir sehen vom Jupiter die oberste Schicht seiner Atmosphäre, die als farbenprächtige Bänder sichtbar ist. Die hellen Streifen sind aufsteigendes Gas und werden Zonen genannt. Die dunkleren sind fallendes Gas und heißen Gürtel. Jupiter dreht sich sehr schnell um die eigene Achse, wodurch gewaltige Stürme entstehen.

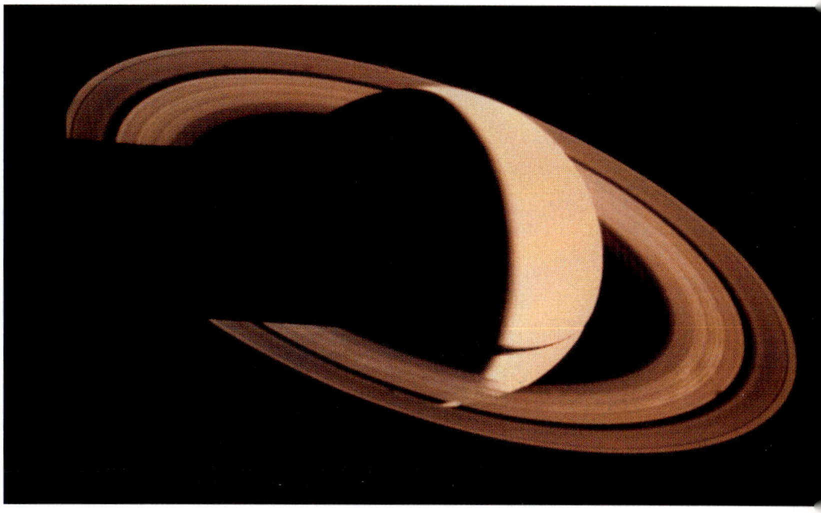

*Der Saturn*

# Der auffallende Saturn

Saturn ist von der Sonne aus gesehen der sechste Planet. Das auffallendste an ihm sind seine Ringe. Diese hat der Naturforscher Christaan Huygens vor 300 Jahren als erster erkannt. Von der Erde aus hat es den Anschein, als sei der Saturn von drei Ringen umgeben. Doch die Raumsonde Voyager 2 entdeckte, dass jeder dieser Ringe aus Tausenden sehr schmaler Bänder besteht. Der Saturnring als Ganzes erstreckt sich über 400.000 Kilometer ins Weltall und ist nur wenige Hundert Meter breit. Der Saturn rotiert sehr schnell um die eigene Achse – sein Tag dauert nur 10,5 Stunden. Er umrundet die Sonne in 29,5 Jahren. Der Saturn ist aus drei Schichten aufgebaut. Ein Kern aus Gestein und Eis wird von metallischem Wasserstoff umgeben. Die äußere Schicht aus flüssigem Wasserstoff und Helium wird nach außen gasförmig.

## Saturnmonde

**Saturn ist einer der Rekordhalter, was die Anzahl bekannter Monde betrifft. 27 Monde entdeckte man von der Erde aus, sieben fanden die Raumsonden. Als erster wurde 1655 Titan entdeckt.**

## Uranus, der kalte Planet

Uranus liegt doppelt so weit von der Sonne entfernt wie Saturn. Auf ihm wird es nie wärmer als –209 Grad Celsius, denn der Planet erhält von der Sonne 370-mal weniger Wärme als die Erde. Uranus, der 1781 vom englischen Astronom William Herschel entdeckt wurde, ist nach dem griechischen Gott des Himmels benannt. Sein Durchmesser ist über viermal so groß wie der Durchmesser der Erde. Er umkreist die Sonne in 84 Jahren und dreht sich in 17,9 Stunden um die eigene Achse. Die Drehachse der meisten Planeten ist gegen ihre Umlaufbahn leicht gekippt. Der Uranus liegt aber völlig auf der Seite, d.h. die Drehachse liegt fast in der Bahnebene. Das ist einzigartig im Sonnensystem.

*Der Uranus*

## Blick auf Uranus

Von der Erde aus erscheint der Uranus auch in den besten Teleskopen nur als winziges, blaugrünes Lichtscheibchen. Die Färbung entsteht, weil das Methan in seiner Atmosphäre das Blau und Grün des Sonnenlichts reflektiert. Die äußeren Schichten des Planeten setzen sich aus gasförmigem Wasserstoff und Helium zusammen. Darunter liegt eine Schicht aus gefrorenem und flüssigem Wasser, Ammoniak und Methan. Das Innere von Uranus ist ein Gesteinskern. Der kalte Gasplanet wird von 15 Monden und mindestens elf dünnen, schwarzen Ringen umkreist.

## Wandelbarer Neptun

*Der Neptun*

Neptun ist der kleinste der vier Gasplaneten und über vier Milliarden Kilometer von der Sonne entfernt. Er wurde nach dem römischen Gott der Meere benannt. Helle und dunkle Wolken aus Wasserstoff, Helium und Methan ziehen über ihn hinweg. Ein riesiges Wolkensystem, der Große Dunkle Fleck, wurde auf Neptuns Oberfläche 1989 von Voyager 2 entdeckt. Aber er war verschwunden, als nur fünf Jahre später das Hubble-Weltraumteleskop auf den Planeten gerichtet wurde. Der Kern des Neptuns besteht vermutlich aus Gesteinen. Darüber liegt ein Mantel aus Wasser, Ammoniak und Methan in gefrorenem und flüssigem Zustand. Das Methan in seiner Atmosphäre verleiht Neptun seine tiefblaue Farbe. Er wurde schon 1846 entdeckt und besitzt viele schwache Ringe und acht Monde – der größte davon, Triton, ist von Eis bedeckt und der kälteste Ort im Sonnensystem.

Wenn du den Planeten Neptun am Sternenhimmel beobachten möchtest, ist ein Teleskop empfehlenswert. Mit bloßem Auge oder mit einem Fernglas wirst du ihn warscheinlich nicht finden.

### Hast du schon gewusst,

**dass die Sonde Voyager auf Neptun unglaubliche Windgeschwindigkeiten von bis zu 2160 Stundenkilometer gemessen hat? Ein Aufenthalt auf diesem Planeten wäre für uns Menschen ein wirklich stürmisches Erlebnis.**

# Galaxien

Sterne liegen nicht beliebig im Weltall verstreut, sondern gehören zu Galaxien. Galaxien sind riesengroße Sternfamilien im unendlichen Universum, die von der Schwerkraft zusammengehalten werden. Jede Galaxie enthält unzählige Sterne – Riesen und Zwerge sowie alte und junge Sterne. Einige Galaxien sind spiralförmig, andere linsenförmig, manche haben keine bestimmte äußere Form. Im Weltall gibt es sehr viele Galaxien, von denen mehrere einen Galaxiehaufen (Cluster) bilden. Unser Stern, die Sonne, befindet sich in dem großen Sternsystem unserer Galaxie, der Milchstraße. Der Andromedanebel ist eine der Galaxien, die unserer am nächsten liegen. Er ist so groß, dass wir ihn ohne Teleskop am sehr dunklen Nachthimmel erkennen können. Der Andromedanebel ist über zwei Millionen Lichtjahre von der Erde entfernt. Bis in das 20. Jahrhundert hielt man die Milchstraße für die einzige Galaxie im Universum. Heute wissen wir, dass sie nur eine von 100 Milliarden Galaxien ist.

## Lebenszyklus der Sterne

Nichts im Universum ist unveränderlich – auch die Sterne machen da keine Ausnahme. Die Entwicklung eines Sterns dauert bis zu mehreren Milliarden Jahren und ist in unserer kurzen Lebensspanne nicht zu verfolgen. Ein Stern entsteht aus einer Gas- und Staubwolke, die sich aus Atomen im Weltall bildet. Die Sterne werden in Haufen geboren, die sich dann meist auflösen. Manche Haufen werden auch von der Schwerkraft zu-

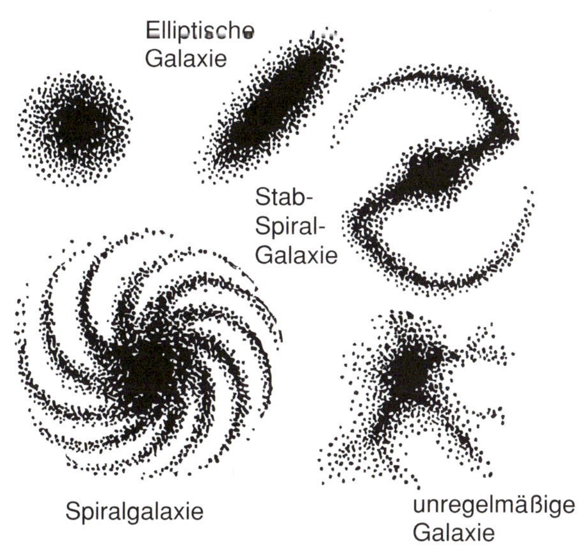

*Die verschiedenen Galaxien*

sammengehalten. Je größer die Masse eines Sterns ist, desto schneller verbraucht der Stern den Wasserstoff, seinen Energielieferanten, und desto kürzer ist sein Leben. Manche Sterne haben eine so große Masse, dass sie explodieren. Die meisten haben aber wie unsere Sonne ein stabiles Leben und in dieser Zeit leuchten sie ununterbrochen.

## Von Riesen und Zwergen

Sterne werden bestimmten Typen zugeordnet. Der Name des Typs, z. B. Roter Zwerg oder Blauer Riese, verrät uns Eigenschaften des Sterns wie seine Farbe, Temperatur und Größe. Die Riesen können dutzende Male größer sein als unsere Sonne. Die Überriesen sind noch größer, bis zu tausendmal größer als die Sonne. Sterne wie die Sonne heißen Hauptreihensterne und sind alle Zwerge.

Braune Zwerge z. B. sind Sterne, die aus zu wenig Masse bestehen und nie Licht und Wärme erzeugen. Die bläulichen Sterne verbrennen ihren Wasserstoff sehr schnell und sind am heißesten (etwa 30.000 Grad Celsius). Die Sonne dagegen ist ein Gelber Zwerg, dessen Wasserstoff viel langsamer verbrennt; gelbe Sterne sind ungefähr 5500 Grad Celsius heiß. Noch geringer ist die Temperatur der Roten Zwerge; sie sind rund 3000 Grad Celsius heiß.

*Ein schwarzes Loch*

Ein Roter Riese ist ein Stern vor dem Ende seines Lebens, der sich aufgebläht und abgekühlt hat. Die Sonne z. B. brennt seit fünf Milliarden Jahren und wird noch einmal so lange bestehen. Dann wird sie sich zu einem Roten Riesen aufblähen und wird schließlich zu einem Weißen Zwerg schrumpfen. Ein Weißer Zwerg ist ein sterbender Stern. Sein Gasvorrat ist aufgebraucht. Er wird bald aufhören, Licht und Wärme zu erzeugen. Er wird sich nur noch langsam abkühlen und immer kleiner werden.

## Schwarze Löcher

Mit Sternen, die mehr als dreimal so schwer sind wie die Sonne, geschieht etwas Seltsames. Sie stürzen am Ende ihres Leben in sich zusammen und werden immer dichter. Es entsteht ein Schwarzes Loch mit einer unendlich hohen Dichte im Zentrum. Die Schwerkraft des Schwarzen Loches ist so stark, dass nichts, was hineinfällt, jemals entkommen kann. Nicht einmal das Licht kann entweichen – das Loch sieht schwarz aus. Deshalb kann man Schwarze Löcher nicht sehen.

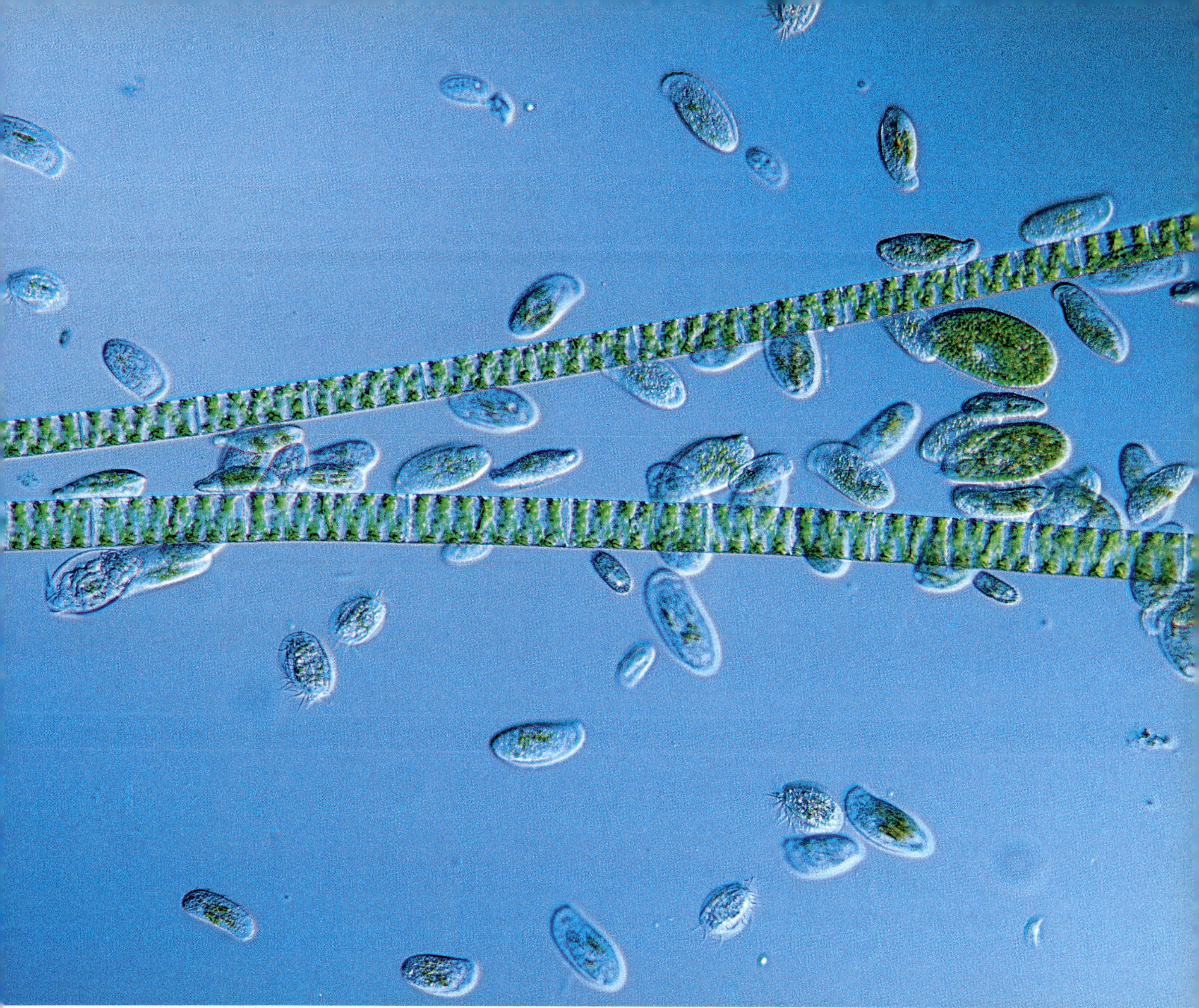

# Biologie

# Von der Ursuppe zur DNS

Das Wort Biologie stammt aus dem Griechischen und bedeutet „Lehre vom Leben". Die Biologie beschäftigt sich vor allem mit den Lebensweisen von Organismen, d. h. mit den Beziehungen der Lebewesen untereinander und mit ihrer Umwelt. In Urzeiten wussten die Menschen nicht viel über Tiere und Pflanzen und deren Lebensweise. Man kannte keine Naturwissenschaften und glaubte, dass die Erde und das Leben von Gott geschaffen waren.

### Hast du schon gewusst,

**dass das Mikroskop schon zu Beginn des 17. Jahrhunderts erfunden wurde? Der niederländische Naturforscher Antony van Leeuwenhoek entdeckte als Erster einzellige Organismen. Etwa zehn Jahre zuvor hatte Robert Hook winzige Räume in einem Korkstück beschrieben, die er „Zellen" nannte. Er erkannte sie jedoch noch nicht als Bausteine des Lebens. Erst nach der Entwicklung des Elektronenmikroskops Anfang des 20. Jahrhunderts entdeckte man noch kleinere Strukturen.**

## Erste Untersuchungen

Die Menschen eigneten sich ihr praktisches Wissen über Tiere und Pflanzen hauptsächlich in der Landwirtschaft an. Erst im griechischen Altertum begannen sie, die Lebewesen systematisch zu untersuchen. Der bedeutendste und einflussreichste griechische Denker war Aristoteles, der schon damals ein System zur Klassifizierung von Tieren und Pflanzen entwickelte. Die alten Griechen wussten nichts von den Vorgängen des Lebens. Sie beobachteten die Lebewesen und die Natur und konnten nur Vermutungen darüber anstellen. Erst als das Mikroskop erfunden wurde, konnten die Menschen die Feinheiten der Zellen untersuchen und entdeckten Kleinstlebewesen, an deren Existenz sie nicht einmal gedacht hatten.

### Francis Harry Compton Crick

**Der englische Molekularbiologe Francis Harry Compton Crick (1916–2004) konnte 1953 zusammen mit James Watson (geb. 1928) und Maurice Wilkins (1916–2004) die räumliche Struktur der DNS nachweisen. Die DNS war zwar schon 1869 entdeckt worden, ihre räumliche, einer Strickleiter ähnliche Struktur war aber bisher nicht bekannt gewesen. 1962 erhielten Crick, Watson und Wilkins für ihre Arbeiten den Nobelpreis.**

*Mikroskop von 1922*

## Antony van Leeuwenhoek

**Der niederländische Naturforscher Antony van Leeuwenhoek (1632–1723) gilt als Begründer der Mikrobiologie. Er baute um 1675 das erste zusammengesetzte Mikroskop, das eine 50- bis 300-fache Vergrößerung ermöglichte. Er entdeckte damit Blutzellen, Bakterien, Einzeller und die Querstreifung der Muskeln. Van Leeuwenhoek widerlegte die damalige Lehrmeinung, wonach Insekten wie Läuse, Flöhe und Ameisen spontan aus Sand oder Abfall entstünden, indem er nachwies, dass es auch bei Insekten Eier gibt. Da der Naturforscher sein Wissen über die Herstellung von Linsen und Mikroskopen geheim gehalten hatte, mussten im 19. Jahrhundert viele seiner Techniken neu entdeckt werden.**

# Biologie als Naturwissenschaft

Die Naturwissenschaften machten erst im Mittelalter große Fortschritte. Arabische Gelehrte übersetzten die Werke von Aristoteles und anderen Philosophen des Altertums und fügten ihre eigenen Kenntnisse hinzu. Dieses Wissen kam etwa im 13. Jahrhundert nach Europa. Naturwissenschaften wie Zoologie und Botanik entwickelten sich weiter. Die Künstler der Renaissance wie Leonardo da Vinci untersuchten die Muskeln, Knochen und inneren Organe von Tieren und Menschen und erfuhren dabei viel über den Aufbau des Körpers. Später verwendeten Naturwissenschaftler chemische Reaktionen, um herauszufinden, welche Funktionen bei Pflanzen und Tieren ablaufen – dies war der Anfang der Biochemie. Dieser Wissenschaftszweig untersucht die chemischen Reaktionen, die in Lebewesen vor sich gehen. Mitte des 19. Jahrhunderts erkannte man, dass das Leben auf der Erde von der Sonnenenergie abhängt.

## Aristoteles

**Der griechische Philosoph und Naturforscher Aristoteles (384–322 vor Christus) beherrschte die gesamte wissenschaftliche Forschung seiner Zeit. Er entwickelte ein System zur Klassifizierung von Tieren und Pflanzen.**

## Spezialgebiete der Biologie

**Zoologie = Wissenschaft von den Tieren**
**Botanik = Wissenschaft von den Pflanzen**
**Genetik = Wissenschaft von der Vererbung**
**Physiologie = Wissenschaft von den Körperfunktionen der Lebewesen**
**Anatomie = Wissenschaft vom Bau der Lebewesen**

# Was ist Leben?

Wenn du die Natur betrachtest, wirst du merken, dass es auf der Erde Lebewesen gibt, die von Form und Größe her sehr unterschiedlich sind. Wir kennen Bäume, die so groß sind wie ein Hochhaus, und Bakterien, die so klein sind, dass man sie mit bloßem Auge nicht sehen kann. Pflanzen bleiben ihr Leben lang am gleichen Ort, während Tiere zu Lande, zu Wasser oder in der Luft große Entfernungen zurücklegen. Trotz solcher Unterschiede haben alle Lebewesen auch viele Gemeinsamkeiten: Sie nehmen Stoffe auf, gewinnen daraus Energie und scheiden Abfallstoffe aus. Sie alle sind aus Zellen aufgebaut, sie können sich fortpflanzen, sie haben einen Stoffwechsel und sie können auf ihre Umwelt reagieren. Heute leben wahrscheinlich über zwei Millionen Arten von Lebewesen auf der Erde. Aus diesem Grund gibt es in der Biologie viele Spezialgebiete, die man Spezielle Biologie nennt. Die Forschungsrichtung, die sich mit den Erscheinungen beschäftigt, die alle Lebewesen gemeinsam haben, nennt man hingegen Allgemeine Biologie.

## Robert Koch

**Der deutsche Arzt Robert Koch (1843–1910) begründete die Bakterienforschung. Er entdeckte und isolierte 1876 den Milzbranderreger. Er konnte erstmals beweisen, dass ein Erreger bei Kühen und Menschen den Milzbrand verursacht. Berühmtheit erlangte Robert Koch durch die Entdeckung und Isolierung des Tuberkuloseerregers 1882. Bis dahin war nicht bekannt, dass auch die Tuberkulose durch ein Bakterium verursacht wird. Den Erreger von Cholera konnte er 1893 isolieren. 1905 erhielt Robert Koch den Nobelpreis.**

# Was kennzeichnet das Lebendige?

Stell dir moderne Roboter vor. Sie können oft richtig lebendig wirken, weil sie sich wie Menschen bewegen, viele Arbeiten erledigen und manchmal sogar sprechen können. In Wirklichkeit sind sie aber nur Maschinen, denn ein Roboter kann zwar Energie verwerten, aber er kann sich diese Energie nicht selbst verschaffen – die Energie muss ihm zugeführt werden. Er kann auch nicht wachsen und sich fortpflanzen. Und ohne regelmäßige Wartung durch Fachleute wäre er nur ein Haufen Schrott. Ein Roboter ist also ein typischer unbelebter Gegenstand. Lebewesen sind anders: Sie nehmen ständig Stoffe und Energie auf, um die Körperfunktionen aufrechtzuerhalten und bauen beispielsweise neue Zellen auf. Lebewesen wachsen auch, pflanzen sich fort und sterben, wenn sie alt geworden sind.

## Schöpfungstheorie

**Vielen Sagen zufolge wurde die Erde mit allen Lebewesen auf ihr durch einen Urzeugungsakt auf einmal erschaffen. Diese Glaubensrichtung nennt man Schöpfungslehre. Obwohl die Evolutionstheorie darauf hinweist, dass Lebensformen schrittweise während langer Zeiträume entstanden sind, glauben einige Menschen auch heute noch daran.**

# So fing alles an

Unser Planet, die Erde, entstand vor etwa 4,5 Milliarden Jahren. Anfangs war sie so heiß, dass es auf ihr kein Leben geben konnte. Heißes, flüssiges Gestein bedeckte ihre Oberfläche, auf die Meteoriten niederprasselten. Es gab nur dampfförmiges Wasser und die Atmosphäre war für alles Leben giftig. Dann aber kühlte sich die Erde langsam ab, aus Wasserdampf bildeten sich Wolken und Regen setzte ein. Es regnete jahrtausendelang und riesige Ozeane entstanden. Die ersten Lebensformen bildeten sich vor etwa 3,5 Milliarden Jahren im Wasser. Die Wissenschaftler sind heute davon überzeugt, dass die ersten Lebensformen durch zufällige chemische Reaktionen entstanden. Im Laufe von Jahrmillionen entwickelten sich aus diesen einfachen chemischen Verbindungen immer kompliziertere Stoffe und schließlich Lebewesen wie Menschen, Tiere und Pflanzen.

## Hast du schon gewusst,

**dass man früher glaubte, Leben könne aus toten Stoffen neu entstehen? Man dachte beispielsweise, dass Maden aus faulendem Fleisch geboren werden oder Aale aus dem Schlamm entstehen. Aber wissenschaftliche Experimente, vor allem von Louis Pasteur, zeigten, dass diese Vorstellung falsch ist. Heute wissen wir, neues Leben kann nur durch Fortpflanzung entstehen. Ein Schmeißfliegenweibchen z. B. wird vom Männchen befruchtet und legt seine Eier auf Fleisch ab. Aus den Eiern schlüpfen die Maden und ernähren sich von diesem Fleisch, das faulig wird. Wahrscheinlich dachten die Menschen früher deshalb, dass Maden aus verdorbenem Fleisch entstehen.**

# Die nachgekochte Ursuppe

In der Frühzeit der Erde enthielten die Meere und die Atmosphäre nur einfache chemische Verbindungen wie Wasser, Methan, Ammoniak und Wasserstoff. Damals gingen unzählige Gewitter auf die Erde nieder. Mithilfe der Energie von der Sonne und aus Blitzen reagierten diese Stoffe miteinander. Bei manchen Reaktionen entstanden neue Stoffe. Die Chemiker Harold Urey und Stanley Miller hatten sich Versuche erdacht, in denen sie diesen Urzustand („Ursuppe“) nachstellten und die damals vorhandenen Stoffe miteinander reagieren ließen. Dabei fanden sie heraus, dass aus einfachen Verbindungen wichtige Bausteine des Lebens entstehen können. So konnten sie zeigen, dass sich Lebewesen langsam entwickelt haben.

# Fortpflanzung der Moleküle

Die ersten Lebensformen waren vermutlich sehr einfach. Ein Molekül machte zufällig eine Reihe von Reaktionen durch und dabei verdoppelte es sich. Anschließend verdoppelte sich diese Kopie ein weiteres Mal. Man kann also sagen, das Molekül konnte sich „fortpflanzen“. Das passiert auch mit der Erbsubstanz, der DNS (Desoxyribonukleinsäure). Jede Zelle enthält dieses lange Molekül in Form von schraubenförmig gedrehten Doppelsträngen (Doppelhelix). Vor jeder Zellteilung kopiert sich die DNS selbst. Daher konnten sich die ersten Lebensformen auf der Erde entwickeln.

*Abbildung einer Doppelhelix*

## Hast du schon gewusst,

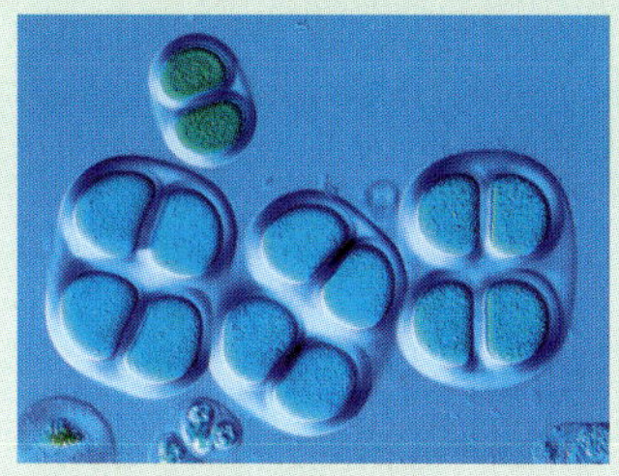

*Mikroskopaufnahme einer Blaualge*

**dass Blaualgen (Cyanobakterien) zu den ältesten Lebewesen der Erde gehören? Diese Mikroorganismen leben meist in seichtem Wasser und gewinnen Energie durch Fotosynthese. Die Geologen haben versteinerte Ansammlungen von Blaualgen gefunden, die 3,5 Milliarden Jahre als sind.**

## Louis Pasteur

**Der französische Chemiker und Biologe Louis Pasteur (1822–1895) begründete die moderne Bakteriologie. Er erkannte, dass manche Krankheiten durch Organismen ausgelöst werden, die den Körper von außen angreifen. Diese so genannte Erregertheorie wurde von damaligen Wissenschaftlern zunächst heftig kritisiert, später aber anerkannt. Pasteur widerlegte die Lehre von der Urzeugung, der Vorstellung von der ersten Entstehung des Lebens aus unbelebtem Material. Außerdem bewies er die Bedeutung von Mikroorganismen bei Gärung und Fäulnis und führte ein Verfahren ein, um die Haltbarkeit von Milch zu erhöhen: Die Milch wird unter Druck auf hohe Temperaturen erhitzt, wodurch die Gärungserreger vernichtet werden. Dieses Verfahren, Pasteurisieren genannt, wird auch heute noch angewandt. Pasteurs Arbeiten über Hühnercholera, Milzbrand und Tollwut führten ihn zu Untersuchungen über künstliche Abschwächung von Krankheitserregern und zu Schutzimpfungen gegen Milzbrand und Tollwut (erstmals 1881).**

# Zellen und Zellfunktionen

Zellen sind die Grundbausteine des Lebens und alle Lebewesen bestehen aus ihnen. Eine Zelle musst du dir als eine winzige Fabrik vorstellen, in der Tausende von chemischen Reaktionen aufeinander abgestimmt ablaufen. Die meisten sind so klein, dass man ihren komplizierten Aufbau erst unter dem Mikroskop erkennen kann. Sie können sich durch Teilung vermehren. Manche Lebewesen, z. B. Amöben, bestehen aus nur einer einzigen Zelle. Bei anderen Lebewesen arbeiten Milliarden dieser kleinen Wunderwerke zusammen.

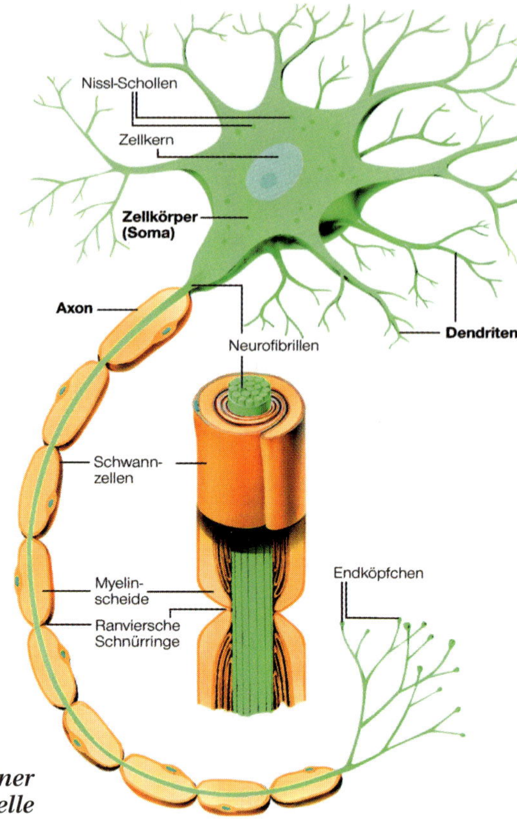


*Aufbau einer Nervenzelle*

## „Echte" Zellen

Es gibt zwei Arten von Zellen: Zellen mit einem Zellkern und Zellen ohne Zellkern.

Zellen mit Zellkern, so genannte „echte" Zellen, kommen bei Tieren, Pflanzen und Pilzen vor. Sie besitzen eine äußere Hülle (Zellmembran), einen Zellkern mit der Erbinformation (DNS-Moleküle) und das geleeartige Zellplasma mit den Zellorganellen, von denen jede eine bestimmte Aufgabe hat. Tierische Zellen nehmen Nährstoffe auf, um sich teilen und wachsen zu können. Pflanzenzellen können Sonnenenergie umwandeln und ihre Nahrung selbst herstellen.

Zellen ohne Kern findet man bei Bakterien. Diese sind sehr einfach gebaut, haben keinen abgegrenzten Zellkern (die DNS schwimmt im Zellplasma) und nur wenige Organellen.

### Alexander Fleming

**Der englische Bakteriologe Alexander Fleming (1881–1955) entdeckte 1928 durch einen Zufall das Penizillin: Die Bakterienkulturen, die er angelegt hatte, waren durch einen Schimmelpilz, das Penicillium, verunreinigt worden und konnten daher nicht weiterwachsen. Dies war bahnbrechend für die Medizin. Fleming veröffentlichte seine Erkenntnisse bereits 1929, sie fanden jedoch lange Zeit keine Beachtung. Erst als die Wissenschaftler Howard Walter Florey (1898–1968) und Ernst Boris Chain (1906–1979) das Penizillin isolieren konnten, gelang es ein Verfahren zur Herstellung zu entwickeln. Fleming, Florey und Chain erhielten 1945 den Nobelpreis.**

## So ist eine Tierzelle gebaut

Die Zellen der Tiere ähneln winzigen Säckchen. Jede Zelle wird von der dünnen, biegsamen Zellmembran umgeben. Diese ist halbdurchlässig, lässt also nur bestimmte Stoffe durch. In der Zelle liegt der Zellkern in dem Zellplasma. Dort befinden sich auch die winzigen Organellen, die Organe der Zelle. Sie werden vom Zellkern gesteuert.

**Der Zellkern:** Der Zellkern ist die „Kommandozentrale“. Dort liegen in den DNS-Molekülen die Anweisungen für alle Tätigkeiten der Zelle. Durch kleine Öffnungen in der Hülle des Zellkerns können diese Anweisungen ins Zellplasma wandern.

**Mitochondrien:** Die Form der Mitochondrien erinnert ein bisschen an dicke Bohnen, aber natürlich sind sie ganz winzig (etwa 0,001 mm lang). Sie stellen das „Kraftwerk“ der Zelle dar. Hier findet die Zellatmung statt, bei der aus Nahrung Energie gewonnen wird. Mitochondrien haben eine eigene DNS, deshalb vermuten Wissenschaftler, dass sie in Urzeiten eigenständige Lebewesen waren, die erst später in tierische Zellen eingewandert sind.

**Endoplasmatisches Retikulum:** Sicher weißt du, was ein Labyrinth oder Irrgarten ist. Das endoplasmatische Retikulum (ER) musst du dir wie ein winziges Labyrinth vorstellen, nur dass seine Wände aus dünnen Membranen bestehen. Im ER laufen viele wichtige chemische Reaktionen ab. Es stellt Stoffe her, speichert und transportiert sie. Deshalb sind die Membranen mit der Hülle des Zellkerns und der Zellmembran verbunden. Es gibt ein glattes ER und ein raues ER (mit Ribosomen an der Oberfläche).

**Ribosomen:** Ribosomen sind winzige Organellen, in denen die Eiweiße hergestellt werden. Sie sind sehr viel kleiner als Mitochondrien und sitzen entweder auf dem rauen ER oder schwimmen im Zellplasma.

**Golgiapparat:** Der Golgiapparat besteht aus länglichen Hohlräumen und Membranen, die wie Teller übereinander gestapelt im Zellplasma liegen. Hier werden Eiweiße in winzige Bläschen verpackt, abgeschnürt und weiter transportiert.

**Vesikel:** Vesikel sind Bläschen in der Zellmembran. Sie umschließen Eiweiße und befördern sie in andere Zellbereiche oder nach außen – sie sind eine Art Transportmittel.

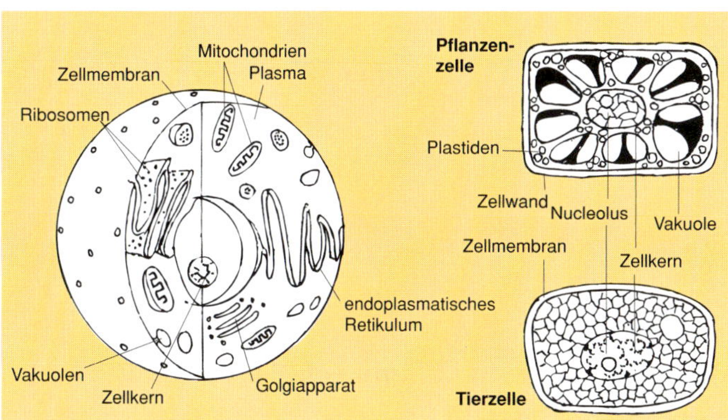


*Querschnitt von Zellen*

## So ist eine Pflanzenzelle gebaut

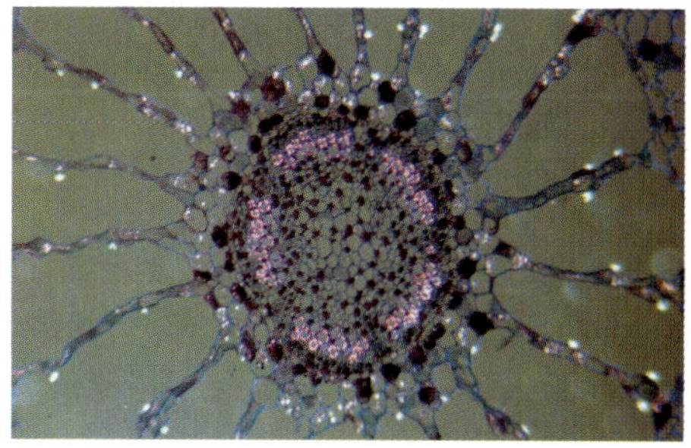

*Mikroskopaufnahme einer Pflanzenzelle*

Pflanzen- und Tierzellen haben viele Gemeinsamkeiten, doch gibt es auch drei wesentliche Unterschiede: 1. Eine Pflanzenzelle ist zusätzlich von einer festen Zellwand umgeben, die ihr eine festgelegte Form gibt und das Pflanzengewebe

### Hast du schon gewusst,

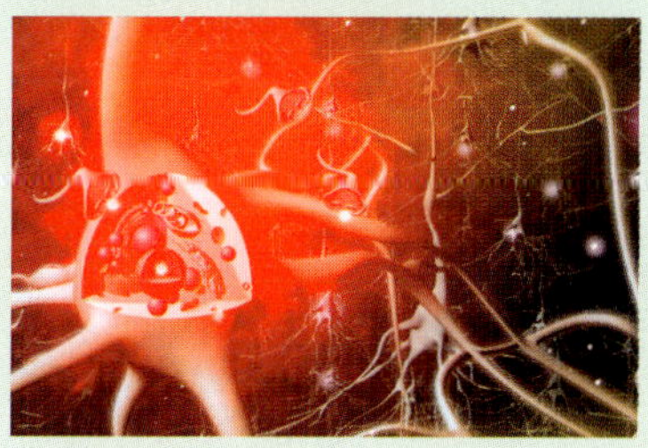

*Nervenzelle*

**dass die Zellen von Tieren und Pflanzen jeweils auf ganz bestimmte Aufgaben spezialisiert sind? Nervenzellen z. B. transportieren Nachrichten durch den Körper. Muskelzellen können sich zusammenziehen, wodurch wir uns bewegen können. In Fettzellen wird Fett gespeichert, das unser Körper zur Energieversorgung braucht. Schließzellen einer Pflanze regulieren die Spaltöffnungen der Laubblätter, durch die Luft in das Blatt eintreten kann. Die roten Blutzellen von Tieren und Menschen tragen den Sauerstoff in das Körpergewebe, bei Pflanzen werden Nährstoffe von Siebzellen transportiert.**

stützt. 2. Viele Pflanzenzellen enthalten Chloroplasten. In diesen Organellen wird durch Fotosynthese mithilfe von Sonnenenergie Nahrung für die Pflanze hergestellt. 3. Die meisten Pflanzenzellen haben eine große Zentralvakuole (eine Art Riesenblase), die mit Zellsaft gefüllt ist. Dieser Zellsaft übt Druck auf die Zellwand aus, sodass die Pflanze eine bestimmte Form bekommt. Vergisst man die Pflanze regelmäßig zu gießen, fällt dieser Druck und sie welkt.

## Wie groß werden Zellen?

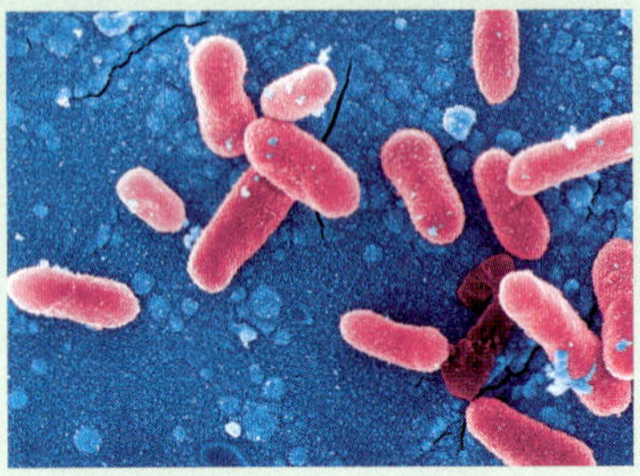

*Mikroskopaufnahme von Bakterien*

**Die meisten Tierzellen haben einen Durchmesser von 1/100 bis 1/50 Millimeter. Pflanzenzellen sind etwas größer. Die kleinsten Zellen haben einen Durchmesser von 1/1000 Millimeter. Aber auch ein Vogelei ist eine Zelle – eine Riesenzelle. Ein Straußenei wird bis zu 25 Zentimeter lang und kann bis zu 1,5 Kilogramm wiegen.**

## Fotosynthese

Wie alle Lebewesen brauchen auch Pflanzen Energie, um zu überleben, aber anders als Tiere gewinnen sie ihre Energie direkt aus dem Sonnenlicht – sie können Fotosynthese betreiben. Das Wort Fotosynthese bedeutet „durch Licht zusammenfügen". Fotosynthese ist die wichtigste chemische Reaktion für alle Lebewesen, da die grünen Pflanzen die gesamte Nahrung auf der Erde liefern. Alle Tiere und auch wir Menschen sind direkt oder indirekt von der Nahrungsproduktion der Pflanzen abhängig. Um diese Nahrung zu verdauen, brauchen wir Sauerstoff, der bei der Fotosynthese frei wird. Dafür geben wir bei der Atmung Kohlendioxid ab, das die Pflanzen wiederum zum Aufbau neuer Nahrung benötigen. Bei der Fotosynthese stellt die Pflanze mithilfe der Sonnenenergie aus Wasser und Kohlendioxid den Zucker Glukose her. Der Zucker dient als Brennstoff für die Zellen und als Rohstoff für andere Verbindungen wie Stärke und Zellulose.

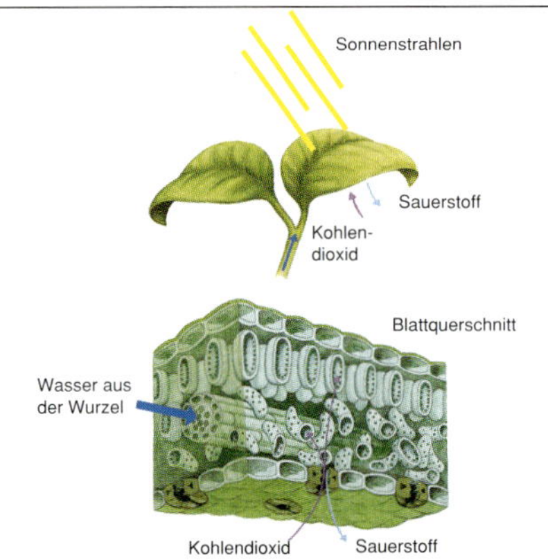


Die Blätter von Pflanzen sind der Hauptort der Fotosynthese. Die Sonnenstrahlen liefern Energie, mit deren Hilfe aus Wasser und Kohlendioxid energiereiche Zuckerverbindungen im Blatt aufgebaut werden. Dabei gelangt Sauerstoff in die Atmosphäre. Dieser Vorgang ist die Grundlage für alles Leben auf der Erde.

*Darstellung der Fotosynthese*

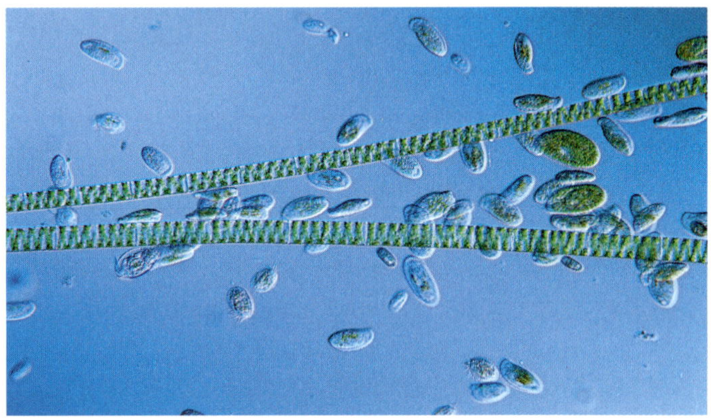

*Mikroskopaufnahme von Chloroplasten*

## So funktioniert die Fotosynthese

Bei den meisten Pflanzen findet die Fotosynthese in den Blättern statt. Dort liegen die Zellen mit den Chloroplasten, die das Blattgrün (Chlorophyll) enthalten. Blätter fangen über das Chlorophyll das Sonnenlicht ein und nehmen Kohlendioxid aus der Luft auf. Aus den Wurzeln wird Wasser zum Blatt transportiert. Mit der Energie des Sonnenlichts stellt die Pflanze aus Wasser und Kohlendioxid Zucker her, wobei Sauerstoff als Abfallprodukt abgegeben wird. Anschließend wird der Zucker zu anderen Stellen in der Pflanze transportiert.

## Warum sind Blätter grün?

*Herbstfärbung des Laubes*

**Die meisten Pflanzen besitzen Chlorophyll, einen grünen Farbstoff, der den Pflanzenzellen die grüne Farbe verleiht. Deshalb nennt man diesen Farbstoff auch Blattgrün. Aber die meisten Pflanzen bilden Chlorophyll erst dann, wenn sie dem Sonnenlicht ausgesetzt sind. Das kannst du z. B. daran erkennen, dass die Blätter einer grünen Pflanze, die in einer dunklen Ecke des Zimmers steht, nach einiger Zeit immer bleicher werden. Laubblätter enthalten nicht nur das grüne Chlorophyll, sondern auch noch andere Farbstoffe oder Pigmente, z. B. das rote Anthocyan und die gelben und orangefarbenen Carotinoide, die auch den Möhren ihre Farbe geben. Normalerweise werden diese Farbstoffe vom Chlorophyll überdeckt. Im Herbst aber bauen viele Pflanzen das Chlorophyll in den Blättern ab. Dann treten die gelben, braunen und roten Farben der Herbstfärbung hervor.**

## Zellatmung

Menschen und Tiere beziehen ihre Energie aus der Nahrung, deren Bausteine in die Zellen transportiert werden. Dort werden Sie mithilfe von Sauerstoff weiter verarbeitet. Diesen Vorgang bezeichnet man als Zellatmung. Sie ist nach der Verdauung der zweite Schritt bei der Energiegewinnung. Neben der Energie entstehen bei der Zellatmung Wasser und Kohlendioxid. Das Kohlendioxid wird in unserem Körper über die roten Blutzellen zu den Lungen befördert und wir geben es über die Atmung wieder an die Luft ab. Manche Lebewesen, z. B. Hefen und Bakterien, können ausschließlich von der Zellatmung ohne Sauerstoff leben.

## Gesteuerte Energie

Die Zellatmung mit Sauerstoff musst du dir als eine Art Verbrennung vorstellen. Die Bausteine der Nahrung sind das Brennmaterial, das sich mit Sauerstoff verbindet.

## Was geschieht bei der Zellatmung?

Der eigentliche Brennstoff des menschlichen Organismus ist Traubenzucker (Glukose), der durch Verdauung von Kohlenhydraten, z. B. Stärke, entsteht. Bei der Zellatmung wird der Zucker zunächst zu einer Säure (Brenztraubensäure) umgesetzt, die dann in die Mitochondrien, dem „Kraftwerk“ der Zelle, wandert. Dort verbindet sich die Säure mit Sauerstoff zu Kohlendioxid und Wasser. Dabei wird Energie frei, die unser Körper für die vielen chemischen Vorgänge braucht.

## Auch Pflanzen atmen

Bei Tageslicht gewinnen die Pflanzen ihre Energie durch Fotosynthese und bilden Zucker und Stärke. Ein Teil davon wird durch die Zellatmung wieder abgebaut. Da eine Pflanze mehr Zucker herstellt als sie verbraucht, nimmt sie bei Tag mehr Kohlendioxid auf. Bei Nacht kann sie keine Fotosynthese betreiben und baut deshalb Stoffe ab und nimmt mehr Sauerstoff auf.

## Hast du schon gewusst,

**wie Muskelkater entsteht? Wenn der Körper sich anstrengen muss, wird der Sauerstoff in den Muskeln knapp und der Traubenzucker kann nicht mehr umgesetzt werden. Stattdessen entsteht aus dem Zucker Milchsäure, die für den Muskelkater verantwortlich ist. Hört die Anstrengung auf, hat der Körper wieder mehr Sauerstoff zur Verfügung und die Milchsäure kann abgebaut werden.**

# Evolution

Leider können wir nicht in die Vergangenheit reisen und uns ansehen, wie die Lebewesen vor einigen Millionen Jahren ausgesehen haben. Aber wir haben die Möglichkeit, aus Versteinerungen (Fossilien) eine Menge über frühere Zeiten zu erfahren. Fossilien entstehen, wenn ein Lebewesen nach seinem Tod von Schlamm oder Sand begraben wird. Die Weichteile des Körpers zersetzen sich meist ohne Spuren zu hinterlassen, aber härtere Teile wie Knochen, Zähne oder Schalen bei Tieren sowie Blätter oder Stämme bei Pflanzen werden nach und nach zu Stein.

*Versteinertes Tier*

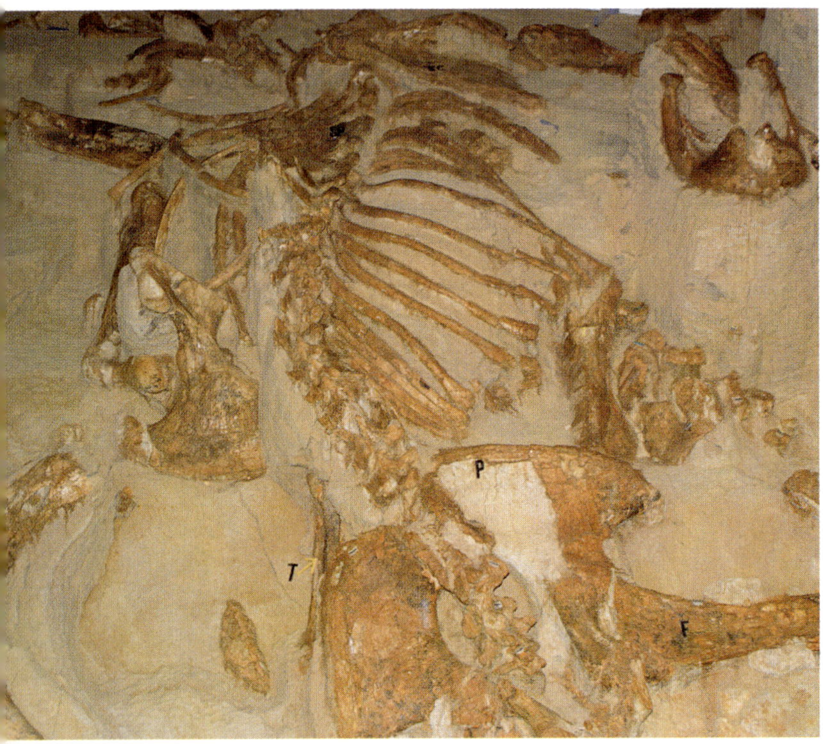

## Veränderte Lebewesen

Paläontologen – das sind Wissenschaftler, die sich mit Fossilien befassen – haben in der ganzen Welt viele Fossilien gefunden und konnten zeigen, dass es im Laufe der Jahrmillionen unterschiedliche Lebewesen gegeben hat. Viele Arten sind nach und nach ausgestorben, viele andere haben sich aus Vorläufern neu entwickelt. Diese langsame Veränderung von Lebewesen nennt man Evolution.

Ein toter Fisch sinkt auf den Grund. Bevor die Verwesung beginnt ...

... wird er vom Sediment bedeckt (Schlamm, Ton, Sand).

Das Sediment wird zu Stein und das Fischskelett mineralisiert. Durch geologische Verschiebungen und Elevation (Erhöhung) wird das Fossil an die Oberfläche befördert.

*Versteinerung*

## Wie läuft die Evolution ab?

Jetzt wo du weißt, was Evolution ist, wirst du dich fragen, warum Tiere und Pflanzen im Laufe der Zeit diese Wandlung durchgemacht haben? Mitte des 19. Jahrhunderts stieß der englische Naturforscher Charles Darwin (1809–1882) auf eine Antwort: Als Biologe wusste er, dass sich die Individuen einer Art immer geringfügig unterscheiden und dass diese Unterschiede an die nächsten Generationen weitergegeben werden. Außerdem war ihm klar, dass alle Lebewesen um Nahrung und Le-

## Charles Robert Darwin

**Der englische Naturforscher Charles Robert Darwin (1809–1882) ist der Begründer der modernen Evolutionstheorie und zählt zu den bekanntesten Naturwissenschaftlern überhaupt. 1831 startete er eine fünfjährige Weltreise. Das Studium der Fossilien und der Lebewesen auf den fremden Inseln und Kontinenten weckten in Darwin große Zweifel an der damaligen Lehrmeinung, wonach die Arten unveränderlich seien. Der Aufenthalt auf den Galapagosinseln vor der Westküste Südamerikas hatte besonderen Einfluss auf sein Denken. Dort entdeckte Darwin, dass die Finken der einzelnen Inseln einander sehr ähnelten, sich jedoch unterschiedlich spezialisiert hatten. Er folgerte, dass diese Finken aus einer gemeinsamen Stammform hervorgegangen sein müssten. 1859 veröffentlichte er sein Hauptwerk *Über die Entstehung der Arten durch natürliche Zuchtwahl*. Darwins Evolutionstheorie wurde von der Kirche heftig kritisiert, weil sie dem biblischen Schöpfungsgedanken widersprach.**

bensraum konkurrieren müssen. Darwin erkannte, dass Individuen mit den günstigsten Eigenschaften gegenüber den anderen im Vorteil sind. Diese haben auch die besten Chancen zu überleben und bekommen die meisten Nachkommen. Nach und nach setzen sich also diejenigen Individuen durch, die sich am besten an ihre Umwelt anpassen. Diesen Vorgang nennt man Auslese durch bessere Anpassung oder Selektion. Heute ist die Evolutionstheorie weitgehend anerkannt. Aber es gibt auch einige wenige Menschen, die daran glauben, dass alle Lebewesen in ihrer heutigen Form mit all ihren Merkmalen von Gott erschaffen wurden.

## Kriechtier oder Vogel?

Paläontologen können oft an Fossilien ablesen, wie eine Tier- oder Pflanzengruppe aus einer anderen hervorgegangen ist. Ein solches Fossil ist z. B. der Urvogel Archäopteryx. Der Archäopteryx

*Versteinerung des Urvogels Archäopteryx*

war ein Tier mit den Klauen und Zähnen eines Kriechtiers (Reptils) und den Flügeln und Federn eines Vogels. Er konnte sehr wahrscheinlich nicht richtig fliegen, aber wohl von Baum zu Baum gleiten. Aus diesem Fund haben die Wissenschaftler geschlossen, dass die heutigen Vögel mit ziemlicher Sicherheit von den Reptilien abstammen, also die nächsten lebenden Verwandten der Dinosaurier sind.

Bisher hat man neun Fossilien des Archäopteryx in Deutschland entdeckt. Der älteste Fund stammt von Mitte des 19. Jahrhunderts, das jüngste Exemplar ist erst ein paar Jahre alt.

## Hast du schon gewusst,

**wie die Giraffe zu ihrem langen Hals kam? Bei der Evolution hatten Tiere mit besonders langem Hals Vorteile, da sie besser an höher hängende Blätter herankamen. Vermutlich bekamen diese langhalsigen Giraffen Junge, die besser überleben konnten, denn ganz oben an den Bäumen gibt es meistens die saftigsten Blätter. Der lange Hals wurde an die nächsten Generationen weitergegeben und wurde zu einem typischen Merkmal der Giraffe.**

## Gemeinsamer Grundbauplan

Nicht nur Lebewesen verändern sich, auch die Umwelt wandelt sich. In der Evolution passen sich bestehende Arten an neue Lebensbedingungen an. Aus einer Art können dabei neue Arten entstehen, die anders aussehen. Manche Grundmuster aber bleiben gleich. Lebendige Zeugnisse der Evolution sind z. B. die fünffingrigen bzw. fünfzehigen Gliedmaßen unserer Hände und Füße. Alle Säugetiere haben die gleiche Knochenanordnung. Das bedeutet, dass sich alle Säugetiere wahrscheinlich aus einem gemeinsamen Vorfahren entwickelt haben. Wenn du die Vordergliedmaßen von Mensch, Delfin und Fledermaus vergleichst, kannst du den Beweis dafür erkennen: Der Arm des Menschen besteht aus zwei Abschnitten mit langen Knochen und drei Gruppen von Handknochen. Die Vorderflossen eines Delfins enthalten zwei Abschnitte mit kurzen Knochen und drei Gruppen von „Handknochen“. Die Flügel einer Fledermaus haben denselben Grundbauplan wie die Arme des Menschen, also Unterarm- und Oberarmknochen sowie lange, dünne Hand- und Fingerknochen, die ein leichtes Flügelgerüst bilden. Der Grund für die Unterschiede zwischen den Tiergruppen ist, dass sie sich an verschiedene Lebensweisen angepasst haben: Der Mensch lebt an Land, Delfine schwimmen im Wasser und Fledermäuse fliegen.

*Evolution*

*Darwinfinken*

## Darwinfinken – Beweis für die Evolutionstheorie

Charles Darwin trat 1831 mit dem Schiff „Beagle“ eine mehrjährige Forschungsreise um die Welt an und kam auch auf die Galapagosinseln vor der Westküste Südamerikas. Dort fand er viele einzigartige Tiere, unter anderem auch 13 Finkenarten. Jede von ihnen hatte eine ganz eigene Lebensweise und eine auf die Nahrung abgestimmte Schnabelform: Die Samen fressenden Arten haben einen kräftigen Schnabel, um die Samenkörner aufzuknacken. Bei den Insekten fressenden Arten hingegen ist der Schnabel dünn und spitz, um die Insekten besser aufzusammeln. Darwin vermutete, dass alle Finken von einer einzigen Art abstammen mussten, die vom südamerikanischen Festland eingewandert war und deren Nachkommen sich an die unterschiedlichen Lebensbedingungen angepasst haben. Darwinfinken sind ein Beispiel dafür, dass sich aus einer Art viele Arten entwickeln können, die jeweils eigene Lebensräume besetzen. Aufgrund seiner Studien formulierte Darwin seine Evolutionstheorie, die auf drei Grundgedanken beruht:

1. Die Individuen einer Art gleichen einander nicht vollkommen, es gibt immer Veränderungen.
2. Es gibt eine Überproduktion an Nachkommen.
3. Im Kampf ums Dasein überleben nur die am besten angepassten Individuen und pflanzen sich fort.

## Wie entstehen Arten?

Bei Arten, die gemeinsam einen Lebensraum bewohnen, werden oft einzelne Gruppen von den anderen getrennt. Diese Gruppen können sich jetzt nur noch untereinander fortpflanzen. Wir wissen ja bereits, dass die Individuen einer Art einander nicht völlig gleichen. Wenn die Splittergruppen Nachkommen haben, zeigen diese mit der Zeit deutliche Unterschiede. Irgendwann einmal sind die Unterschiede zu den ehemaligen Artgenossen so groß, dass sie sich nicht mehr mit ihnen paaren können, d. h. es hat sich eine neue Art gebildet.

## Natürliche Auslese heute

Ein Beispiel für natürliche Auslese in jüngster Zeit ist der Birkenspanner. Dieser Falter ruht an flechtenbedeckten Baumstämmen und ist dort durch seine helle Farbe vor Fressfeinden, den Vögeln, geschützt. Im 19. Jahrhundert starben in England durch die industriebedingte Luftverschmutzung die Flechten ab und die Bäume wurden von Ruß geschwärzt. Jetzt waren die Falter nicht mehr vor ihren Feinden geschützt. Aber durch natürliche Mutation traten ja immer wieder auch dunkle Tiere auf. Ihre Zahl nahm nun deutlich zu, denn dunkle Tiere waren auf den durch Ruß geschwärzten Bäumen besser getarnt und konnten sich so besser vermehren als die hellen Birkenspanner.

*Birkenspanner auf der Rinde*

*Junger Wolfshund*

## Künstliche Auslese

Hast du dir schon einmal Gedanken darüber gemacht, warum es so viele verschiedene Hunde- und Katzenrassen gibt? Tiere und Pflanzen verändern sich oft aufgrund von natürlicher Auslese, aber auch durch Zucht, indem der Mensch gezielt in die Vermehrung eingreift. Dabei können aus einer einzigen Art viele verschiedene Rassen (bei Tieren) oder Sorten (bei Pflanzen) entstehen. Alle Hunderassen stammen z. B. vom Wolf ab, der vor mehr als 10.000 Jahren gezähmt wurde. Aus ihm entstanden dann durch Züchtungen die heutigen Jagd-, Hüte- und Schlittenhunderassen. Dafür verpaaren Züchter zwei Tiere, von denen jedes ein besonders wertvolles Merkmal (z. B. glänzendes Fell, ungewöhnliche Fellfarbe, Robustheit) hat. Wenn die Nachkommen diese Eigenschaften in sich vereinen und fortpflanzungsfähig sind, entsteht eine neue Hunderasse. Das gilt natürlich auch für andere Tiere und Pflanzen.

### Hast du schon gewusst,

**dass der französische Naturforscher Jean-Baptiste de Lamarck (1744–1829) zu Beginn des 19. Jahrhunderts die Theorie aufstellte, dass Lebewesen Eigenschaften erben, die bei der Elterngeneration durch äußere Einflüsse entstanden sind? Er behauptete z. B., dass die Giraffen deshalb lange Hälse hätten, weil sich die Generationen davor nach den Blättern an den Bäumen strecken mussten und ihr Hals dabei immer länger geworden sei. Für die Erklärungsversuche von Lamarck gab es jedoch nie einen Beweis.**

# Fortpflanzung und Vererbung

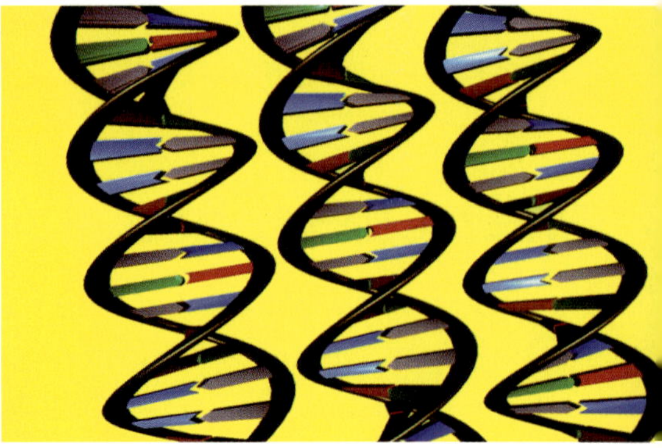

*DNS-Molekül*

Die Fortpflanzung ist der wichtigste Vorgang in der Natur, denn ohne sie wäre das Leben auf der Erde bald zu Ende. Es gibt zwei Formen der Fortpflanzung: ungeschlechtliche (vegetative) und geschlechtliche (sexuelle). Für jedes Lebewesen, von der einzelligen Amöbe bis zum Menschen, gibt es einen bestimmten „Bauplan". Er liegt als chemische Verbindung in den Zellen der Lebewesen vor und zwar in den spiralförmigen Molekülen der DNS (Desoxyribonukleinsäure).

## Die Erbinformation

Die Erbinformation hat eine sehr komplizierte Form und besteht aus zahlreichen Einzelanweisungen, den Genen. Jedes Gen bestimmt ein einzelnes Merkmal, z. B. die Farbe der Augen oder Haare bei Menschen. Diese Merkmale werden bei der Fortpflanzung auf die nächste Generation weitergegeben. Die Wissenschaft, die sich mit der Vererbung dieser Merkmale befasst, nennt man Vererbungslehre oder Genetik.

## Ungeschlechtliche Fortpflanzung

Die ungeschlechtliche (vegetative) Fortpflanzung ist die einfachste Form der Vermehrung, da nur ein Elternteil erforderlich ist. Bei Amöben kannst du unter dem Mikroskop sehen, wie sie immer wieder ihre Form verändert (daher nennt man es auch Wechseltierchen). Es pflanzt sich fort, indem es sich einfach teilt – aus einer Zelle werden zwei. Auch Bakterien, vermehren sich durch Teilung.

Aber es gibt auch mehrzellige Tiere, z. B. Seeanemonen, die sich durch Teilung fortpflanzen. Manche mehrzellige Lebewesen vermehren sich nicht durch einfache Teilung, sondern durch Knospung wie z. B. der Süßwasserpolyp. Die Nachkommen werden einfach abgeschnürt. Von manchen Pflanzen, z. B. Geranien, kann man Stecklinge machen, die man in die Erde steckt und sie bewurzeln lässt. Bei der ungeschlechtlichen Vermehrung sind Eltern und Nachkommen genetisch identisch.

## Wie teilt sich eine Zelle?

Du weißt jetzt schon, wie eine Zelle aussieht. Kannst du dir auch vorstellen, wie sie sich teilt?

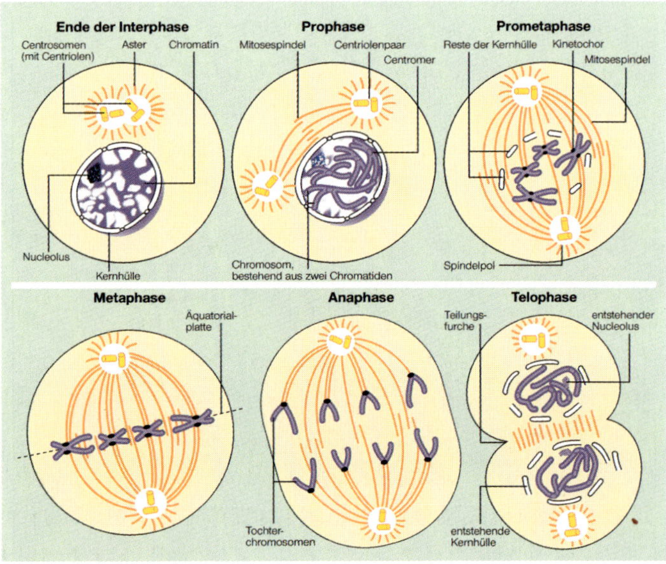


*Der Vorgang der Mitose*

Zu Beginn wird der Zellkern in zwei erbgleiche Tochterkerne geteilt. Diesen Vorgang nennt man Mitose: Die Chromosomen im Kern verdoppeln sich und bilden jeweils zwei verbundene Hälften (Chromatiden). Dann trennen sich die Chromatiden, wandern zu den entgegengesetzten Polen der Zelle und bilden Tochterkerne. Danach teilt sich das Zellplasma mit den Organellen und es entstehen zwei Zellen. Solche Zellteilungen dienen bei einzelligen Organismen zur Vermehrung, bei mehrzelligen Lebewesen dem Wachstum und zur Entwicklung.

## Geschlechtliche Fortpflanzung

Bei der geschlechtlichen (sexuellen) Fortpflanzung gibt es immer zwei Eltern – einen männlichen und einen weiblichen Elternteil. Ihre Geschlechtszellen entstehen durch eine besondere Form der Zellteilung, der Meiose. Bei der Befruchtung vereinigen sich eine männliche Geschlechtszelle (Samenzelle) und eine weibliche Geschlechtszelle (Eizelle). Aus der befruchteten Eizelle entwickelt sich ein neues Lebewesen. Die geschlechtliche Fortpflanzung ist komplizierter als die ungeschlechtliche. Hier finden mehrere Vorgänge statt, bei denen auch die Chromosomen beider Geschlechtszellen Stücke untereinander austauschen. Daher haben die Zellen, die bei der Meiose entstehen, eine einzigartige Kombination aus Genen und damit eine neue Mischung von Eigenschaften – d. h. die Nachkommen sind keine genauen Kopien ihrer Eltern.

## Was sind Chromosomen, Gene und DNS?

Chromosomen sind fadenförmige Gebilde im Zellkern, die aus Nukleinsäuren und Proteinen bestehen. Wichtigster Bestandteil ist die DNS (Desoxyribonukleinsäure), der Träger der genetischen Information. Demnach können wir die Chromosomen als Pläne auffassen, nach denen die Zellen arbeiten. Bei den höheren Lebewesen sind Chromosomen in allen Körperzellen in doppelter, d. h. paarweise gleicher Ausführung vorhanden bis auf ein einziges Paar, die Geschlechtschromosomen. Die DNS-Moleküle liegen in der Zelle jeweils paarweise in Doppelstruktur (Doppelhelix) vor. Ein Gen ist ein Abschnitt auf dem Chromosom, der die Bauanweisungen für ein Protein enthält. Es bestimmt die Ausbildung eines einzelnen Merkmals. Die DNS teilt der Zelle mit, wie sie die vielen Proteine aufbauen muss, die sie für ihre Funktionen braucht. Dazu wird ein Teil der DNS-Doppelhelix in Einzelstränge aufgelöst, damit die Information abgelesen werden kann. Es entsteht eine Kopie, die aus dem Zellkern ins Zellplasma wandert und dort als Vorlage für ein Protein dient. Der Bau der Proteine (Proteinsynthese) findet an den Ribosomen statt.

## Mutationen

Die DNS-Moleküle sind sehr lang und werden oft beschädigt, z. B. durch starke UV-Strahlen beim Sonnenbaden. Die DNS hat aber ein eigenes

### Hast du schon gewusst,

*Seestern*

**dass manchmal Körperteile nachwachsen? Du hast sicher schon einmal eine Schnittwunde gehabt, die nach kurzer Zeit verheilt war. Nach einer Schnittverletzung teilen sich die Zellen in der Haut, die verletzte Hautstelle wird erneuert und die Wunde verheilt schließlich. Bei manchen Tieren wachsen sogar ganze Körperteile wie Beine oder Arme nach. Der Seestern z. B. kann einen abgeschnittenen Arm durch einen neuen ersetzen.**

*Ein Albino-Igel*

Reparatursystem und kann solche Schäden oft beheben. Manchmal entsteht aber auch eine neue genetische Information, die zu einer plötzlichen Veränderung des Erbguts führt. Diese Veränderung nennt man Mutation. Über die Geschlechtszellen kann die Veränderung auf die nächste Generation übergehen und es entsteht ein Lebewesen mit einem neuen Merkmal. Sicher hast du schon einmal den Begriff Albino gehört. Ein Beispiel für eine Mutation ist die Albinofärbung, wenn bei Tieren und beim Menschen die Farbstoffe (Pigmente) in der Körperhaut sowie in der Regenbogenhaut des Auges fehlen: Betroffene Lebewesen haben milchweiße Haut, weiße Haare und tiefrote Pupillen.

## Wie werden Merkmale vererbt?

Die Vererbung sorgt dafür, dass bei der Fortpflanzung Merkmale von der einen auf die nächste Generation übertragen werden. Manche Kinder ähneln einem Elternteil oft sehr stark in einem bestimmten Merkmal. Wie kommt es dazu? Jede Samenzelle (männliche Geschlechtszelle) und jede Eizelle (weibliche Geschlechtszelle) enthält einen Satz aller Chromosomen und somit aller Erbfaktoren. Wenn die beiden Zellen bei der Befruchtung miteinander verschmelzen, vereinigt sich also das Erbgut des Vaters mit dem der Mutter. Jedes Merkmal der Nachkommen wird durch zwei entsprechende Erbanlagen (Gene) beider Elternteile bestimmt. Die meisten Zellen enthalten zwei Chromosomensätze, einen von jedem Elternteil. Meist ist jeweils eines der Gene dominant, d. h. nur eines der Gene bestimmt die Ausprägung des Merkmals. Das andere Gen ist zwar vorhanden, kann sich aber nicht durchsetzen, da es von dem dominanten Gen verdeckt wird. Wir nennen dieses Gen rezessiv.

### Hast du schon gewusst,

**dass jede Tier- und Pflanzenart eine charakteristische Chromosomenzahl hat? Bei manchen sind es weniger als zehn Chromosomen, z. B. zwei beim Spulwurm, bei anderen mehr als 100 (häufig bei Krebsen, Vögeln und Farnen). Der Mensch besitzt 46 Chromosomen.**

## Entdecker der Vererbung

Wie kommt es, dass wir so viel über die Vererbung wissen? Unsere Erkenntnisse verdanken wir dem Mönch und Botaniker Gregor Mendel (1822–1884). Jahrelang experimentierte er mit Erbsenpflanzen und fand heraus, dass bestimmte Merkmale der Elterngeneration – bei Erbsenpflanzen die Blütenfarbe – sich bei den Nachkommen nicht mischen, sondern nur in der einen oder der anderen Form auftreten. Das, was Mendel herausfand, gilt für alle Lebewesen, die sich geschlechtlich fortpflanzen. Die Kreuzungsversuche von Mendel zeigen, wie ein solches Genpaar die Blütenfarbe der Erbsenpflanze bestimmt. Das dominante Gen (R) bewirkt eine rote Färbung, das rezessive oder unterlegene Gen (r) eine weiße. Weiße Blüten kann es nur geben, wenn das rezessive Gen zweimal vorhanden ist. Rot blühende Eltern haben den Genotyp RR, weiß blühende rr. Alle Nachkommen der ersten Generation haben den Genotyp Rr und blühen rot, weil das dominante Gen das rezessive verdeckt. In der zweiten Generation gibt es drei mögliche Kombinationen: RR, Rr und rr. Drei Viertel der Nachkommen sind rot. Davon hat die Hälfte den Genotyp Rr (rot), ein Viertel RR (rot) und ein Viertel rr (weiß). Du siehst, auch bei Pflanzen funktioniert es genauso wie bei Menschen.

# Chemie / Physik / Mathematik

# Chemie

Chemie, Physik, Mathematik – vielen Schülern bereiten diese drei Schulfächer oft Schwierigkeiten. Viele von euch finden diese Fächer nicht nur schwer, sondern auch etwas trocken und langweilig. Das muss aber nicht so sein. Wenn ihr z. B. wisst, welche Experimente Alchemisten in frühen Zeiten durchgeführt haben, wie Isaac Newton die Schwerkraft entdeckte oder wie schon die frühen Menschen mit einfachen Mitteln gerechnet haben, werdet ihr diese naturwissenschaftlichen Gebiete bestimmt viel interessanter finden.

*Antike Glasbläser*

## Was ist Chemie?

Chemie ist die Wissenschaft von den Stoffen, ihrem Aufbau, ihren Eigenschaften und ihren Veränderungen. Mit „Stoff" meint der Chemiker natürlich nicht den Stoff, aus dem der Schneider Kleider näht. Stoffe im chemischen Sinn sind z. B. Wasser, Sauerstoff, Kohlendioxid, Eisen, Kupfer, aber auch Glas, Holz, Papier, Milch oder ein Kunststoff und viele Millionen andere Substanzen. Stoffe können fest, flüssig oder gasförmig sein. Die Chemie befasst sich mit chemischen Elementen, aus denen Stoffe zusammengesetzt sind, und den Reaktionen der Elemente sowie ihren Verbindungen. Chemie bestimmt unser Leben, denn chemische Vorgänge laufen ständig überall ab – in und auf der Erde, in Gesteinen, im Wasser und in allen Lebewesen. Aber der Mensch kann chemische Abläufe steuern und künstliche Stoffe mit nützlichen Eigenschaften industriell herstellen. Die Chemie hat große Auswirkungen auf unseren Alltag – ohne Medikamente, Kunstdünger, Kunststoffe und andere Chemieprodukte wäre unser Leben heute kaum vorstellbar.

## Seit wann nutzen Menschen die Chemie?

Kannst du dir vorstellen, seit wann Menschen das Feuer kennen? Die ältesten archäologischen Funde von Feuerstellen und Feuersteinen sind mehr als eine Million Jahre alt. Daher können wir annehmen, dass die älteste chemische Reaktion, die Menschen nutzten, vermutlich die Verbrennung ist. Die Menschen der Vorzeit machten Feuer, um ihre Behausungen zu beheizen und zu beleuchten, aber auch um Fleisch zu rösten. Der Mensch entdeckte das Feuer wahrscheinlich bei Naturereignissen wie Blitzeinschlägen und Vulkanausbrüchen.

### John Dalton

**Der englische Chemiker und Physiker John Dalton (1766-1844) führte die Atomtheorie in die Chemie ein. Damit griff er die Auffassung des griechischen Philosophen Demokrit (um 400 vor Christus) auf, dass alle Stoffe aus winzigen, unteilbaren Teilchen aufgebaut sind. Nach Daltons Atomtheorie sind alle Atome eines Elements gleich. Die Elemente unterscheiden sich, weil ihre Atome verschieden sind. Neue chemische Stoffe entstehen, wenn sich Atome verschiedener Elemente in einem bestimmten Verhältnis miteinander verbinden.**

## Hast du schon gewusst,

**dass das erste Glas vor etwa 4000 Jahren wahrscheinlich in Ägypten hergestellt wurde? Es war allerdings noch nicht durchsichtig, sondern milchig. Damals benutzte man Glas hauptsächlich zur Herstellung von Schmuck und Gefäßen. Die alten Römer waren die Ersten, die Glas für Fenster verwendeten.**

# Chemie im Altertum

Im Altertum entdeckten die Menschen die Gärung und nutzten diesen Vorgang, um aus Fruchtsäften Wein und Bier herzustellen. Sie kochten Seife aus Asche und Fett. Sie gerbten Tierhäute mit Extrakten aus Eichenrinden und stellten Leder her. Auch wussten die Menschen schon damals, wie man chemische Vorgänge im Körper mit bestimmten Stoffen beeinflussen konnte. Sie gewannen aus Pflanzen und Mineralstoffen Arzneimittel, mit denen sie viele Krankheiten heilen konnten.

*Mumie*

Im alten Ägypten wussten die Priester viel über bestimmte Stoffumwandlungen. Sie konnten schon ab ca. 1250 vor Christus farbiges Glas herstellen und viele Farbstoffe aus Pflanzen und Tieren gewinnen, z. B. Purpur aus einer Schneckenart im Mittelmeer und Blau aus der Indigopflanze. Die alten Ägypter verwendeten Indigopflanzen, um ihre Mumientücher zu färben. Man hat über 4000 Jahre alte Mumientücher gefunden, die mit Indigo gefärbt sind, genauso wie deine Jeans auch!

# Wie erklärten die alten Griechen Chemie?

Die Menschen in früher Zeit konnten sich chemische Vorgänge, also die Umwandlung von Stoffen, nicht erklären. Sie glaubten, dies sei das Wirken der Götter oder der Einfluss der Sterne. Erst die alten Griechen versuchten, hinter das Geheimnis dieser Vorgänge und der Naturphänomene zu kommen. Die Philosophen und Naturforscher Empedokles (495-435 vor Christus) und Aristoteles (384-322 vor Christus) glaubten, dass alle Materie aus den vier Elementen Erde, Luft, Wasser und Feuer bestünde. Aristoteles lehrte, dass jedes Element gleichzeitig durch die Eigenschaften kalt oder heiß und feucht oder trocken gekennzeichnet war. Jedes Element sei eine Kombination von jeweils zwei dieser Eigenschaften: die Erde kalt und trocken, die Luft warm und feucht, das Wasser kalt und feucht und das Feuer warm und trocken. Die Griechen Leukippos (um 450 vor Christus) und Epikur (341-370 vor Christus) stellten sich diese Mischung oder Verbindung der Elemente so vor, dass sich alle Stoffe aus unteilbaren und winzigen Teilchen zusammensetzen. Griechisch heißt unteilbar „atomos“ und deshalb nannten sie diese Teilchen oder Bausteine Atome.

# Wonach suchten die Alchemisten?

Chemie als angewandte Wissenschaft entwickelte sich zunächst als Alchemie. Aus den Theorien der griechischen Denker zogen manche Menschen den folgenden Schluss: Wenn alle Materie wirklich aus denselben Grundstoffen besteht, müsste es auch möglich sein, ein unedles

## Erstes Papier

**Papier, wie wir es kennen, wurde 105 nach Christus von den Chinesen erfunden; sie verwendeten dazu die Holzfasern des Maulbeerbaums. Aber nicht nur Menschen stellen Papier her, auch die Wespen können es: sie zerkauen Holz- und Pflanzenfasern, verkleben sie mit Speichel und fertigen daraus ihre kunstvollen Nester**

*Alchemist bei der Bereitung des Steins der Weisen*

Metall wie Blei in die kostbaren Metalle Gold oder Silber umzuwandeln. Die Versuche, aus weniger wertvollen Metallen Gold zu machen, nannte man Alchemie. Die Menschen, die das Gold herzustellen versuchten, waren die Alchemisten oder Goldmacher. Diese Idee sollte die Chemie über viele Jahrhunderte beherrschen. Man vermutet, dass die Alchemie im 6. Jahrhundert vor Christus in Ägypten entstand.

Die Alchemisten beschäftigten sich auch mit der Suche nach dem so genannten „Stein des Weisen". Das war ein Wundertrank, der Gesundheit, Jugend und ewiges Leben schenken sollte. Man glaubte auch, dass man nur mit dem „Stein des Weisen" künstliches Gold herstellen konnte. Das gelang zwar nicht, aber die Alchemisten machten Entdeckungen, die für später von großer Bedeutung waren. Die Ergebnisse ihrer Experimente hielten die Alchemisten streng geheim und schrieben sie in rätselhaften Symbolen auf, die man als Vorläufer der chemischen Formel bezeichnen kann.

## Porzellan

**Porzellan ist ein wichtiger Werkstoff, aus dem Gebrauchsgegenstände wie Teller und Tassen hergestellt werden. Kannst du dir vorstellen, dass die Chinesen Porzellan bereits seit dem 6. Jahrhundert kennen und verwenden? Aber sie hielten das Rezept immer geheim. Erst der „Goldmacher" Johann Friedrich Böttger kam auf der Suche nach einem Lebenselixier 1709 zufällig darauf, wie man Porzellan herstellt.**

## Antoine Laurent de Lavoisier

**Der französische Chemiker Antoine Laurent de Lavoisier (1743-1794) gilt als der Begründer der neuzeitlichen Chemie. Er fand eine Erklärung für den Ablauf chemischer Reaktionen und erkannte, dass Verbrennung auf Sauerstoffaufnahme beruht: Lavoisier konnte zeigen, dass ein Körper schwerer wird, wenn er verbrennt. Er führte dies darauf zurück, dass beim Verbrennen ein Gas (Sauerstoff) aufgenommen wird. Lavoisier entdeckte auch die Zusammensetzung des Wassers.**

## Die moderne Chemie

Die Wissenschaftler erkannten erst im 17. Jahrhundert, dass Naturphänomene durch physikalische Gesetze erklärbar sind. Das hatte zur Folge, dass man an mystische Vorstellungen immer weniger glaubte. So konnte sich die Chemie als Naturwissenschaft behaupten. 1661 stellte Robert Boyle (1627-1691) die Theorie von den vier Elementen (Erde, Luft, Wasser und Feuer) in Frage. Er definierte das Element als chemischen Grundstoff, der mit chemischen Mitteln nicht weiter gespalten werden kann. Diese Definition gilt noch heute. In dieser Zeit entstanden viele Theorien zur Erklärung chemischer Reaktionen. Als Begründer der modernen Chemie gilt jedoch der französische Chemiker Antoine Lavoisier (1743-1794). Er erkannte den Zusammenhang zwischen Sauerstoff und Verbrennungsvorgängen. Lavoisier konnte zeigen, dass ein Stoff schwerer wird, wenn er verbrennt. Er führte dies darauf zurück, dass sich beim Verbrennen ein Gas (Sauerstoff) mit dem brennenden Stoff verbindet.

*Porzellan bei der Herstellung*

## Bau der Atome

Alle Dinge auf der Welt bestehen aus winzigen Teilchen, den Atomen. Sie sind so unvorstellbar klein, dass sogar auf dem Punkt am Ende dieses Satzes Millionen von Atomen passen würden. Selbst die Luft, die wir einatmen, setzt sich aus Atomen zusammen. Die erste Atomtheorie hatten schon die griechischen Philosophen aufgestellt. Anfang des 19. Jahrhunderts griff der englische Physiker und Chemiker John Dalton (1766-1844) diese Idee wieder auf und entwickelte eine moderne Atomtheorie. Mithilfe dieser Theorie lassen sich grundlegende chemische Gesetzmäßigkeiten anschaulich erklären.

*Atommodell*

Zunächst wurde angenommen, die Atome seien die allerkleinsten Bausteine und damit nicht teilbar. Seit Anfang des 20. Jahrhunderts weiß man jedoch, dass sich Atome aus noch kleineren Teilen zusammensetzen. 1911 stellte der britische Physiker Ernest Rutherford (1871-1937) sein erstes Atommodell vor. Danach befindet sich im Zentrum des Atoms ein Kern, der aus winzigen elektrisch positiv geladenen Teilchen, den Protonen, und elektrisch ungeladenen (neutralen) Teilchen, den Neutronen besteht. Um den Atomkern kreisen – nur scheinbar – negativ elektrisch geladene Teilchen, die Elektronen.

1913 nahm der dänische Physiker Niels Bohr (1885-1962) an, dass die Elektronen den Kern des Atoms in Schalen umhüllen. Das Atommodell von Bohr wurde später mehrfach verbessert. Heute weiß man, dass die Protonen und die Neutronen aus den noch kleineren Quarks aufgebaut sind. Quarks werden von so genannten Gluonen (englisch glue, „Klebstoff"), den Bindungsteilchen, zusammengehalten.

### Niels Bohr

**Der dänische Physiker Niels Bohr (1885-1962) lieferte u. a. wichtige und grundlegende Beiträge zur Kernphysik sowie zum Verständnis des atomaren Aufbaus. Er leitete seine Arbeit vom rutherfordschen Atommodell ab. Das bohrsche Atommodell war ein entscheidender Beitrag für weitere Entwicklungen in der theoretischen Atomphysik. Für seine Arbeiten auf diesem Gebiet erhielt der Wissenschaftler 1922 den Nobelpreis für Physik.**

## Was sind Moleküle?

Atome verbinden sich miteinander zu größeren Gebilden, den Molekülen. Die kleinste Einheit einer chemischen Verbindung aus Atomen verschiedener Elemente nennt man Molekül. Ein Molekül besteht also aus mindestens zwei Atomen. Es gibt so viele Arten von Molekülen, wie es verschiedene Verbindungen gibt. Inzwischen sind mehr als zehn Millionen Moleküle bekannt, die sich durch ihre Zusammensetzung, Größe, Masse, Form und viele andere Eigenschaften unterscheiden.

### Hast du schon gewusst,

**dass Atome unvorstellbar klein sind? Nebeneinander gelegt würden zehn Milliarden Atome gerade ein Millimeter Länge ergeben. Hätte der Atomkern die Größe eines Tennisballs, wäre das ganze Atom so groß wie das Empire State Building in New York.**

## Elemente und Verbindungen

Die Chemiker unterteilen alle Stoffe, die uns umgeben, grob in zwei Arten. Auf der einen Seite gibt es reine Substanzen, wie Gold und Silber in der Erde oder Sauerstoff und Stickstoff in der Luft. Diese Stoffe bestehen nur aus einer Art von Atomen und werden als chemische Elemente bezeichnet. Elemente lassen sich chemisch nicht aufspalten. Auf der anderen Seite gibt es die Gruppe der chemischen Verbindungen wie z. B. Wasser. Sie setzen sich aus Atomen verschiedener Elemente zusammen.

Mitte des 19. Jahrhunderts erkannten die Naturwissenschaftler, dass sich manche Elemente wegen ihrer ähnlichen chemischen und physikalischen Eigenschaften in Gruppen zusammenfassen lassen.

In seinem so genannten Periodensystem der Elemente schrieb Mendelejew die Elemente nach steigendem Atomgewicht nebeneinander auf. Nach jeweils sieben Elementen wiederholten sich die Eigenschaften. So schrieb er die chemisch ähnlichen Elemente jeweils untereinander und erhielt auf diese Weise ein System aus waagerechten Perioden und senkrechten Gruppen. Es ergaben sich dabei einige Lücken und Dimitri Mendelejew sagte die Eigenschaften der noch nicht entdeckten Elemente ziemlich genau voraus.

Seit Anfang des 19. Jahrhunderts verwenden die Chemiker als Symbol die Anfangsbuchstaben der lateinischen oder griechischen Elementnamen. 1813 hatte der schwedische Chemiker Jöns Jakob Berzelius (1779-1848) die heute noch gültigen Symbole der chemischen Elemente eingeführt, die immer noch gebräuchlich sind. Natrium wird z. B. mit Na, Chlor mit Cl, Uran mit U abgekürzt. Andere Abkürzungen leiten sich von den lateinischen Namen der Elemente ab wie Cu (Cuprum) für Kupfer, Au (Aurum) für Gold, H (Hydrogenium) für Wasserstoff, C (Carbon) für Kohlenstoff, O (Oxygenium) für Sauerstoff, N (Nitrogenium) für Stickstoff.

### Dimitri Mendelejew

**Der russische Chemiker Dimitri Mendelejew (1834-1907) entdeckte das Periodensystem der Elemente. Er nutzte alle gesammelten Erkenntnisse, um die Elemente nach ihrer Ordnungszahl zu gruppieren. Dadurch konnte er die Atomgewichte und Eigenschaften damals noch unbekannter Elemente voraussagen. Seine Vorhersagen wurden nach der Entdeckung der Elemente bestätigt.**

### Marie Curie

**Die in Polen geborene französische Chemikerin und Physikerin Marie Curie (1867-1934) entdeckte gemeinsam mit ihrem Mann Pierre die radioaktiven Elemente Polonium und Radium. Für ihre Entdeckung erhielt sie 1903 gemeinsam mit ihrem Mann und Antoine Henri Becquerel (1852-1908), dem Entdecker der radioaktiven Strahlung, den Nobelpreis für Physik. 1911 erhielt sie allein den Nobelpreis für Chemie. Marie Curie zahlte schließlich mit dem Leben für ihre Forschung – sie starb an Blutkrebs, verursacht durch die Strahlung der radioaktiven Stoffe. Die Gefahren durch radioaktive Strahlen kannte man damals noch nicht.**

## Wenn Stoffe sich verändern

Was passiert, wenn man zwei oder mehr Stoffe zusammenfügt? Entweder sie mischen sich, behalten aber ihre ursprüngliche Form. Oder sie verändern sich chemisch und werden zu einer neuen Art von Stoff. Dann hat eine chemische Reaktion stattgefunden. Die Produkte der Reaktion haben andere Eigenschaften als die Ausgangsstoffe.

Bei einer chemischen Reaktion geht keine Materie verloren und es wird auch keine zerstört, selbst wenn sie ihre Form ändert. Dies ist eines der grundlegenden naturwissenschaftlichen Gesetze. Es besagt, dass die Masse der Stoffe vor der chemischen Reaktion gleich der Masse der Stoffe nach der chemischen Reaktion ist. Das Gesetz von der Erhaltung der Masse hat Antoine de Lavoisier formuliert.

Chemische Reaktionen laufen unterschiedlich schnell ab. Manchmal geht es sehr schnell wie z. B. bei der Explosion von Sprengstoff, während andere Stunden, Monate oder sogar Jahre brauchen.

## Ohne chemische Reaktionen kein Leben

Wir benötigen Sauerstoff zum Atmen, denn nur so kann der Körper Energie gewinnen. In unserem Körper läuft nämlich ständig eine Reaktion mit Sauerstoff ab. Die Stoffe aus der Nahrung, z. B. Kohlenhydrate und Fette, gelangen vom Darm aus über den Blutkreislauf in die Zellen. Beim Atmen strömt Sauerstoff in die Lunge. Der rote Blutfarbstoff Hämoglobin transportiert den Sauerstoff mit dem Blutstrom in jede Zelle des Körpers. Dort reagiert der Sauerstoff mit den Nahrungsstoffen, wobei chemische Energie und Wärme entstehen. Der Körper nützt diese chemische Energie für verschiedene Tätigkeiten wie Fortbewegung oder Arbeit. Durch die Wärme wird die Körpertemperatur gehalten. Bei diesen chemischen Vorgängen bildet sich als Abfallprodukt das Gas Kohlendioxid. Es wird mit dem Blut wieder zur Lunge transportiert und dort ausgeatmet.

## Was sind Kunststoffe?

Stelle dir vor, es gäbe plötzlich keine Kunststoffe mehr. In unseren Wohnungen fehlten dann Vorhänge und Sitzmöbel, die z. T. aus Kunststoff und Schaumstoff gefertigt sind. Tapeten fielen von den Wänden, weil der Kleister sich aufgelöst hätte. Viele elektronische Geräte ständen ohne Gehäuse da. Sicherungen würden durchbrennen, weil die elektrischen Drähte nicht mehr isoliert sind. Selbst unsere Kleidung wäre nicht mehr vollständig, denn viele Textilien bestehen heute aus Kunstfasern. Eine solche Vorstellung zeigt erst, wie wichtig die künstlich hergestellten Werkstoffe für unser tägliches Leben sind und wie weit sie traditionelle Materialien wie Holz, Metall und Keramik abgelöst haben. Kunststoffe sind organische Werkstoffe. Sie werden durch Umwandlung von Naturstoffen oder durch chemische Synthese erzeugt und bestehen aus riesigen Molekülen, den Polymeren, in denen bis über 100.000 kleine, gleichartige Moleküle (Monomere) miteinander verknüpft sein können.

Den ersten Kunststoff entwickelte der belgische Chemiker Leo Baekeland (1863-1944) im Jahre 1907. Während eines Experiments bemerkte er eine zähflüssige, teerartige Masse, die durch Erhitzen zu einem harten Stoff wurde. Er nannte sie Bakelit. Dieser Stoff war in jede beliebige Form pressbar. Aus dem dunkelbraunen Stoff entstanden damals Radiogehäuse, Telefonapparate und elektrische Stecker.

*Auch Legosteine bestehen aus Kunststoff*

## Vor- und Nachteile

Kunststoffe besitzen viele Vorteile: Sie sind vergleichsweise leicht und gegen Wasser sowie die meisten Chemikalien beständig. Sie lassen sich beliebig formen, isolieren gegen Wärme und Elektrizität, sind leicht zu reinigen und eignen sich für unzählige Verwendungszwecke. Die Chemiker haben bereits Tausende von Kunststoffarten entwickelt und hergestellt. Manche eignen sich für Haushaltsgegenstände, andere wie Nylon, werden zu Fäden ausgezogen, zu Fasern zusammengesponnen und zu Textilien verarbeitet. Bestimmte Kunststoffe werden als Lacke und Klebstoffe genutzt, weil sie an Oberflächen besonders gut haften. Andere wie Teflon haften wiederum besonders schlecht und werden z. B. als Beschichtung für Pfannen verwendet, in denen das Spiegelei garantiert nicht anklebt.

Aber Kunststoffe haben auch Nachteile. Manche sind nicht temperaturbeständig und verformen sich schnell oder sind weich und werden leicht zerkratzt. Weil Kunststoffe sehr beständig sind, verrotten sie auf Mülldeponien nicht oder nur sehr langsam und so entsteht ein großes Abfallproblem. Bei der Verbrennung mancher Kunststoffe werden sogar giftige Gase gebildet.

# Physik

Die Physik beschäftigt sich mit den Dingen unserer Umgebung und mit der Energie, die in ihnen steckt. Dazu gehören z. B. Fragen, wie sich Dinge bewegen, was Licht ist, wie Geräusche entstehen, warum etwas heiß wird und vieles andere. Das Wort „Physik" leitet sich von dem griechischen Wort physikos („Naturphilosophie") ab. Deshalb nennt man die Naturwissenschaftler der Antike oft auch Naturphilosophen.

## Benjamin Franklin

**Der amerikanische Politiker und Schriftsteller Benjamin Franklin (1706-1790) war ursprünglich Buchdrucker und wurde durch seine physikalischen Versuche und die Erfindung des Blitzableiters (1753) bekannt. Dass Gewitterwolken elektrische Ladungen tragen, wies Franklin durch ein sehr gefährliches Experiment nach: Er ließ einen Drachen in Gewitterwolken aufsteigen und verband das Ende der feuchten Leine mit einem Metallgegenstand. Als sich ein Finger dem Metall näherte, sprang ein Funke über. Für ihn war das der Nachweis, dass auch Blitze Funkenentladungen elektrischer Energie sind. Franklin war auch Mitunterzeichner der amerikanischen Unabhängigkeitserklärung.**

## Was ist Physik?

Für einen Physiker besteht die Welt aus Materie und Energie. Um sie zu erforschen, stellen Physiker zahlreiche Theorien auf und überprüfen sie. Dazu müssen sie viele Experimente durchführen. Die Physik wird in die Gebiete Mechanik, Akustik, Wärmelehre, Optik, Elektrizitätslehre und die Lehre vom Magnetismus eingeteilt. Diese scharfe Unterteilung der Physik wird zwar immer noch verwendet – bei dir in der Schule sicher auch –, hat aber weitgehend an Gültigkeit verloren: Akustik und Wärmelehre kann man zur Mechanik zählen; Optik, die Lehre von Magnetismus und Elektrizität kann man unter Elektrodynamik zusammenfassen. Die moderne Physik baut auf neue Betrachtungsweisen auf und beschäftigt sich unter anderem mit den kleinsten Teilchen der Welt – Atomen, Elementarteilchen und Quarks.

*Ein Gewitter setzt elektrische Energie frei*

## Was ist Energie?

Energie ist ein Maß für die Fähigkeit, Dinge in Bewegung zu setzen, also eine Arbeit zu leisten. Es gibt verschiedene Formen von Energie. Wärmeenergie, elektrische Energie, chemische Energie und andere. Energie kommt aus der Materie und weder Energie noch Materie können verloren gehen. Wenn Energie angewendet wird, um Arbeit zu leisten, wird sie dabei nur von einer Form in eine andere umgewandelt. Wenn z. B. Blitze aus Gewitterwolken zucken, wird elektrische Energie schlagartig in die Energieformen Licht, Schall und Wärme umgewandelt. Und wenn ein Auto losfährt oder eine Feuerwerksrakete explodiert, wird die chemische Energie in Bewegungsenergie umgewandelt.

## Kräfte, die die Welt bewegen

Auf alle Dinge in unserer Umgebung wirken Kräfte und mit diesen Kräften beschäftigt sich die Mechanik. Sie ist die Lehre vom Zusammenwirken der Kräfte und Bewegungen. Alle unsere Bewegungen haben etwas mit Ziehen, Heben, Schieben oder Drücken zu tun. In jedem Fall handelt es sich um Kräfte. Eine Kraft kann einen Gegenstand in Bewegung setzen, ihn anhalten, die Richtung seiner Bewegung ändern, ihn zusammendrücken oder seine Form verändern.

Es gibt verschiedene Arten von Kräften. Die vier Grundkräfte, denen alle Materie unterliegt, sind Schwerkraft (Gravitation), Elektromagnetismus, schwache Wechselwirkungen und starke Wechselwirkungen. Alle anderen Kräfte lassen sich auf diese vier zurückführen.

### Isaac Newton

**Der englische Physiker und Mathematiker Isaac Newton (1642-1727) war der Erste, der das Wirken der Schwerkraft verstand. Angeblich verhalf ihm ein vom Baum fallender Apfel zu dieser Erkenntnis. 1666 warf Newton die Frage auf, ob die Anziehungskraft, die Dinge fallen lässt, auch den Mond in seiner Laufbahn hält. Er brauchte Jahre, um die für die damalige Zeit kühne Behauptung zu beweisen. Er stellte das Gravitationsgesetz (Gesetz der Schwerkraft) auf und erklärte es für allgemein gültig. Mit seinem Gesetz konnte er die Bewegung der Planeten um die Sonne erklären. Newton baute auch im Jahr 1668 ein Teleskop mit einem konkaven, also nach innen gewölbten, Spiegel, um das Licht zu sammeln und zu fokussieren. Dieser Teleskoptyp, der Reflektor, wird heute von den meisten Astronomen benutzt.**

## Die Schwerkraft

Es gibt eine Kraft, die auf alle Körper auf der Erde wirkt – die Schwerkraft. Eine Kugel fällt, weil sie von der Erdanziehungskraft zum Erdmittelpunkt gezogen wird. Die Schwerkraft (Gravitation) ist die Anziehungskraft, die zwischen Körpern wirkt. Die Erde übt eine anziehende Kraft z. B. auf den Mond, aus. Die Sonne hält die Erde und die anderen Planeten mit einer gewaltigen Anziehungskraft auf ihren Umlaufbahnen. Die gegenseitige Anziehungskraft zweier Körper hängt von ihrer Masse ab – je größer die Massen, desto stärker ist die Anziehungskraft. Sie wird außerdem von der Entfernung der Körper zueinander beeinflusst – je größer die Entfernung, desto geringer ist die Anziehungskraft.

### Schwerkraft auf dem Mond

**Die Anziehungskraft der Erde ist aufgrund ihrer Größe so stark, dass sie jeden Gegenstand an sich zieht. Der Mond ist viel kleiner als die Erde und besitzt nur ein Sechstel der Erdanziehungskraft. Deshalb könntest du auf dem Mond einen Ball sechsmal so hoch werfen wie auf der Erde und du könntest auch sechsmal so hoch springen.**

## Wie kommt man in Bewegung?

Immer wenn eine Bewegung begonnen, beschleunigt oder aufgehalten werden soll, muss eine Kraft einwirken. Schon vor 300 Jahren hat Isaac Newton (1642-1727) eine Reihe von Gesetzen formuliert, die erklären, wie Dinge sich bewegen.

1. Trägheit: Jeder Körper beharrt in Ruhe oder gleichförmig geradliniger Bewegung, solange keine Kraft von außen auf ihn einwirkt.
2. Dynamik: Ein Körper erfährt durch einwirkende Kräfte eine Beschleunigung, eine Verzögerung, eine Richtungsänderung oder wird durch sie erst in Bewegung gesetzt.

*Serpentinen verringern den Kraftaufwand beim Erklimmen eines Berges*

3. Wechselwirkung: Eine Kraft, die in eine Richtung wirkt, erzeugt eine gleich große Gegenkraft, die in die entgegengesetzte Richtung wirkt.

## Freier Fall

Wenn ein Gegenstand frei fällt, wird dies durch die Schwerkraft hervorgerufen. Die Gesetze des freien Falls hat Galileo Galilei (1564-1642) 1590 durch Versuche am schiefen Turm von Pisa in Italien entdeckt. Ein fallender Körper, z. B. ein Fallschirmspringer, wird im freien Fall durch die Schwerkraft der Erde mit 9,8 $m/s^2$ beschleunigt. Das bedeutet, dass der Körper jede Sekunde um 9,8 $m/s^2$ schneller fällt. Allerdings gilt das nur für den luftleeren Raum, denn im luftleeren Raum fallen alle Körper unabhängig von Größe und Gewicht gleich schnell. Auf der Erde wirkt der Luftwiderstand der Fallbeschleunigung entgegen. Deshalb erreicht ein Körper, der lange durch die Luft fällt, eine bestimmte Endgeschwindigkeit. Der Luftwiderstand verhindert, dass die Geschwindigkeit gesteigert wird. Beim Fallschirmspringen erhöht der geöffnete Fallschirm diesen Luftwiderstand zusätzlich und bremst den Fall.

### Perpetuum mobile

**Die Erfindung einer Maschine, die ohne Energiezufuhr von außen aus eigener Kraft ewig läuft, ist ein alter Traum der Menschheit. Dieser Traum lässt sich aber nicht verwirklichen, weil jede Maschine einen Teil der Energie in Reibungswärme umwandelt – es muss also ständig Energie zugeführt werden, um den Energieverlust auszugleichen.**

### Hast du schon gewusst,

**dass Archimedes das Prinzip des Auftriebs beim Baden entdeckt haben soll? Er habe beobachtet, dass das Badewasser in der Wanne anstieg, als sein Körper eintauchte. Ihm wurde klar, dass er nur so viel Wasser verdrängte, wie sein eigener Körper an Volumen ausfüllte. Er soll mit dem Ruf heureka! („Ich habe gefunden") aufgesprungen, nur mit einem Handtuch bedeckt auf die Straße gerannt sein und seine Entdeckung laut verkündet haben.**

## Einfache Maschinen

Die Mechanik ist der älteste Zweig der Physik. Schon im Altertum befassten sich Wissenschaftler mit dieser Disziplin. Der große Mathematiker Archimedes (um 287-212 vor Christus) erkannte das Prinzip, das der Hebelwirkung zugrunde liegt: doppelter Weg = halbe Kraft. Der Hebel, die schiefe Ebene, der Keil, die Schraube, das Rad und die Rolle sind einfache Maschinen. Das Wort Maschine ist griechisch-lateinisch und bedeutet „Hilfsmittel" oder „Werkzeug". Wir nennen alle Vorrichtungen, die Kräfte übertragen und dabei deren Größe und/oder Richtung ändern können, Maschinen. An jeder Maschine, sei sie noch so kompliziert, kann man die Wirkungsweise der „einfachen Maschinen" erkennen. Archimedes soll schon eine Maschine gebaut haben, die mit geringstem Kraftaufwand große Lasten heben konnte. Wir kennen eine solche Maschine heute als Flaschenzug.

## Schiefe Ebene

Es ist leichter ein Gewicht eine Rampe hinaufzuschieben als es senkrecht hochzuheben. Mit einer Rampe nutzt man das Prinzip der schiefen Ebene: Der Kraftaufwand wird durch den längeren Weg verringert. Je flacher die schiefe Ebene, desto länger ist der Weg. Deshalb werden Steilhänge oft mit einer flacheren Serpentinstraße überwunden. Da du für die gleiche Steigung länger brauchst, musst du weniger leisten. Der schiefen Ebene bedienten sich schon die Ägypter vor über 4000 Jahren, um die schweren Steinblöcke für die Pyramiden an ihren Platz zu bringen.

## Was ist Reibung?

Wenn du z. B. dein Fahrrad aus voller Fahrt auf ebener Straße einmal schön lange ausrollen lassen möchtest, wirst du feststellen, dass es bald zum Stillstand kommt. Die Bewegung des Fahrrads wird von der Reibung zwischen Reifen und Straße verlangsamt. Reibung tritt immer dann auf, wenn sich zwei Oberflächen berühren, denn keine Oberfläche ist vollkommen glatt – je rauer die Reibflächen, desto größer die Reibung und die Bremswirkung. In bestimmten Fällen ist die Reibung erwünscht, z. B. zum sicheren Gehen. Unsere Füße oder Schuhe müssen den Boden „greifen", sie müssen Kraft auf den Boden ausüben können. Reibung ist auch wichtig beim Bremsen eines Fahrzeugs. Um die Reibung zwischen Schuhen und Straße bzw. Reifen und Straße zu verstärken, haben Schuhsohlen und Reifen Profile. Der Verschleiß und die Abnutzung der Schuhsohlen bzw. der Reifen sind auch eine Wirkung der Reibung.

### Wie kommt ein Fisch nach oben?

**Das Prinzip des Auftriebs wird auch in der Natur genutzt. Viele Fische haben eine Schwimmblase, einen luftgefüllten Hohlraum, der den Auftrieb reguliert. Enthält die Schwimmblase viel Luft, bekommt der Fisch Auftrieb – er wird in der Schwebe gehalten oder er steigt auf. Hat die Schwimmblase weniger Luft, sinkt der Fisch. Fische können diesen Vorgang selbst regulieren.**

## Warum können Gegenstände schwimmen?

Ob ein Gegenstand im Wasser schwimmt oder untergeht, hängt davon ab, wie groß sein Gewicht im Vergleich zu seinem Volumen ist. Dieses Verhältnis bezeichnet man als Dichte. Die Dichte von Wasser wird mit 1 angegeben; die Dichte aller übrigen Stoffe gibt man im Verhältnis zu Wasser an. Nur Gegenstände, deren Dichte geringer ist als 1, schwimmen auf dem Wasser, z. B. Holz. Ein Backstein von gleicher Größe hingegen geht unter, weil er eine höhere Dichte aufweist.

*Durch die geringe Dichte schwimmt Holz im Wasser*

## Was ist Auftrieb?

Ein Gegenstand, der im Wasser schwimmt, taucht bis zu einer ganz bestimmten Tiefe ein. Er verdrängt durch den untergetauchten Teil Wasser, und zwar genau so viel, wie seinem eigenen Gewicht entspricht. Der griechische Mathematiker Archimedes erkannte das Prinzip vom Auftrieb.

## Warum schwimmt ein Schiff?

Stahl oder Eisen haben eine viel größere Dichte als Wasser. Dennoch schwimmt ein Schiff mit einem Rumpf aus Eisen. Das ist deshalb möglich, weil sein Rumpf nicht massiv ist, sondern viele leere, luftgefüllte Kammern besitzt. Dadurch ist seine Durchschnittsdichte geringer als die des Wassers. Auch du kannst auf dem Wasser treiben, ohne dich zu bewegen, also muss deine Durchschnittsdichte auch geringer sein als die des Wassers.

## Magnetismus und Elektrizität

Der Magnetismus wurde bereits vor 2500 Jahren entdeckt und zwar im so genannten Magneteisenstein. Schon im antiken Griechenland und in China war Magnetismus bekannt. Unsere Bezeichnung „magnetisch" geht auf die griechische Landschaft Magnesia zurück. Magnetismus entsteht durch bewegte Ladungen, hat also immer mit Elektrizität zu tun. Ohne Magnetismus und Elektrizität gäbe es kein elektrisches Licht, kein Fernsehen, keine Musikanlagen, keine Computer und viele andere Dinge. Die Elektrizität liefert nicht nur die Energie für viele Geräte und Maschinen, sondern auch die elektrischen Signale für Radio und Fernsehen, für Telefon und Computer.

## Wie entsteht Elektrizität?

Elektrizität kommt überall in der Natur vor. Sie zeigt sich in Blitzen, aber auch in Muskeln und Nerven. Vor etwa 2500 Jahren entdeckten die Griechen, dass Bernstein, der an Stoffen gerieben worden war, Wolle anzieht. Heute wissen wir, dass Bernstein durch Reibung eine elektrostatische Ladung erhält. Die Elektrizität verdankt ihren Namen dieser Erscheinung – denn „Elektron" ist das griechische Wort für Bernstein. Die Elektrizität geht wie jede andere Form von Energie nie verloren, sie wird allenfalls in andere Energieformen umgewandelt, z. B. in Wärme.

*Tag und Nacht fließt Strom durch die elektrischen Leitungen*

Wir können uns ein Leben ohne Elektrizität nicht vorstellen. Der Strom, den Haushalte und Industrie benötigen, wird meist in großen Kraftwerken erzeugt, wo Wasserdampf, Wind oder Wasser die Turbinen antreiben. Generatoren wandeln die Bewegungsenergie der Turbinen in Elektrizität um. Hochspannungsleitungen transportieren den elektrischen Strom in die Städte und Dörfer. Elektrische Energie kann man nicht speichern. Sie muss in dem Augenblick erzeugt werden, in dem sie gebraucht wird. Deshalb arbeiten Kraftwerke Tag und Nacht.

### Hans Christian Oersted

**Der dänische Physiker und Chemiker Hans Christian Oersted (1777-1851) gilt als der Begründer der Lehre vom Elektromagnetismus. Er entdeckte, dass der elektrische Strom magnetische Wirkung ausüben kann: Eine Magnetnadel in der Nähe eines elektrischen Leiters drehte sich und stellte sich schräg zum Draht, als starker Strom durch den Leiter floss. Da die Nadel nicht mehr nach Norden zeigte, musste der Draht magnetisch geworden sein.**

## Was ist Magnetismus?

Magnetismus ist die Eigenschaft der Stoffe, in einem magnetischen Feld Krafteinwirkung zu erfahren. Magneten bestehen oft aus Eisen oder Stahl. Ihre beiden Enden nennt man Pole. Jeder Magnet baut ein Magnetfeld um sich herum auf, das mit Eisenspänen sichtbar gemacht werden kann. Magnete können sich anziehen oder abstoßen – gleichnamige Pole stoßen einander ab, ungleichnamige ziehen einander an.

## Elektromagnetismus

1819 machte der dänische Physikprofessor Hans Christian Oerstedt (1777-1851) eine interessante Entdeckung: Eine Kompassnadel begann sich zu bewegen, sobald er sie in die Nähe eines stromdurchflossenen Drahtes brachte. Daraus schloss er, dass sich mit Elektrizität Magnetismus erzeugen ließ – Elektromagnetismus.

Heute begegnen wir Elektromagnetismus überall – von der Türklingel über das Radio und Fernsehen bis hin zum Computer und Metalldetektor im Flughafen. Es handelt sich um Geräte, die mithilfe der Elektrizität ein magnetisches Feld aufbauen. Anders als Dauermagneten können Elektromagneten ein- und ausgeschaltet werden und durch Ändern der Stromstärke die Stärke des Magnetfeldes verändern.

Der britische Chemiker und Physiker Michael Faraday stellte sich eine Frage: Wenn sich mit Elektrizität Magnetismus erzeugen lässt, geht das dann nicht auch umgekehrt? Nach langem Experimentieren entdeckte er 1830, dass durch Hin- und Herbewegen eines Magneten in einer Drehspirale ein elektrischer Strom erzeugt werden kann. Je schneller der Magnet bewegt wurde, desto mehr Strom wurde geliefert. So erfand Faraday (1791–1867) den Generator. Ein Generator ist eine Maschine, die Bewegungsenergie in elektrische Energie umwandelt. Ein einfacher Generator ist der Fahrraddynamo.

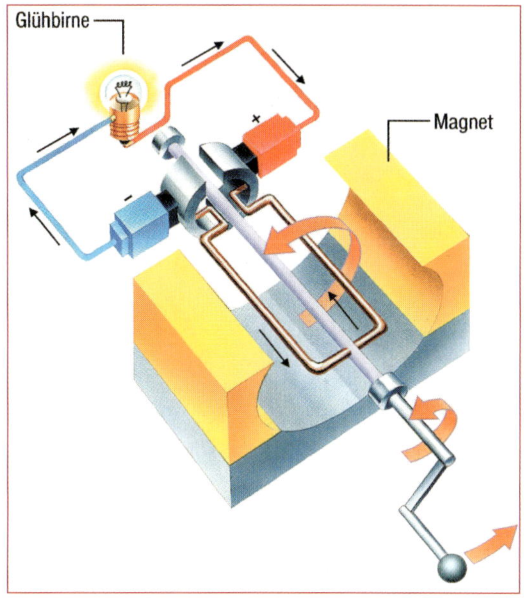


*Das Prinzip eines Generators*

## Michael Faraday

**Der britische Chemiker und Physiker Michael Faraday (1791-1867) war zunächst Buchbinder. Angeregt durch das Studium der zu bindenden Bücher kam er zur Naturwissenschaft. Faraday entdeckte zahlreiche elektrische Erscheinungen. Er stellte 1821 fest, dass ein stromdurchflossener Leiter in einem Magnetfeld in Bewegung versetzt wird und entdeckte so das Prinzip des Elektromotors. Zehn Jahre später entdeckte er das Prinzip zur Entwicklung von Generatoren.**

## Wie funktioniert ein Kompass?

**Die Erde musst du dir als einen riesigen Magneten mit zwei Polen vorstellen, die in der Nähe des Nord- und Südpols liegen. Eine Kompassnadel ist drehbar aufgehängt und stellt sich im Magnetfeld der Erde immer auf diese Nord-Süd-Richtung ein. Daher ist ein Kompass ein sehr nützlicher Richtungsweiser, wenn man sich nicht an einem der beiden Pole befindet.**

## Wilhelm Conrad Röntgen

**Der deutsche Physiker Wilhelm Conrad Röntgen (1845-1923) entdeckte 1895 die Röntgenstrahlen. Sie entstehen beim Durchgang von Elektronen durch Materie. Die Einheit Röntgen (Einheit der Dosis für Röntgen- und Gammastrahlung) wurde nach ihm benannt. Er arbeitete auch auf dem Gebiet der spezifischen Wärme und untersuchte die Wärmeleitfähigkeit von Kristallen. Röntgen erhielt 1901 den ersten Nobelpreis für Physik.**

# Licht und Farbe

Ohne Licht gäbe es kein Leben auf der Erde, denn Sonnenlicht liefert allen Lebewesen die zum Wachstum nötige Energie. Licht ist eine Form elektromagnetischer Strahlung. Es scheint keine Zeit zu brauchen, um sich auszubreiten, weil seine Geschwindigkeit so unvorstellbar groß ist – es legt 300.000 Kilometer in der Sekunde zurück. Damit würde ein Lichtstrahl die Erde in einer Sekunde achtmal umkreisen. Nichts auf der Welt ist schneller als das Licht. Es kann von Körpern reflektiert oder geschluckt werden und breitet sich auch im luftleeren Raum aus. Lichtwellen werden zu den so genannten elektromagnetischen Wellen gezählt. Dazu gehören auch Röntgenstrahlen, Funk- und Wärmewellen. Sie alle bewegen sich mit der gleichen Geschwindigkeit fort, unterscheiden sich jedoch durch ihre Wellenlängen und ihre unterschiedliche Wirkung.

Das Licht bewegt sich in verschiedenen Materialien unterschiedlich fort. Mit der Geschwindigkeit ändert es an der Grenzfläche zwischen zwei Materialien auch seine Richtung. Dieses Phänomen nennen wir Lichtbrechung. Wird Licht aber von einer Oberfläche, z. B. einem Spiegel, zurückgeworfen, wird es reflektiert. Diese Eigenschaften nutzt man in optischen Geräten, die aus Linsen und/oder Spiegeln zusammengesetzt sind wie beispielsweise Brille, Mikroskop und Teleskop.

## Albert Einstein

**Albert Einstein (1879-1955) war einer der bedeutendsten Physiker und ist wohl der berühmteste Naturwissenschaftler des 20. Jahrhunderts. Er begründete die Spezielle und die Allgemeine Relativitätstheorie und schuf damit die Grundlagen sowohl für die moderne Atomphysik als auch für unsere Vorstellung vom Universum. Auch seine Quantenhypothese des Lichtes veränderte das Bild der physikalischen Forschung grundlegend. Der in Ulm geborene Naturwissenschaftler war Professor für Physik in Berlin. 1921 erhielt er den Nobelpreis für Physik. 1933 musste Einstein aufgrund seiner jüdischen Abstammung vor der nationalsozialistischen Gefahr auswandern und emigrierte in die USA. Nach dem Zweiten Weltkrieg setzte sich Einstein für internationale Abrüstung ein.**

## Wie entstehen die Farben?

Das Licht, das wir sehen, erscheint uns farblos, aber es ist eine Mischung verschiedener Farben, die alle eine unterschiedliche Wellenlänge haben. Der englische Naturwissenschaftler Isaac Newton entdeckte im Jahr 1666, dass Licht aus verschiedenen Farben zusammengesetzt ist. Er ließ einen Sonnenstrahl durch ein Loch in seiner Jalousie auf ein Glasprisma fallen. Das Licht wurde im Glasprisma gebrochen und in ein Farbbündel zerlegt, das auf der Wand abgebildet wurde. Dieses Spektrum entsteht, weil die verschiedenen Wellenlängen unterschiedlich stark gebrochen werden.

## Wie entsteht ein Regenbogen?

**Sonnenlicht ist ein Gemisch von Rot, Orange, Gelb, Grün, Blau und Violett. Wird es an einer Grenzfläche gebrochen, wird es in diese Farben zerlegt. Da die vielen Regentropfen, die bei einem Regenschauer niedergehen, wie winzige Prismen wirken, spalten sie das Licht in seine Grundbestandteile – es entsteht ein Band aus den Regenbogenfarben.**

*Ein Regenbogen leuchtet in allen Spektralfarben*

# MATHEMATIK

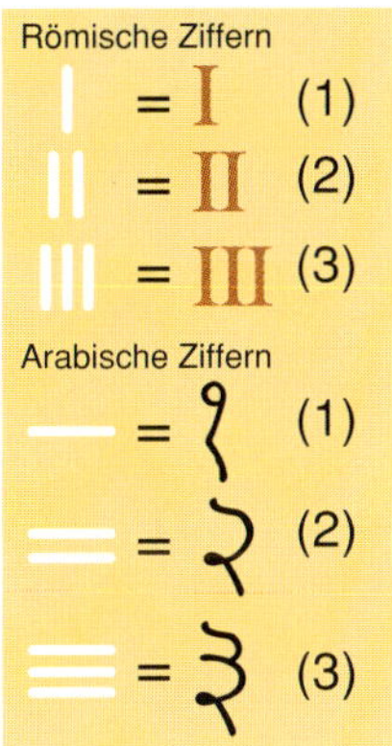


*Römische und arabische Ziffern*

Mathematik ist griechisch und bedeutet „Wissenschaft“. Und sie ist auch eine der ältesten Wissenschaften überhaupt. Sie hat sich aus den praktischen Aufgaben des Zählens, Rechnens und Messens entwickelt. Viele Völker der Antike wie die chinesische, die ägyptische, die babylonische und die griechische Hochkultur wendeten bereits die Mathematik an.

## Was ist Mathematik?

Mathematik befasst sich in erster Linie mit Zahlen. Geschriebene Zahlensysteme kannten die Menschen schon um 4000 vor Christus.

Heute kommt niemand ohne die Kenntnisse der einfachen mathematischen Grundlagen aus. Addieren, Subtrahieren, Multiplizieren und Dividieren sind Rechenvorgänge, die jeder täglich anwendet, z. B., beim Einkauf. So wie es keine Literatur ohne Worte geben kann, kommt die Wissenschaft nicht ohne Zahlen aus. Ohne sie könnte man keine Häuser und Brücken bauen, es gäbe keine Computer und Telekommunikation, keine moderne Medizin, keine Autos, Flugzeuge und Weltraumfahrt, keine Finanz- und Geschäftswelt. Mathematik hilft uns auch zu verstehen, wie Atome aufgebaut sind und wie sich die Planeten bewegen. Man kann sagen, die Mathematik hat den Lauf der Geschichte verändert.

## Wie lernten Menschen zählen?

Der frühe Mensch gebrauchte zuerst die Zeichensprache, um die Zahl auszudrücken, die er meinte. Vielleicht hat er seine Finger benutzt, um die Zahl anzuzeigen oder deutete auf etwas hin, das er gegen einen anderen Gegenstand tauschen wollte. Wir wissen durch täglichen Gebrauch, dass eine Zahl eine bestimmte Menge (Anzahl) angibt. Die frühen Menschen kannten nur „eins“ und „zwei“; jede größere Anzahl bezeichneten sie als „viele“. Noch heute gibt es Völker wie die Ureinwohner Australiens, die Aborigines, die nur drei Zahlen kennen – „eins“, „zwei“ und „viele“. Einige frühe Völker zählten auch schon bis zehn, eben so viel, wie sie Finger an den Händen hatten. Andere zählten bis 20, also nahmen sie ihre Finger und Zehen zu Hilfe. Als sich die Menschen weiter entwickelten, verwendeten sie auch Stöcke, Muscheln oder Kieselsteine, um Zahlen darzustellen. Andere machten Kerben in einen Stock oder Knoten in eine Schnur, wie die Inkas in Peru.

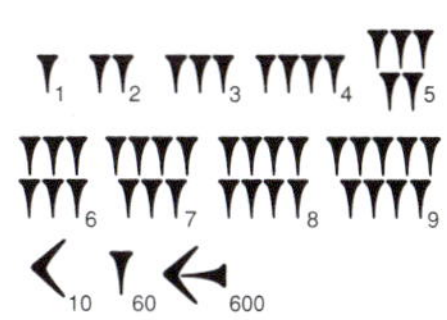


*Babylonisches Zahlensystem*

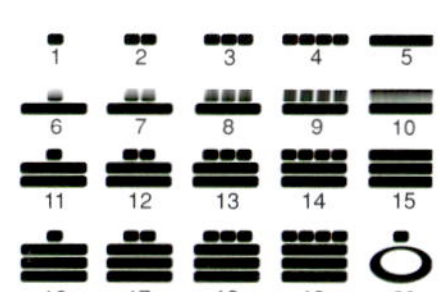


*Das Zahlensystem der Mayas*

## Wer erfand die Zahlzeichen?

Die ältesten geschriebenen Zahlen, die man gefunden hat, stammen aus Ägypten und Mesopotamien (heute Irak) und wurden etwa um 3000 vor Christus gebraucht. Beide Völker entwickelten unabhängig voneinander eine Zahlenreihe.

Im alten Ägypten, in China, Griechenland und Rom wurden besondere Zeichen gebraucht, um große Zahlen auszudrücken. Diese Erfindung war ein großer Fortschritt beim Zahlenschreiben. Stell dir vor, wieviel Zeit man gebraucht hätte, um eine Million durch Einkerben einzelner Schnitte in Stöcke darzustellen. Wenn man nur eine Sekunde für eine Kerbe rechnet, so würde man 278 Stunden oder elf Tage und 14 Stunden zählen müssen, um eine Million zu erreichen.

## Wer erfand die Null?

Obwohl die Menschen im Altertum bereits viel von Mathematik wussten, kannten sie die Null noch nicht. Die Maya im Zentralamerika hatten schon um 500 vor Christus die Null entdeckt, aber sie nicht verwendet. Eine Tempelinschrift von 870 nach Christus zeigt zum ersten Mal die Null als Ziffer. Es waren die Inder, die um 500 nach Christus die Null erstmals einsetzten. Sie fanden ein System, das nur die Zahlen eins bis neun benötigte und ein besonderes Zeichen für null hatte. Mit diesem Zahlensystem konnten indische Mathematiker auch schwierige Aufgaben bewältigen, die vorher unlösbar waren. Um 800 nach Christus übernahmen die Araber das neue System und verbreiteten es in der islamischen Welt. Durch den Handel und die Kreuzzüge kam das indisch-arabische Zahlensystem ab dem 11. Jahrhundert auch nach Europa. Die Zeichen haben sich zwar im Laufe der Zeit etwas verändert, aber sie bilden immer noch die Grundlage für das System, das wir heute benutzen.

### Pythagoras

**Der griechische Philosoph und Mathematiker Pythagoras (um 570 - um 480 vor Christus) gründete in Italien eine Schule, die zu einem Geheimbund wurde. Die Gelehrten dort wurden als Pythagoreer bezeichnet. Ihre Lehre verbreitete sich über die ganze griechische Welt. Ihr Leitsatz war „Alles ist Zahl". Die Entdeckung bestimmter rationaler Zahlenverhältnisse in der Natur, führte Pythagoras zu der Erkenntnis, dass das Wesen der Wirklichkeit die Zahl ist. Wichtig ist der pythagoreische Lehrsatz, der uns bei der Berechnung von Dreiecken hilft.**

### Archimedes

**Der griechische Mathematiker, Physiker und Konstrukteur Archimedes (um 287-212 vor Christus) gilt als der größte Mathematiker der Antike. Er lebte in Syrakus (Sizilien), nachdem er einige Zeit in Alexandrien (Ägypten) studiert hatte. Archimedes war ein sehr praktisch veranlagter Naturwissenschaftler, dem viele mathematische Erkenntnisse zugeschrieben werden. Er entdeckte unter anderem das Gesetz für den Auftrieb schwimmender Körper, des Hebels und der schiefen Ebene. Als Mathematiker berechnete er Quadratwurzeln, kubische Gleichungen, den Kreisumfang sowie die Flächen des Kreises und der Ellipse und stellte zahlreiche geometrische Formeln auf.**

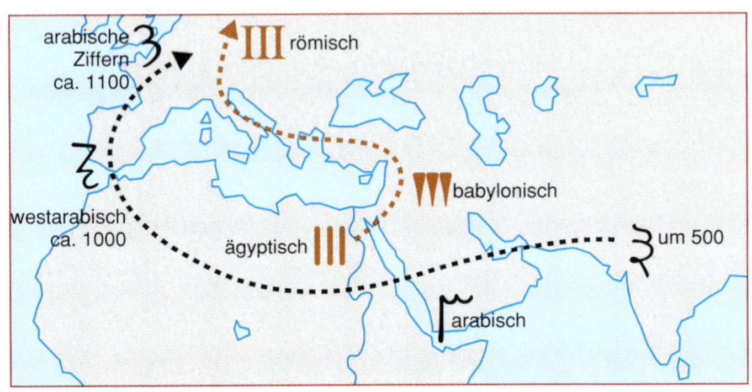


*Die Entwicklung und Verbreitung des Ziffernsystems*

## Mathematik in der Neuzeit

Die Übersetzungen der Werke der griechischen und arabischen Mathematiker erreichten Europa zwischen dem 11. und 15. Jahrhundert. In Deutschland entstanden im 15. Jahrhundert viele der heute bekannten Symbole und in Italien gab es im 16. Jahrhundert wichtige Fortschritte in der

Geometrie. Gegen Ende des 16. Jahrhunderts begannen europäische Mathematiker, Brüche als Dezimalzahlen zu schreiben und damit zu rechnen. In dieser Epoche wurde der Grundstein für viele wichtige Erkenntnisse und Zweige der modernen Mathematik gelegt. Im 17. und 18. Jahrhundert wurde die Geometrie umfassend erforscht. Im 19. Jahrhundert wurden sowohl die reine, als auch die angewandte (praktische) Mathematik genauer und leistungsfähiger. In dieser Zeit entstand die Mengenlehre, die mit der Theorie der Logik eng zusammenhängt. Das war von größter Bedeutung für die Entwicklung der ersten Computer in den 1940er-Jahren. In der zweiten Hälfte des 20. Jahrhunderts wurde die Chaostheorie entwickelt. In den 1960er- und 70er-Jahren entwickelte der amerikanische Mathematiker Benoit Mandelbrot die fraktale Geometrie.

## Gottfried Wilhelm Leibniz

**Der deutsche Philosoph und Mathematiker Gottfried Wilhelm Leibniz (1646-1716), der in Leipzig geboren wurde, brachte sich die Mathematik zum Großteil selbst bei. Am bekanntesten wurde er wohl für seine Arbeit auf dem Gebiet der Infinitesimalrechnung, die sich mit dem Verhalten mathematischer Funktionen in kleinsten Intervallen befasst. Leibniz baute eine der ersten Rechenmaschinen. Er perfektionierte das Binärsystem, das heute in der Elektronik und im Computerbereich angewandt wird.**

# Was ist Arithmetik?

Die Arithmetik ist das Gebiet der Mathematik, das die verschiedenen Zahlenarten und ihre Rechengesetze behandelt. Die niedere Arithmetik umfasst die vier Grundrechenarten und die Potenzrechnung. Zur höheren Arithmetik gehören die Theorie der unendlichen Folgen und Reihen sowie die Zahlentheorie.

## René Descartes

**Der Franzose René Descartes (1596-1650) ist eigentlich als Philosoph berühmt, aber er war auch Naturwissenschaftler und Mathematiker. In seinem Werk *Discours de la méthode (Abhandlung über die Methode)* wandte er algebraische Methoden auf die Geometrie an und umgekehrt. Mit dem von ihm erdachten „kartesischen Koordinatensystem" lassen sich Ebenen und der dreidimensionale Raum erfassen.**

# Was ist Algebra?

Die Algebra ist ein Teilgebiet der Mathematik, die sich in erster Linie mit der Lösung von Gleichungen mit Variablen befasst. Eine algebraische Gleichung kannst du dir als eine Waage vorstellen. Damit beide Seiten im Gleichgewicht bleiben, muss alles, was auf der rechten Seite passiert, auch auf der linken Seite geschehen. Zum Beispiel wird die Waage mit acht Eiern auf der einen und mit einem 400-Gramm-Gewicht auf der anderen Waagschale im Gleichgewicht gehalten. Wenn jedes Ei gleich viel wiegt, muss es ein Gewicht von 50 Gramm (400 geteilt durch 8) haben. Entsprechend dazu kann man mit Gleichungen den Wert von unbekannten Zahlen (von einem Ei) berechnen:

$8x - 400$

$x = 400 \div 8$

$x = 50$

# Was ist Geometrie?

Geometrie ist das Gebiet der Mathematik, das sich mit dem Raum beschäftigt. Das Wort Geometrie kommt aus dem Griechischen und bedeutet „Landvermessung". Die wichtigsten Begriffe der Geometrie sind Punkt, Linie, Gerade, Kreis, Winkel und Dreieck. Nur mithilfe der Geometrie können wir z. B. Häuser mit geraden Wänden bauen und Felder vermessen.

## Karl Friedrich Gauß

**Der deutsche Mathematiker und Astronom Karl Friedrich Gauß (1776-1855) war ein mathematisches Wunderkind und wird als größter Mathematiker seiner Zeit bezeichnet. Sein Hauptwerk *Disquisitiones arithmeticae* (1801) ist grundlegend für die Zahlentheorie: Die Zahlen lassen sich auf einer Ebene, der Gaußschen (Zahlen-)Ebene, darstellen. Bei seinen Untersuchungen zur euklidischen Geometrie (die Geometrie, die ihr auch in der Schule lernt) entwickelte Gauß die Ansätze einer neuen Geometrie, veröffentlichte aber diese Erkenntnisse nicht. Er arbeitete auch über die Berechnungen von Planetenbahnen. Außerdem begründete er das gaußsche Maßsystem.**

*Karl Friedrich Gauß in seinem Labor*

# Chaostheorie und Fraktale

In der Alltagssprache verstehen wir unter „Chaos" einen Zustand der Unordnung. In der Mathematik ist das Chaos ein System, bei dem eine Voraussage über dessen Langzeitverhalten schwierig ist, weil sich sein Verhalten bei nur kleinsten Änderungen der Anfangsbedingungen stark verändern kann. Das Wetter ist ein gutes Beispiel: Wenn sich z. B. der Luftdruck, die Temperatur oder die Windstärke nur ganz wenig ändert, kann sich das Wetter von morgen sehr stark vom heutigen unterschieden. Daher ist bis heute keine absolut zuverlässige Wettervorhersage möglich. Die neueste Forschung hat gezeigt, dass fast alle Systeme auf lange Sicht „chaotisch" reagieren.

Die Mathematiker beschreiben das Verhalten von chaotischen Systemen mit bestimmten Graphen. Ein Beispiel dafür sind Fraktale, geometrische Figuren, die eng mit der Chaostheorie verknüpft sind. Ein Fraktal ist ein Bild aus vielen kleinen Formen, die aber der Gesamtform ähnlich sind. Der Zweig eines Baumes verästelt sich beispielsweise auf eine ähnliche Weise wie der ganze Baum oder kleine Teile eines Farnblatts haben in vergrößerter Darstellung eine ähnliche Form wie das ganze Blatt.

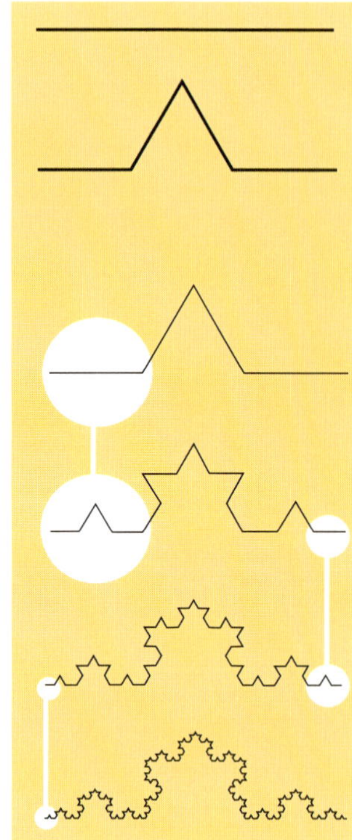

*Darstellung von Fraktalen*

## Benoit Mandelbrot

**Der amerikanische Mathematiker Benoit Mandelbrot (geb. 1924) ist bekannt geworden durch die Entwicklung der Fraktalgeometrie und deren Anwendung auf Probleme der Physik. Die Themen seiner Untersuchungen reichten von Veränderungen am Aktienmarkt bis zur Beschreibung von Sternansammlungen. Mandelbrot begriff, dass es eine Verbindung zwischen all diesen Problemen gibt. 1975 veröffentlichte er das Buch Die fraktale Geometrie der Natur, ein Buch mit fantastischen Computergrafiken, das die Fraktalgeometrie optisch aufbereitet. Ein Muster, das durch die Wiederholung eines Alogarithmus (einer Anweisung, die Schritt für Schritt die Lösung eines mathematischen Problems beschreibt) entsteht, wurde nach ihm benannt – die Mandelbrot-Menge.**

## James Cook

**Der britische Seefahrer James Cook (1728–1779) ist durch seine drei großen Entdeckungsreisen in den Südpazifik und die nordamerikanischen Küstengewässer berühmt geworden. Cook entdeckte die Ostküste Australiens (1770), Neuseeland sowie zahlreiche Inseln im Pazifischen Ozean, darunter auch Hawaii. Auf seiner zweiten großen Expedition wollte er den sagenumwobenen Süderdteil Terra Australis suchen. Cook segelte in den Südpazifik und am Rand der antarktischen Eismasse entlang. Am 16. Januar 1773 kreuzte er als erster Mensch den südlichen Polarkreis. Cook befuhr auch die Nordwestküste Amerikas bis zur Beringstraße. Später kehrte er nach Hawaii zurück, wo er bei einem Streit mit den Inselbewohnern getötet wurde.**

## Zusammenstoß der Platten

Tektonische Platten befinden sich immer auf einem Kollisionskurs. Wo sie aufeinander treffen, stoßen sie mit unvorstellbarer Kraft aneinander. Wenn zwei kontinentale Platten frontal zusammenstoßen, wird das Land gestaucht und Gebirgszüge falten sich auf. Stoßen Platten in einem kleinen Winkel zusammen, reiben sie sich aneinander und bilden eine Verwerfung (Bruchzone). Bei den meisten Zusammenstößen drückt die dickere, stärkere Platte die dünnere, schwächere herunter. Diesen Vorgang nennt man Subduktion. Sie findet in der Regel dann statt, wenn eine dünne ozeanische Platte mit einer dickeren Platte zusammenstößt. Der Rand der dickeren Platte verformt sich und wird aufgefaltet, der Rand der dünneren Platte sinkt ab. Dieser Vorgang kann Erdbeben verursachen. Die dünnere Platte sinkt in den Mantel ab und beginnt zu schmelzen. Durch Hitze und Druck wird das geschmolzene Gestein an die Oberfläche befördert, wo Vulkane ausbrechen. Auf diese Weise entsteht an Land meist ein Gebirge mit zahlreichen Vulkanen. Bei zwei ozeanischen Platten entsteht eine Kette von Vulkaninseln.

## Wie entstehen Berge?

*Starke Kräfte bewirkten die Auffaltung von Gebirgen*

Wenn zwei Kontinentalplatten zusammenstoßen, ist das wie ein schwerer Verkehrsunfall, der sich allerdings nicht in wenigen Sekunden ereignet, sondern im Laufe von Millionen von Jahren. Die gewaltigen Kräfte, die dabei frei werden, können nur in eine Richtung wirken, nämlich nach oben – so entstehen Gebirge. Man unterscheidet nach ihrem Aufbau verschiedene Arten von Gebirge. Alle entstanden unter Einwirkung von Hitze und Druck. Das Gestein wird durch Wind und Wetter abgetragen und verwittert.

**Faltengebirge:** Die wichtigsten Bergketten der Erde sind Faltengebirge, die an den Rändern der Kontinente entstehen. Sie entstehen, wenn die Kanten der Kontinente zusammengedrückt werden oder wenn kontinentale Platten zusammenstoßen. Die Kontinentalplatte wirft Falten, wenn sie mit einer

## Graben

**Wenn ein Kontinent von einander entgegengesetzten Plattenbewegungen auseinander gerissen wird, bilden sich parallele Verwerfungen. Das Land zwischen den Verwerfungen kann einsinken und ein breites Tal entstehen, das man als Graben bezeichnet.**

## Hast du schon gewusst,

**dass der tiefste Ozeangraben der Marianengraben im Pazifik ist? Er ist 11.000 Meter tief – das bedeutet, dass der höchste Berg der Erde, der Mount Everest, darin verschwinden würde.**

ozeanischen Platte zusammenstößt, die dabei nach unten gedrückt wird. Inseln und Ablagerungen, die der Ozean mitbringt, schieben sich auf den Rand des Kontinents. Dabei falten sie sich und bilden zusammen mit dem Material des Kontinents ein Gebirge.

**Blockgebirge:** Durch Bildung neuer Platten entstehen Spannungen in der Erdkruste. Sie zerbricht zu Blöcken, die durch Gräben getrennt sind. Manche Blöcke sinken ab, wodurch Grabenbrüche entstehen. Die stehengebliebenen Blöcke bilden Blockgebirge.

### So entstand der Himalaya

**Vor rund 165 Millionen Jahren begann die Indisch-Australische Platte nach Norden auf die Eurasische Platte zuzuwandern. Als sie auf das ältere und härtere Gestein stieß, schoben sich die Teile der Indisch-Australischen Platte über die Eurasische Platte. Noch heute wächst der Himalaya jährlich um rund fünf Millimeter. In einer Million Jahren könnten die Berge über 4000 Meter höher sein – die Abtragung durch Erosion und Verwitterung eingerechnet.**

## Jung und alt

Nicht nur Menschen werden alt, auch Berge altern, allerdings nicht so schnell. „Junge“ Berge sind spitz und zackig, während bei „alten“ Bergen durch Erosion und Verwitterung nach und nach die Spitzen abgetragen werden. Alte Gebirgszüge sind z. B. der Ural in Russland oder das Schottische Hochgebirge. Solche „alten“ Gebirgszüge zeigen, wo die Kontinente früher einmal zusammengestoßen sind.

*Junge Gebirge sind an ihren spitzen, zackigen Gipfeln zu erkennen*

## Vulkane

Was passiert, wenn du eine Sprudelflasche kräftig schüttelst und dann öffnest? Der Druck lässt die Flüssigkeit verspritzen und dieser Druck ähnelt dem, der einen Vulkan ausbrechen lässt. Wenn die Hitze im Innern der Erde Gestein schmelzen lässt, bildet sich eine heiße, zähflüssige Masse, die man Magma nennt. Das Magma steigt an die Oberfläche, durchbricht die Erdkruste an einer Schwachstelle und bildet einen Vulkan. Dann kommt es zu einem gewaltigen Ausbruch (Eruption), bei dem dichte Aschewolken entstehen, die in die Luft geschleudert werden, und rot glühende Lava, die an den Berghängen herunterfließt.

Vulkanausbrüche können sehr gefährlich sein und vielen Menschen das Leben kosten. Die eigentlichen Gefahren sind heiße Lava, giftige Gase und Aschewolken. Aber durch Vulkanausbrüche können auch Schlammströme, Lawinen und Überschwemmungen ausgelöst werden. Vulkanologen versuchen vorherzusagen, wann und wie ein Vulkan voraussichtlich ausbrechen wird.

*Vulkanausbrüche können für die Menschen sehr gefährlich werden*

## Wie entstehen Vulkane?

Die Ursache des Vulkanismus ist meist die Bewegung der tektonischen Platten der Erde. Wenn zwei Platten zusammenstoßen und sich übereinander schieben, schmilzt die untere Platte und dabei kann ein Vulkan entstehen. Es gibt auch Vulkane, die sich bei der Entstehung neuer Platten bilden.

*Wenn sich eine Platte unter die andere schiebt, können Vulkane entstehen*

Manche Vulkane liegen nicht an den Plattengrenzen, sondern über besonders aktiven Stellen des Erdmantels.

## Was sind Hot Spots?

Tief im Erdmantel gibt es Stellen mit großer Hitze und innerer Bewegung. Der Fachausdruck dafür ist „Hot Spots“. Über diesen heißen Stellen, an denen der Erdmantel aufgeschmolzen ist, können sich Basaltvulkane bilden. Das heiße Gestein steigt in Säulen auf, schmilzt und wird zu Magma, das sich seinen Weg durch die Erdkruste bahnt, als Lava an die Oberfläche gelangt und dort einen Vulkan bildet.

Durch die ständige Bewegung der Platten erzeugen die Hot Spots in der Regel eine Kette von Vulkanen. Während der Vulkan hoch wächst, bewegt sich die Platte weiter und der Vulkan wird von der heißen Stelle weggetragen und ein anderer Vulkan tritt an seine Stelle: Das dauert aber Millionen von Jahren. Dann steht der erste Vulkan nicht mehr mit dem Hot Spot in Verbindung. Die Magmazufuhr hört auf und der Vulkan erlischt. Über der heißen Stelle bildet sich ein neuer Vulkan. Hot Spots können fast überall vorkommen – sie bilden Gebirge auf dem Meeresboden, Inseln in den Ozeanen und Vulkane an Land. Die dabei entstehenden Vulkanketten können im Meer oder auf einem Kontinent liegen. Auf diese Weise sind z. B. Island, die Hawaii- und Galapagosinseln entstanden.

*Wandert die Platte weiter, erlischt der Vulkan über einem Hot Spot*

## Lavaformen

*Bei einem Ausbruch wälzt sich heiße Lava hinab*

**Die Vulkanologen haben den verschiedenen Lavaformen Namen gegeben. Viele davon sind hawaiianisch, denn die meisten Vulkane gibt es auf Hawaii. Lava, die mit einer ziemlich glatten Oberfläche erstarrt, wird Pahoehoe genannt. Wenn die Lava raue, scharfkantige Krusten bildet, heißt sie Aa-Lava. Dünne Lavastränge nennt man Pelés Haar – Pelé ist die Vulkangöttin Hawaiis.**

## Der Basaltvulkan

Über den Hot Spots steigt geschmolzenes Gestein aus dem Erdmantel auf. Wenn es die Oberfläche durchstößt, bildet es dunkle Lava, die man Basalt nennt. Basaltlava fließt meist eine weite Strecke, bis sie fest wird. Ein so entstandener Vulkan ist breit und niedrig. Die meisten Basaltvulkane liegen tief im Meer. Ihre Lava, die sich im Wasser rasch abkühlt, nennt man Kissenlava. An Land spritzt geschmolzener Basalt als feurige Fontäne in die Luft. Die Lavatropfen werden im Flug fest und zu Gesteinsbrocken.

## Der andesitische Vulkan

Ein andesitischer Vulkan hat die Form eines steilen Kegels. Er entsteht, wenn geschmolzenes Gestein explosionsartig aus der Erde schießt.

## Hast du schon gewusst,

**dass aus dem Vulkan Kilauea auf Hawaii zwischen 1983 und 1989 so viel Lava ausgeströmt ist, dass man daraus eine Straße bauen könnte, die viermal um die Erde führt? Der längste Lavastrom kam aus einem Vulkan, der vor 190.000 Jahren in Nordaustralien ausbrach. Er war 160 Kilometer lang. Seine Lavatunnel kann man noch heute sehen.**

## Alexander von Humboldt

**Der deutsche Naturforscher, Geograf und Forschungsreisende Alexander Freiherr von Humboldt (1769–1859) erlangte Weltgeltung durch die Ergebnisse seiner Reisen, die neue Wissenszweige ins Leben riefen, z. B. Vulkanismus, Erdmagnetismus und Pflanzengeografie. Humboldt wurde durch seine Erkundung Lateinamerikas berühmt. Er erforschte den Fluss Orinoco in seiner ganzen Länge und einen Großteil der Flüsse des Amazonas. Außerdem bereiste er die Anden in Ecuador, wo er den 6300 Meter hohen Vulkan Chimborazo bis auf eine Höhe von 5800 Metern bestieg. Er studierte Meeresströmungen, die magnetische Feldstärke in Bezug auf den Äquator, Mineralien sowie die Pflanzen- und Tierwelt. 1804 kehrte Humboldt nach Europa zurück und brach 1829 zu einer wissenschaftlichen Erkundungsreise durch den Ural und den Altai (Russland) auf. Humboldt schrieb ein fünfbändiges Werk mit dem Titel Kosmos, in dem er vor allem seine wissenschaftlichen Kenntnisse über Geografie und Geologie zusammenfasste.**

Der Vulkan bildet sich nach und nach aus den langsam fließenden Lavaströmen und Ascheschichten. Die dicke Lava, die hier gebildet wird, nennt man Andesit.

## Heftige Ausbrüche

In den letzten 10.000 Jahren sind etwa 14.000 Vulkane ausgebrochen. Von einem heftigen Ausbruch spricht man, wenn ein Vulkan mit ungeheurer Gewalt explodiert, riesige Mengen Lava ausstößt oder katastrophale Schäden verursacht. Oft wird auch eine Wolke aus Asche und Bimsstein hoch geschleudert. Die Ausmaße dieser Wolken dienen den Vulkanologen als Maßstab für die Stärke eines Ausbruchs. Sie bietet die Grundlage einer von 0 bis 8 reichenden Skala. Von 5000 bekannten Vulkanausbrüchen erreichen nur 160 mehr als 4 auf dieser Skala, nur 60 mehr als 5 und nur zwei mehr als 6. Aber die Heftigkeit des Ausbruchs ist nicht ausschlaggebend für die Schäden, die er anrichtet. Selbst kleine Ausbrüche können schlimme Folgen haben. So löste z. B. 1985 ein kleiner Lavaausbruch unter einem Gletscher auf dem Nevado del Ruiz in Kolumbien eine Schlammlawine aus, die eine ganze Kleinstadt unter sich begrub; dabei starben 22.000 Menschen.

Der Ausbruch des Krakatau in Indonesien im Jahre 1883 hatte ebenfalls katastrophale Folgen. Aus dem Vulkan herausgeschleudertes Material stürzte ins Meer und löste Tsunamis aus, denen 35.000 Menschen zum Opfer fielen. Der Ausbruch war noch in 5000 Kilometer Entfernung zu hören. Der Mount Pelée in Martinique, brach am 8. Mai 1902 aus. Die Hauptstadt wurde von einer glühenden Lawine aus Gestein, Asche und Lava aus dem nahe gelegenen Vulkan überrascht. 20.000 Menschen starben sofort. Der Kilauea auf Hawaii brach am 8. Januar 1983 aus und entwickelte sich zur längsten und größten Eruption in der Geschichte des Berges. Etwa 16 Jahre später strömte immer noch Lava aus. Im Jahr 1991 ereignete sich mit der Eruption des Pinatubo auf den Philippinen der größte Vulkanausbruch des 20. Jahrhunderts. Es starben 320 Menschen. Die Vulkanologen informierten die Bevölkerung so rechtzeitig, dass 80.000 Menschen evakuiert werden konnten.

## Hast du schon gewusst,

**dass Tsunami das japanische Wort für eine riesige Meereswelle ist? Diese Welle wird von einem Seebeben ausgelöst und breitet sich ringförmig aus. Die Geschwindigkeit, mit der sie sich fortpflanzt, ist von der Wassertiefe abhängig (700 km/h bei 4000 Meter Tiefe). Tsunamis sind im offenen Meer nicht zu erkennen, da sie etwa 250 Kilometer lang, aber nicht sehr hoch sind. An den Küsten hingegen türmen sie sich bis zu 30 Meter Höhe auf. Tsunamis entstehen vor allem im Pazifischen Ozean. Im Atlantischen und Indischen Ozean sind sie dagegen selten.**

*Stromatolithen sind frühe Zeugnisse vom Leben auf der Erde*

# Die Entwicklung des Lebens

Die Uratmosphäre der Erde enthielt keinen Sauerstoff. Dieses Gas wurde erst von den Lebewesen selbst erzeugt – von mikroskopisch kleinen Organismen, die den Sauerstoff bei ihrem Stoffwechsel als Abfallprodukt ausschieden.
So wurde nach und nach eine atembare Atmosphäre aufgebaut. Im Meer entwickelten sich kompliziertere Lebensformen; die ersten Pflanzen und Insekten besiedelten die Küsten; schließlich eroberten auch größere Tiere das Festland.

## Eine Atmosphäre zum Atmen

Die Anreicherung der Uratmosphäre mit Sauerstoff war das Werk der ersten Lebewesen, die es auf der Erde gab – urzeitliche Bakterien und Algen. Sie verbrauchten bei der Fotosynthese Kohlendioxid und produzierten Sauerstoff als Stoffwechselprodukt. Blaualgen erzeugten noch mehr Sauerstoff. Dieser wurde zunächst von Gesteinen am Meeresboden aufgenommen; so entstand später der eisenoxidhaltige Sandstein. Schließlich konnte sich eine sauerstoffreiche Atmosphäre mit einer Ozonschicht bilden. Die Ozonschicht filtert die schädliche ultraviolette Strahlung der Sonne heraus.

## Frühe Zeugnisse des Lebens

*Blatt eines Ginkgobaumes*

In Gesteinen, die mehr als 3,5 Millionen Jahre alt sind, hat man versteinerte Reste von bakterienähnlichen Organismen gefunden. Man nimmt an, dass einige dieser Organismen Fotosynthese betreiben konnten. Weitere frühe Zeugnisse des Lebens sind die Stromatolithen, die vor etwa 3,4 Millionen Jahren entstanden. Das sind Kalksteinkrusten in warmen, seichten Gewässern, die durch Kalkausfällung von Blaualgen und Bakterien gebildet wurden. Man vermutet, dass es bereits vor 1,7 Milliarden Jahren eine sauerstoffhaltige Atmosphäre gab. So konnten sich Sauerstoff verbrauchende Lebewesen ausbreiten. Diese Organismen waren Einzeller und es dauerte wahrscheinlich noch eine Milliarde Jahre, bis sich vielzellige Lebewesen entwickelten. Versteinerte (fossile) Reste von Tieren, die vor 800 Millionen Jahren lebten, hat man in vielen Teilen der Erde gefunden.

*Schwertschwänze zählen zu den lebenden Fossilien*

## Was ist ein Fossil?

Du hast sicherlich schon einmal eine Blume zwischen den Seiten eines dicken Buches gepresst und weißt, dass man sie dann viele Jahre aufheben kann. In den Gesteinen läuft ein ähnlicher Vorgang ab: Darin werden Tiere und Pflanze als Fossilien konserviert. Ein Fossil ist also ein frühes Lebewesen, das als Versteinerung im Gestein erhalten geblieben ist. Es kann ein ganzer Organismus, ein einzelner Knochen oder eine Reihe von Fußabdrücken sein. Die Weichteile eines Tieres, das in Erde und Schlamm vergraben wurde, zersetzen sich bald. Versteinert werden nur die harten Teile wie Knochen und Zähne. Fossilien geben Hinweise über frühere Lebensformen und sind nützlich bei der Altersbestimmung von Gesteinen und urzeitlichen Lebensgemeinschaften. Tiere wie z. B. urzeitliche Würmer, Schnecken, Flugtiere oder Dinosaurier sind als Fossilien in der Erde erhalten geblieben und geben uns ein Bild davon, wie sie einmal ausgesehen haben.

### Lebende Fossilien

**Einige Lebensformen, die es schon vor 570 Millionen Jahren gab, haben fast unverändert bis heute überlebt. Man nennt sie „lebende Fossilien". Ein lebendes Fossil ist z. B. der Ginkgobaum, aber auch Schwertschwänze, krebsähnliche Tiere, haben sich seit Millionen von Jahren kaum verändert.**

## Die Oberfläche der Erde

Wir nennen unseren Planeten Erde, obwohl seine Oberfläche zu mehr als zwei Drittel von Salzwasser bedeckt ist. Zu den drei großen Meeren – dem Pazifischen, Indischen und Atlantischen Ozean – kommen das Nord- und Südpolarmeer sowie zahlreiche kleinere Binnen- und Randmeere. Der Pazifische Ozean allein ist größer als alle Kontinente zusammen. Die Landmassen machen etwa 29 Prozent der Erdoberfläche aus. Hinsichtlich Gestalt, Bodenbeschaffenheit und Vegetation zeigen sie große Unterschiede. Gebirge und Hügellandschaften wechseln mit weiten Ebenen, Becken und Tälern ab. In den meisten Gebieten finden wir Wälder mit Bäumen, Gras und anderen Pflanzen, aber es gibt auch sehr karge Regionen. Das sind hauptsächlich die Wüsten, die etwa ein Fünftel der Landfläche überziehen. Wüsten sind Zonen, in denen es sehr wenig Niederschläge gibt. Polargebiete und Berggipfel, die ganzjährig mit Eis und Schnee bedeckt sind, zählen auch zu den kargen Regionen. Der Meeresgrund weist ebenfalls eine vielfältige Gliederung auf. Die meisten Ozeane werden von tiefen Gräben durchzogen und die Erhebungen vieler Inseln sind die Gipfel untermeerischer Gebirgsrücken.

*Etwa ein Fünftel der Erdoberfläche besteht aus Wüsten*

### Daten zur Erde

**Erdumfang am Äquator:** ca. 40.076 km
**Meeresfläche:** ca. 362.033.000 km$^2$
**Landfläche über dem Meeresspiegel:** ca. 148.021.000 km$^2$
**Größtes Meer:** Pazifischer Ozean (ca. 166.241.700 km$^2$)
**Größte Landmasse:** Eurasien (Europa und Asien, ca. 53.698.000 km$^2$)
**Größte Meerestiefe:** Marianengraben im Pazifischen Ozean (ca. 10.911 m)
**Größte Insel:** Grönland (ca. 2.175.000 km$^2$)

## Hast du schon gewusst,

**dass der Vulkan Mauna Kea auf Hawaii vom Meeresboden bis zum Gipfel 10.205 Meter misst? Damit überragt er bei weitem den höchsten Berg an Land – den Mount Everest im Himalaya.**

# Landschaften der Erde

Die verschiedenen Landschaften, die die einzelnen Kontinente charakterisieren, erkennt man am deutlichsten, wenn man einen Blick aus dem Weltraum auf die Erde werfen kann.

Die Rocky Mountains in Nordamerika und die Anden in Südamerika bilden den westlichen Rand des Doppelkontinents. Nach Osten hin erstrecken sich weite Ebenen und Senken, die von großen Strömen durchzogen werden.

Auf der anderen Seite des Nordatlantiks liegt der Erdteil Europa. Es wird vom Mittelmeer im Süden und dem Ural im Osten begrenzt. Dahinter beginnt Asien mit der schneebedeckten Himalaya-Gebirgskette, die eine Wetterscheide bildet. Südlich davon ist es heiß und feucht, im Norden ist es heiß und trocken. Weiter nördlich wird es deutlich kälter.

Afrikas große Wüste im Norden, die Sahara, und die mit Urwald bedeckte Mitte des Kontinents werden im Osten vom Zentralafrikanischen Graben durchschnitten. Australien liegt abseits im Pazifischen Ozean. Neben den heißen Wüsten im Osten und Südosten findet sich auf diesem Kontinent auch eine gemäßigte Klimazone.

## Hast du schon gewusst,

**dass fast das gesamte Wasser auf der Erde (ca. 90 Prozent) Salzwasser ist? Vom restlichen Süßwasser sind zwei Drittel in den Eiskappen und Gletschern gebunden. Das bedeutet, dass unsere Flüsse und Seen nicht einmal ein Prozent der gesamten Wassermenge enthalten.**

# Lebensräume

Die Landschaften auf der Erde gleichen sich nie genau, zeigen aber doch gemeinsame Merkmale. So kann man manche Landschaften zu großen Lebensräumen zusammenfassen. Welche Art von Lebensraum sich in einer Region befindet, wird durch die geografische Lage und das Klima bestimmt. Wüsten entstehen z. B. in extrem regenarmen Gebieten. Wälder dagegen brauchen viel Niederschlag und eine frostfreie Wachstumsperiode. Nördlich und südlich des Äquators kommen Lebensräume vor, die bei gleicher geografischer Breite vergleichbar sind. In der Nähe des Äquators, wo die Sonne am intensivsten ist, befinden sich Regenwälder, heiße Wüsten und Savannen. Weiter nördlich und südlich wird das Klima gemäßigter und es gibt unterschiedliche Jahreszeiten, wie es bei uns der Fall ist. In diesen Regionen herrschen Grasland und Laubwälder vor. Je weiter man sich vom Äquator entfernt, um so mehr Nadelwälder findet man. Diese gehen dann in die Tundra über. Polargebiete liegen ständig unter Eis.

# Grasland

Mehr als ein Drittel der Landfläche der Erde ist mit Grasland bedeckt. Als Grasland bezeichnet man weite, grasbewachsene Flächen, die je nach Zusammensetzung und Lage Savanne, Steppe oder Prärie genannt werden. Es erstreckt sich über aus-

*Die afrikanische Savanne ist Lebensraum für viele Tiere*

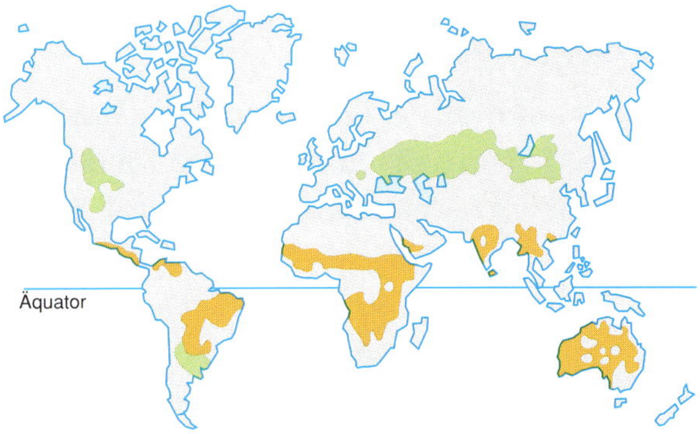


*Lebensraum Savanne*

gedehnte flache Gebiete, in denen jährlich 250 bis 750 Millimeter Regen fallen. Diese Niederschlagsmenge ist zu viel für eine Wüste und zu wenig für einen Wald, aber genau richtig für Gras und Getreide. Auf den ersten Blick sieht das Grasland weit und leer aus, bei näherem Hinsehen ist es aber sehr fruchtbar. Es bietet pro Quadratmeter mehr großen Tieren Nahrung als jeder andere Lebensraum auf der Erde. Da das offene Land jedoch wenig Schutz bietet, leben große Tiere wie z. B. Giraffen in Herden. Kleinere Tiere wie Präriehunde hingegen graben sich Erdhöhlen, um sich vor Räubern zu schützen.

**Afrikanische Savanne:** Im tropischen Grasland der Serengeti – der Savanne in Tansania – leben unter anderem Löwen, Zebras und Giraffen. Da es hier nur im Sommer kurze Zeit regnet, gibt es spärlichen Gras- und Baumbewuchs. Savannen sind in der Nähe des Äquators zu finden.

## Hast du schon gewusst,

**dass die Wüste Gobi in der Mongolei etwa viermal so groß ist wie Deutschland? Die Nomaden, die hier leben, ziehen auf ihren zweihöckrigen Kamelen – oder Trampeltieren – durch die Wüste. Die schweren Wolken, die vom Meer her in diese Richtung ziehen, haben sich schon lange vorher abgeregnet, wenn sie die Wüste Gobi erreichen. Daher fällt hier kaum Regen.**

**Südamerikanische Pampas:** Das fruchtbare Grasland in Südamerika, hauptsächlich Argentinien, nennt man Pampas. Die argentinischen Gauchos treiben ihre riesigen Viehherden durch das Grasland.

**Asiatische Steppe:** In den weiten trockenen Steppen Innerasiens und Südsibiriens leben vor allem nomadische Hirten. Die Steppe ist ein Grasland, das im Sommer trocken und im Winter kalt ist. Sie streckt sich über weite Teile Osteuropas und Zentralasiens.

**Die Prärie:** Das natürliche Grasland Nordamerikas wird heute weitgehend landwirtschaftlich genutzt. Das fruchtbare Land liefert unter anderem Mais, Weizen, Hafer und wird auch als „Kornkammer" bezeichnet.

## Wüsten

*Der Wind verleiht der Wüste interessante Strukturen*

Wüsten sind extrem trockene Regionen und bedecken etwa 20 Prozent der Landoberfläche der Erde. In der Wüste kann es sehr kalt sein wie in der Antarktis, aber auch furchtbar heiß. Die Wüstenlandschaft ist sehr vielfältig beschaffen und wird von Treibsand, Felsformationen und Bergen geprägt. Aber alle Wüsten haben etwas gemeinsam – die Trockenheit. Hier fallen jährlich weniger als 200 Millimeter Niederschlag. In manchen Jahren fällt überhaupt kein Regen. Das Leben in der Wüste hat sich an die Trockenheit angepasst. Pflanzen und Tiere müssen mit wenig Wasser und Nahrung auskommen. Viele Wüstentiere sind nachtaktiv und jagen in der Dunkelheit, wenn es kühl ist. Viele Pflanzen können Wasser für mehrere Monate speichern. Obwohl das Wüstenklima sehr hart ist, gibt es hier erstaunlich viele Pflanzen- und Tierarten.

## Marco Polo

**Der venezianische Kaufmann Marco Polo (1254–1324) reiste 1271–1295 mit seinem Vater und seinem Onkel durch Innerasien nach China. Sie durchquerten die Wüste Gobi und kamen 1275 am Hofe Kubilai Khans (erster mongolischer Herrscher in China und Enkel von Dschingis Khan) in China an. Kein Europäer zuvor hatte die Landschaften auf dieser Strecke gesehen. Marco Polo blieb als Diplomat im Dienst des Kubilai. Die Rückreise ging 1292 über Südost- und Vorderasien und endete 1295 in Venedig. 1298 nahm Polo als Kommandant einer venezianischen Galeere an einer Seeschlacht zwischen den Flotten Venedigs und Genuas teil. Er wurde gefangen genommen. In der Gefangenschaft schrieb er seinen Reisebericht Die Reisen des Venezianers Marco Polo. Dieser Reisebericht war jahrhundertelang das wichtigste geografische Handbuch über den Fernen Osten.**

## Wälder

*Das dichte Laub sorgt in den Wäldern für ein feuchtes und kühles Klima*

Mehr als ein Viertel der Landfläche der Erde ist mit Wäldern bedeckt. In diesen Regionen ist es gemäßigt und kühl. Im Wald herrscht ein feuchtes und kühles Klima, denn das Laubdach hält einen großen Teil der Sonnenstrahlen ab. Der Waldbewuchs benötigt jährlich mindestens 750 Millimeter Regen. Da die dichte Waldvegetation auch den Wind abhält, können in diesem Lebensraum viele Pflanzen und Tiere leben. Manche Tiere dieses Lebensraums ziehen im Winter in wärmere Gegenden, andere legen Wintervorräte an.

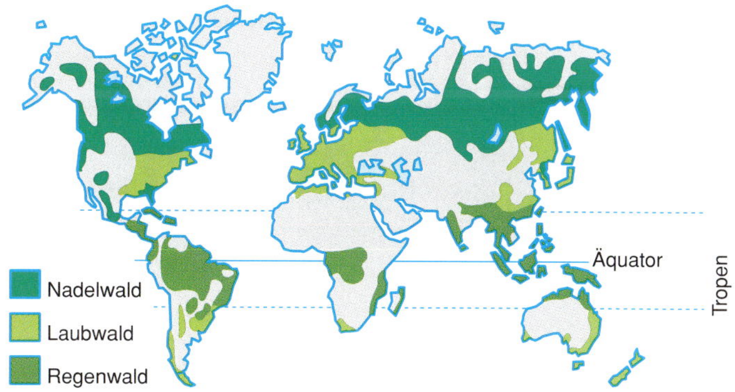


*Lebensraum Wald*

Die Art des Waldes wird von seiner geografischen Lage und den klimatischen Bedingungen bestimmt. Nadelwälder wachsen eher in den nördlichen Breiten. In südlicheren Regionen herrschen Laubwälder vor.

## Regenwald

Regenwälder gedeihen in der Nähe des Äquators, wo das ganze Jahr heißes und feuchtes Klima herrscht. In diesen Wäldern fällt jedes Jahr 2000 bis 4000 Millimeter Niederschlag und manchmal sogar noch mehr! In den tropischen Regenwäldern gibt es mehr Pflanzen- und Tierarten als in jedem anderen Lebensraum, obwohl der Regenwald nur etwa sechs Prozent der Landfläche der Erde bedeckt.

Da die dichten Baumkronen einen Großteil der Sonnenstrahlen abfangen, bleibt der Boden des Regenwaldes kühl. Die Blätter der Bäume nehmen aus der Luft Kohlendioxid auf und bilden mithilfe der Fotosynthese Sauerstoff, den sie wieder abge-

## Hast du schon gewusst,

**dass ein kalifornischer Mammutbaum 2000 Jahre alt und höher als die Freiheitsstatue in New York werden kann? Diese Bäume sind sehr widerstandsfähig und haben eine kräftige Rinde, die sie vor Waldbränden schützt. Sie enthält auch den Gerbstoff Tannin, der das Holz des Baumes vor Schädlingen und Krankheiten schützt.**

ben. Würde der Regenwald vernichtet, käme dieser Vorgang zum Erliegen. Eine deutliche Aufheizung der Erde wäre die Folge. Brasilien verfügt über den größten zusammenhängenden Regenwald der Erde. Durch Rodung wird in diesem Land heute alle zehn Sekunden etwa ein halber Hektar Regenwald vernichtet.

## Tundra und Arktis

Auf der nördlichen und südlichen Erdhalbkugel (Hemisphäre) nahe der Pole herrscht polares Klima. Die Pole selbst sind von ewigem Eis bedeckt. Hier herrscht fast das ganze Jahr über Frost und es ist so kalt, dass es nur sehr selten schneit. Das um den Nordpol gelegene Gebiet wird Arktis genannt. Dazu zählen das zum Teil ganzjährig gefrorene Meer und das eisbedeckte Land. Hier schützen sich manche Tiere mit üppigem Fell und einer dicken Fettschicht gegen die Kälte. Zwischen dem Ende des ewigen Eises und der Waldgrenze erstreckt sich die Tundra. Hier kann der Waldboden auch im Sommer nur wenige Zentimeter auftauen. Im tieferen Boden herrscht Dauerfrost. In der Tundra ist die Wachstumsperiode sehr kurz, daher gibt es dort keine Bäume. Moose, Flechten und Gräser sind die einzigen Pflanzen, die in dem kurzen Sommer wachsen. Rentiere und Moschusochsen, die in der Tundra leben, haben sich auf diese spärliche Kost eingestellt. Im Winter wandern sie nach Süden in die Wälder.

*Einige Tiere haben sich an die unwirtlichen Lebensbedingungen der Pole angepasst*

Die Arktis ist nur in den Randgebieten dünn besiedelt. Hier leben vor allem Lappen und Inuit von Viehzucht oder Robben- und Fischfang. Es existieren auch Stationen zur Wetter- und Eisbeobachtung.

*Lebensraum Tundra*

### Roald Amundsen

**Der norwegische Polarforscher Roald Amundsen (1872–1928) durchfuhr erstmals die Nordwestpassage (1903–1906). Das ist der Seeweg zwischen dem Atlantischen und Pazifischen Ozean, der über den Norden Kanadas und die Küstengewässer Nordalaskas verläuft. Er erreichte am 14. Dezember 1911 als Erster den Südpol. Zuvor gab es einen Wettstreit mit einer britischen Konkurrenzexpedition unter Robert Scott, die jedoch erst fünf Wochen später am Südpol ankam. Amundsen kannte die Bedingungen in den Polargebieten sehr gut und er ließ seine Schlitten von Hunden ziehen. Scott aber ließ seine Schlitten von Männern ziehen, die sehr langsam vorankamen. Deshalb erreichte Amundsen den Südpol früher. Scott und seine Begleiter kamen auf dem Rückweg zum Lager vor Erschöpfung um. Amundsen überflog 1926 mit dem italienischen Ingenieur und Forscher Umberto Nobile in dem Luftschiff Norge den Nordpol. Als Nobiles Luftschiff Italia 1928 bei einem anderen Polarflug verunglückte, nahm Amundsen an der Rettung teil, kehrte jedoch nicht mehr zurück und galt als verschollen. Nobile wurde gerettet.**

## Hast du schon gewusst,

**dass in der Arktis die Sonne wegen der Achsenneigung im Sommer mehrere Monate lang nicht untergeht (Polartag)? Dafür bleibt es hier im Winter für mehrere Monate dunkel (Polarnacht).**

# Hochgebirge

*Die Tiere der Berge haben meist ein dickes Fell und Kletterhufe*

Mit zunehmender Höhe wird das Klima im Gebirge immer rauer. Und je höher das Gelände, desto karger wird der Pflanzenbewuchs. Wälder oder Grasland sind in großer Höhe nicht mehr anzutreffen. Zum Gipfel hin wird es kälter und es wechseln sich verschiedene Lebensräume ab. Oberhalb der Baumgrenze (2300 bis 2600 Meter) können Bäume nicht mehr wachsen, weil die Temperaturen so niedrig sind. Dort gedeihen nur noch niedrige Pflanzen, die dem Wind Widerstand leisten können und nur eine kurze Wachstumsperiode benötigen. Auf sehr hohen Bergen folgt darauf eine Zone aus Gestein und Geröll, dann eine Zone, die ganzjährig mit Eis und Schnee bedeckt ist. Die meisten Tiere der Berge tragen ein dickes Fell, das sie warm hält. Manche Arten wie Bergziegen haben auch Kletterhufe.

## Leben unter dem Eis

**Trotz der eisigen Kälte gibt es im Nordpolarmeer viele Lebewesen. Das kalte Wasser ist ein idealer Lebensraum für Plankton, das vielen Walen als Nahrung dient. Hier leben aber auch Robben, Fische, Seesterne und Seeigel.**

In großer Höhe ist die Luft dünn und enthält wenig Sauerstoff; sie kann die Wärme nur schwer speichern. Daher wird es hier nach Sonnenuntergang schnell kälter. Unter diesen harten Bedingungen können nur wenige Pflanzen und Tiere leben.

## Himalaya: die höchsten Gipfel

**Der Name Himalaya bedeutet in Sanskrit (Altindisch) „Schneewohnung". In diesen riesigen Gebirgsketten befinden sich die acht höchsten Berge der Erde. Der Mount Everest – der höchste von ihnen – ist über 8000 Meter hoch.**

# Feuchtgebiete

Feuchtgebiete – das sind Moore, Sümpfe oder Marschland – entstehen dort, wo Wasser auf Land trifft. Diese Feuchtgebiete können in Salz- oder Süßwasserbereichen liegen und gehören zu den vielfältigsten Ökosystemen. Sie bieten Lebensraum für seltene Bäume, viele Pflanzenarten, für Wassertiere wie Fische und Krustentiere, für Insekten und viele Vögel, die in diesen Regionen auch ihre Brutplätze haben. Feuchtgebiete haben eine wichtige Funktion – sie schützen das umliegende Trockenland vor Überschwemmungen, denn sie nehmen wie riesige Schwämme die starken Regenfälle, aber auch das Schmelzwasser auf. Feuchtgebiete sind meist sehr dicht bewachsen. Das dichte Wurzelwerk nimmt aus dem Wasser viele Schadstoffe auf, dient also als Filter. So wird das durchfließende Wasser gereinigt.

Sumpfgebiete sind von Wasser durchtränkt und haben eine eigene Pflanzenwelt. Sümpfe befinden sich meist am Rand von Seen und Flüssen. Oft sind sie stark bewaldet. Moore kommen in gemäßigtem und kühlerem Klima vor. Die Pflanzen, die hier anzutreffen sind, zersetzen sich nach dem Absterben. Wenn sich flache Seen mit dem toten Pflanzenmaterial füllen, entsteht der weiche, schwammige Torf, der früher vor allem als Brennstoff diente. Marschland ist ein

*In Feuchtgebieten finden viele seltene Tiere und Pflanzen optimale Lebensbedingungen*

durch die Ablagerung von Schlick entstandenes Schwemmland in flachen Salz- und Süßwasserregionen. Marschen wirken als eine Art Pufferzone und schützen die Küste vor Erosion.

## Der Mensch und die Erde

Auf der Erde leben heute fast 6,5 Milliarden Menschen. Sie verteilen sich jedoch nicht gleichmäßig auf die Landmassen unseres Planeten, sondern bevölkern vor allem Regionen, wo Rohstoffvorräte reichlich vorhanden sind. Deshalb leben in fruchtbaren Gegenden, in der Nähe von Energiequellen sowie entlang der Flüsse und Meeresküsten viel mehr Menschen als in den Wüsten- und Polargebieten. Die Weltbevölkerung wächst zurzeit schneller als je zuvor. Jede Sekunde werden drei Babys geboren – das bedeutet, wenn du diesen Satz zu Ende gelesen hast, wird es auf der Welt etwa 20 Menschen mehr geben. Der Grund für ein solches Wachstum ist einerseits die längere Lebenserwartung dank der medizinischen Fortschritte, andererseits die extrem hohe Geburtenrate vor allem in den Entwicklungsländern. Das sind ärmere Staaten, in denen es kaum Industrie und moderne Technologie gibt.

### Hast du schon gewusst,

**dass im Moor tote Lebewesen besonders gut konserviert werden? Man hat in einem dänischen Torfmoor die 2000 Jahre alte mumifizierte Leiche eines Mannes gefunden. Sie war so gut erhalten, dass Wissenschaftler durch die Untersuchung seines Mageninhalts noch seine letzte Mahlzeit bestimmen konnten.**

### Hast du schon gewusst,

**dass in den Niederlanden pro Quadratmeter etwa 400 Menschen leben, während es in Australien nur zwei Menschen pro Quadratmeter sind. Wenn die Weltbevölkerung gleichmäßig über die Landmassen der Erde verteilt wäre, hätte jeder Mensch eine Fläche für sich allein zur Verfügung, die größer als vier Fußballfelder wäre.**

## Die Staaten der Erde

Mit Ausnahme der Antarktis ist die gesamte Landfläche der Erde politisch aufgeteilt. Es gibt auf der Erde rund 200 Staaten mit eigenen Regierungen und Gesetzen. Der kleinste Staat der Welt ist der Vatikan mit einer Fläche von 0,44 km². Das entspricht etwa der Fläche von 100 Fußballfeldern. Der größte Staat der Welt ist Russland mit einer Fläche von 17.075.383 km². Das ist 39 Millionen Mal mehr Land als der Vatikanstaat zur Verfügung hat. Die Trennlinien zwischen den einzelnen Staaten bezeichnet man als Grenzen. Manche Ländergrenzen sind natürlich entstanden, sie werden von Gebirgen oder Flüssen gebildet; andere wiederum verlaufen mitten durch Seen oder Meere. Größe und Grenzen eines Staates können sich von Zeit zu Zeit verändern. Zwischen Nachbarstaaten kommt es häufig zu Unstimmigkeiten über die Grenzgebiete. Solche Auseinandersetzungen haben im Laufe der Geschichte oft zu Kriegen geführt. Manchmal zerfällt ein großer Staat in kleinere Staaten, weil sich bestimmte Volksgruppen unabhängig machen. Es gibt auch Staaten, die in anderen Teilen der Welt Besitzungen haben.

# Geschichte Europas

# Die Abstammung des Menschen

Die Entwicklung des Menschen trennte sich von den Menschenaffen vor etwa fünf Millionen Jahren. Der Mensch und seine stammesgeschichtlichen Vorfahren werden als „Familie der Hominide" („Menschenartige") zusammengefasst. Das einzige heute noch lebende Mitglied dieser Familie ist der jetzige Mensch, der Homo sapiens. Alle Hominiden gingen bereits aufrecht und bewohnten die Busch- und Baumsavannen Ost- und Südafrikas.

*Homo erectus*

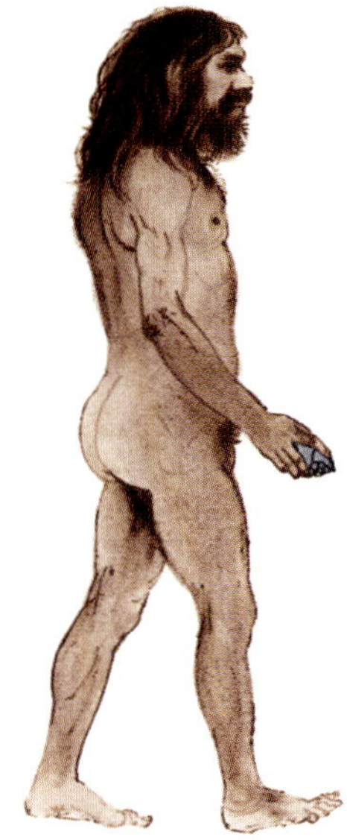

*Homo sapiens*

## Australopithecus und Homo

Die fossilen Funde werden von Wissenschaftlern in zwei große Gruppen (Gattungen) geordnet: Australopithecus und Homo. Australopithecus war das erste menschenähnliche Wesen mit kleinem Hirnschädel und großen Backenzähnen. Die Gattung Homo dagegen hatte einen größeren Hirnschädel und kleinere Backenzähne.

*Australopithecus*

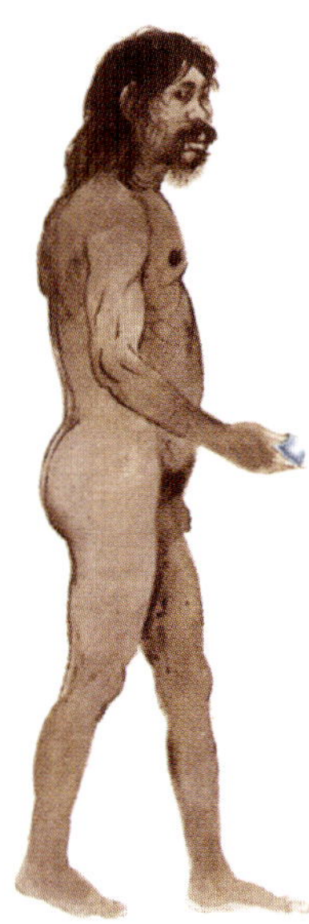

*Homo habilis*

Unser nächster Verwandter war Homo habilis („befähigter Mensch"). Er benutzte bereits einfache Werkzeuge wie Steine, um Nahrung zu teilen. Der erste frühe Mensch, der seine Heimat Afrika verließ, war Homo erectus („aufrechter Mensch"), der sich vor etwa 1,5 Millionen Jahren entwickelte. Seine Überreste wurden außer in Afrika, in Asien und Europa gefunden. Homo erectus konnte Feuer machen. Er hatte ein größeres Gehirn und einen kräftigen Körperbau.

Durch starke Klimaänderungen mussten die Frühmenschen ausgedehnte Wanderungen unternehmen, die über die Kontinente führten. Dies gelang ihnen aber nur, da diese zum Teil noch verbunden waren.

Vor etwa 200.000 Jahren entwickelte sich schließlich der Homo sapiens („vernunftbegabter Mensch") – also der direkte Vorfahre des heutigen Menschen.

# Frühe Hochkulturen

Vor etwa 40.000 Jahren entwickelte sich aus dem Homo sapiens die jüngste Unterart unserer Gattung Homo, die fossil belegt ist: Homo sapiens sapiens, der heutige Mensch. Der moderne Mensch hatte Fähigkeiten, die ihm ermöglichten, auch die kälteste Periode der Eiszeit vor etwa 20.000 Jahren zu überleben. Er hatte gelernt, Geräte und Werkzeug aus Holz, Knochen und Stein zu fertigen. Die Behausungen waren größer und dauerhafter als die seiner Vorfahren. Er hatte Bestattungsrituale entwickelt und konnte bereits nach dem Ende der letzten Eiszeit Nutzpflanzen kultivieren.

## Die ersten Schritte

Vor 10.000 Jahren wurden im Gebiet des heutigen Jordaniens, Israels, Syriens und des Irak die ersten Bauern sesshaft und legten Dörfer an. Vor etwa 6000 Jahren entdeckten die Menschen, wie man Ton zu Gefäßen verarbeitet, sowie Methoden der Metallgewinnung und -verarbeitung. Sie verarbeiteten Kupfer, das aber sehr weich war. Als sie es mit Zinn vermischten, erhielten sie ein viel härteres Metall: Bronze, die dieser Zeit den Namen gab – die Bronzezeit.

In den folgenden 3000 Jahren entwickelten sich Ackerbau und Viehzucht, immer mehr Menschen wurden sesshaft und gründeten feste Siedlungen. So entwickelten sich die ersten Frühkulturen. Die älteste bekannte Hochkultur ist die der Sumerer. Sie entstand in der fruchtbaren Ebene zwischen den Flüssen Euphrat und Tigris (heute Irak).

## Entwicklung in Europa

Ab 5000 vor Christus entwickelte sich in Europa Ackerbau und Viehzucht, auch entlang der Meeresküsten. Hier entstanden in der frühen Bronzezeit schon lange vor den Pyramiden in Ägypten die ersten Megalithgräber Europas. Die jungsteinzeitlichen Kulturen Westeuropas errichteten aus gewaltigen Steinblöcken ihre Gräber, die so groß sind, dass man lange Zeit dachte, sie wären das Werk von Riesen – daher auch die Bezeichnung „Hühnengräber“. Wie man inzwischen weiß, wurden sie aber von einfachen Bauern geschaffen. Diese Form von Gräbern findet man auch im Mittelmeerraum, in Norddeutschland und Südskandinavien. Die Einflüsse der Megalithkulturen reichten bis weit nach Mitteleuropa, was außer den Gräbern auch durch die Menhire belegt wird. Das sind aufrecht stehende Einzelsteine, die bis zu 20 Meter hoch waren. Oft wurden sie in Kreisen (wie in Stonehenge in Großbritannien) oder zu langen Reihen (wie in Carnac in der Bretagne, Frankreich) aufgestellt. Wie diese Monumente wirklich genutzt wurden, ist heute nicht mit Bestimmtheit zu sagen. Möglicherweise hatten sie religiöse Bedeutung. Vermutlich wurden dort Feste gefeiert, Opfergaben dargebracht oder kulturelle Handlungen, z. B. Weissagungen durch Priester, vollzogen.

*Großer Sandsteinblock in Stonehenge*

## Palastkulturen

Auf der Insel Kreta entwickelte sich 3000 vor Christus die erste Hochkultur Europas. Nach dem sagenhaften König Minos nennt man die Kreter dieser Zeit Minoer, ihre Kultur minoische Kultur. Sie wurden durch Handel im östlichen Mittelmeer sehr reich und bauten prächtige Paläste, Burganlagen und Königsgräber. Der berühmteste der minoischen Paläste befindet sich in Knossos. Hier war das politische und wirtschaftliche Zentrum. Der Grund für den Untergang der minoischen Kultur waren vermutlich die Folgen eines Erdbebens. Dabei wurden die meisten Palastbauten zerstört. Wenn du schon einmal auf Kreta Urlaub gemacht hast, hast du den Palast von Knossos, der wiederaufgebaut wurde, vielleicht sogar schon einmal besucht.

Die Mykener hatten ihre Blütezeit um 1400 vor Christus und beherrschten damals den Süden des griechischen Festlandes. Ihren Namen verdanken sie der Stadt Mykene auf dem Peloponnes. Nach dem Untergang der minoischen Kultur nahmen sie Kreta in Besitz. Schließlich gründeten sie auch auf den beiden Inseln Rhodos und Zypern Kolonien. Mykene wurde im 12. Jahrhundert zerstört. Die Ursachen des Untergangs sind bis heute nicht genau bekannt.

## Einflüsse aus Ägypten

Du denkst beim alten Ägypten sicherlich auch zuerst an die vielen Pyramiden. Entlang der Nilufer und im Nildelta entstand um 5000 vor Christus Afrikas erste Hochkultur. An der Spitze des Staates stand der Pharao, der Alleinherrscher war. Nur die Oberpriester waren ebenfalls sehr einflussreich. Religion spielte eine große Rolle im Leben der Ägypter. Ihr höchster Gott war Amun-Re, der Sonnengott. Die Ägypter glaubten an ein Leben nach dem Tod und wollten deshalb auch die Körper der Toten für eine Rückkehr der Seelen in den Körper aufbewahren. So entwickelte sich die Kunst des Mumifizierens. Dazu wurden die Leichen mit speziellen Salben eingerieben und mit langen Stoffstreifen umwickelt, bevor man sie in den Sarg bettete. Einzigartig sind auch die Gräber der ägyptischen Herrscher, die Pyramiden. Die riesigen Steinberge wurden von unzähligen Sklaven mit Händen und einfachsten Flaschenzügen erbaut.

*Papyrus aus dem Jahr 1300 vor Christus*

Die Ägypter hatten auch eine Schrift aus Symbolen und Bildern, die Hieroglyphenschrift. Die Zeichen wurden nicht, wie in anderen Kulturen zu dieser Zeit noch üblich, in Steinplatten oder Tontafeln geritzt, sondern die Ägypter schrieben schon auf Papyrusrollen und hatten sogar richtige Bücher. Die Baukunst war sehr fortschrittlich. Die Häuser hatten zwei Stockwerke und waren aus Lehmziegeln gebaut.
In der Spätzeit war Ägypten von anderen Reichen wie beispielsweise den Römern besetzt und wurde

### Hast du schon gewusst,

**dass Papyrus aus dem Mark einer Pflanze, der Papyrusstaude, hergestellt wurde? Das Mark wurde in dünne Streifen geschnitten, in zwei Lagen zusammengepresst, geglättet und poliert. Unser Wort Papier stammt von dem Begriff Papyrus. Die Pflanze diente auch als Nahrungsmittel, als Baumaterial für Boote und zur Herstellung von Kleidern.**

sogar römische Provinz. Viele wichtige Erfindungen kamen so auch nach Europa. Die berühmteste Herrscherin dieser Zeit war mit Sicherheit Kleopatra (um 69–30 vor Christus).

## Die Antike – die Hochkulturen Europas

Im Zeitraum von 1200 bis 500 vor Christus erlebten vor allem die Kulturen der Griechen und der Etrusker ihre Blüte. Die Gründung Roms fällt ebenfalls in diese Zeit. Nacheinander stiegen erst Griechenland und später Rom zu den bestimmenden Mächten Europas auf.

## Antikes Griechenland

Nach dem Untergang der mykenischen Zivilisation um 1200 vor Christus war in Griechenland kein großes Reich mehr entstanden, sondern ein loser Bund von Stadtstaaten der griechischen Stämme Ionier, Äolier und Dorer. Diese Stadtstaaten führten häufig Krieg gegeneinander. Die stärkste Streitmacht entwickelte das dorische Sparta auf der Peleponnes, während das von den Ioniern gegründete Athen auf der Halbinsel Attika zum wirtschaftlichen und kulturellen Zentrum wurde. Um 700 vor Christus begannen die Griechen sich über das Ägäische Meer hinaus auszudehnen. Dabei gerieten sie in Konflikt mit dem Persischen Reich. Die Stadtstaaten schlossen sich vorübergehend gegen den gemeinsamen Feind zusammen und besiegten ihn in der berühmten Schlacht von Marathon 490 vor Christus.

Nach mehreren Jahren Waffenstillstand brach zwischen Athen und Sparta 431 der Peloponnesische Krieg aus, der bis 404 vor Christus dauerte und schließlich mit der Niederlage Athens endete. Die Sieger waren aber durch die langen Kämpfe so geschwächt, dass sie von den einfallenden Makedonen um 339 vor Christus besiegt wurden. Der makedonische König Philipp II. (um 382-336 vor Christus) wurde schließlich auf seinem Feldzug gegen die Perser ermordet und sein Sohn Alexander (356-323 vor Christus) kam an die Macht. Alexander der Große, wie er genannt wurde, besiegte die Perser endgültig 333 vor Christus bei der Schlacht von Issos. Danach führte er seine Heere durch ganz Asien bis nach Indien und schuf eines der größten Weltreiche in der Geschichte der Menschheit. Die eroberten Völker übernahmen zum größten Teil die griechische Lebensweise und ahmten die griechische Kultur nach. Diese Kulturepoche wird heute Hellenismus genannt. Da Alexander keine regierungsfähigen Erben hatte, wurde das riesige Reich nach seinem Tod unter seinen obersten Feldherren aufgeteilt.

### Demokratie im alten Athen

**Die Athener Bürger hatten schon ähnliche Mitbestimmungsrechte, wie wir es von unserer heutigen Demokratie kennen. Jeder Bürger durfte sein Anliegen vor die Volksversammlung bringen. Die Machthaber wurden jährlich wiedergewählt und konnten so kontrolliert werden. Aber nur derjenige galt als Bürger, dessen beide Eltern Athener waren; Frauen, Fremde und Sklaven hatten dagegen keine politischen Rechte.**

## Aufstieg der etruskischen Kultur

Die etruskischen Stadtstaaten entstanden etwa um 800 vor Christus und entwickelten sich in dörflichen Siedlungen im westlichen Mittelitalien. Die Herkunft der Etrusker ist bis heute nicht ganz geklärt. Auch ihre Sprache kennen wir nicht gut. Vermutlich kamen sie aus Kleinasien. Sie waren handwerklich und künstlerisch sehr geschickt. Die Etrusker beherrschten eine Zeit lang das westliche Mittelitalien. Ihre Stadtstaaten waren nur zu einem losen Staatenbund zusammengeschlossen. Daher konnte das inzwischen aufsteigende Rom sie nach und nach unter seine Herrschaft bringen, bis die Etrusker schließlich in der Republik Rom aufgingen.

## Das Römische Reich

Wann Rom genau gegründet wurde, weiß man nicht. Aber der Legende nach soll 753 vor Christus Romulus den Grundstein gelegt haben. Rom entwickelte sich zu einer mächtigen Stadt. Es wurde bis 510 vor Christus von Königen regiert und wurde dann eine Republik. Die römische Staatsführung lag bei den Patriziern, die den altrömischen Adel bildeten. Sie bildeten den Senat Roms und die Konsuln. Die Konsuln wurden jährlich von der Volksversammlung gewählt. Die Patrizier bekleideten hohe Ämter. Die Masse des Volkes bildeten aber die Plebejer, die rechtlich gleichgestellt waren, aber zunächst kein politisches Mitspracherecht hatten. Völlig rechtlos waren die Sklaven. Nach dem Sieg über König Pyrrhus von Epirus beherrschten die Römer ganz Italien und nach den Punischen Kriegen gegen Hannibal aus Karthago (Nordafrika) den westlichen Mittelmeerraum. Das Römische Reich bestand aus vielen Provinzen, die von römischen Beamten verwaltet wurden. Die besiegten Völker mussten Steuern zahlen und Truppen stellen, aber sie durften ihre Religionen frei ausüben.

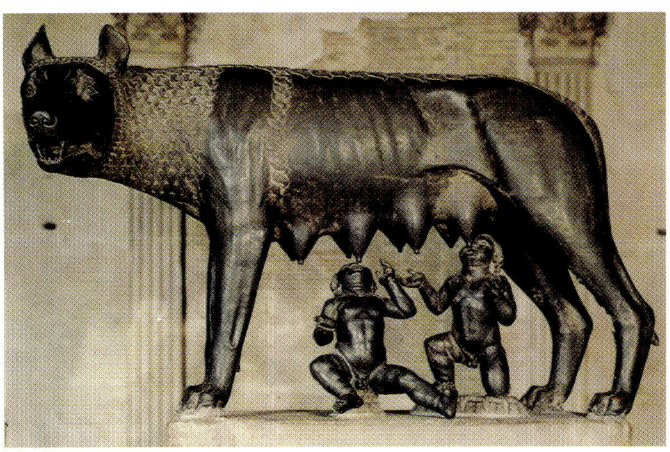

*Die Wölfin mit Romulus und Remus*

Der Senat bestimmte die Richtlinien der Politik, wobei es immer wieder zu Machtkämpfen kam. Daran beteiligte sich auch der Politiker und Feldherr Gaius Julius Cäsar (100-44 vor Christus). Nachdem er seinen Gegner Pompeius geschlagen hatte, erhob er sich zum Alleinherrscher Roms. Er eroberte Gallien (heute Frankreich), Teile Spaniens und das linksrheinische Germanien. Als seine Macht immer mehr wuchs, kam es zu einer Verschwörung gegen ihn und Cäsar wurde ermordet.

### Kinder der Wölfin

**Der Sage nach wurden Romulus und sein Zwillingsbruder Remus als Babys von ihrem Onkel in einem Körbchen auf dem Fluss Tiber ausgesetzt. Sie trieben aber ans Ufer. Hier fand sie eine Wölfin und säugte sie. Die Brüder wurden von Hirten aufgezogen und gründeten später Rom. Romulus wurde erster König der Stadt, nachdem er seinen Bruder im Streit erschlagen hatte. Er soll von 753 bis 716 vor Christus regiert haben. Wieviel von dieser Geschichte wahr ist, lässt sich kaum feststellen.**

Der Nachfolger Cäsars, sein Adoptivsohn Octavian (63 vor Christus – 14 nach Christus), der später den Ehrennamen Augustus erhielt, war der größte Eroberer der römischen Geschichte. Augustus wurde 27 vor Christus schließlich sogar erster römischer Kaiser. Unter seiner Herrschaft erstreckte sich das Römische Reich bis nach Spanien im Süden und umfasste auch die Alpenländer, den nördlichen Balkan und Teile Kleinasiens sowie Ägypten. Trotzdem brachte seine lange Herrschaft eine lange Zeit des Friedens. Seine Nachfolger waren oft schwache Herrscher, es kam zu politischen Unruhen. Im 3. Jahrhundert nach Christus drohte das Reich unter den Angriffen fremder Völker, vor allem der Germanen, und unter Bürgerkriegen zu zerbrechen. Kaiser Diokletian (um 284-305) gelang es durch Reformen und die Einrichtung eines Kollegiums von vier Kaisern das Reich zu erneuern.

# Das Mittelalter

Gewöhnlich verbindet man mit der Völkerwanderung und den Eroberungen durch die Araber das Ende der Antike und den Beginn des Mittelalters. Es beginnt mit der Völkerwanderung (etwa 375-568), genauer mit dem Untergang des Weströmischen Reiches (476), und endet in der Wende vom 15. zum 16. Jahrhundert mit dem Untergang des Byzantinischen Reiches (1453).

## Völkerwanderung und Eroberungen

Den Übergang von der römischen Kaiserzeit zum Frühmittelalter nennt man auch Spätantike. Unter Kaiser Konstantin (um 273-337), dem Nachfolger Diokletians, wurden Christen nicht mehr verfolgt. Nach 313 wurde das Christentum sogar Staatsreligion. Konstantin machte die Stadt Byzanz (heute Istanbul) im Osten des Reiches zu seinem Herrschersitz und nannte sie Konstantinopel. Nach 395 wurde das Reich in eine Ost- und eine Westhälfte geteilt. Zwischen 400 und 800 gab es in Europa tiefgreifende Veränderungen. Das Weströmische Reich zerfiel unter dem Ansturm der Völkerwanderung (Germanen, Hunnen), während das Byzantinische Reich, mit Konstantinopel als Hauptstadt, sich ausdehnte.

Im sechsten Jahrhundert entstand in Arabien eine neue Religion, die sich bald ausbreitete – der Islam. Das Heer der Araber eroberte viele Gebiete wie Ägypten und ganz Nordafrika und besetzte auch den Süden Europas. Am Ende des achten Jahrhunderts beherrschten die Muslime ein riesiges Reich. Im zehnten Jahrhundert gewannen die Seldschuken, ein Turkvolk östlich des Kaspischen Meeres, an Macht und eroberten die Gebiete bis nach Anatolien, besiegten 1071 die Byzantiner und legten den Grundstein für die Herrschaft der Türken in Anatolien.

*Historische Landkarte von Europa um 400 nach der Teilung in Weströmisches und Oströmisches Reich*

## Das Reich der Franken

Im Mittelalter entwickelte sich die Kirche zu einer einflussreichen Macht. Nach dem Zerfall des Weströmischen Reiches entstanden in Europa zahlreiche kleinere Königreiche wie das Reich der Franken in Gallien. Muslimische Heere, die Spanien erobert hatten und an der Grenze zum Frankenreich standen, wurden von Karl Martell 732 besiegt. 768 wurde Karl der Große (747-814) König der Franken, die ihren Einflussbereich stark ausgedehnt hatten. Das Frankenreich umfasste Teile des heutigen Deutschland, Belgien und Frankreich sowie Teile Italiens bis Rom. Die Bedeutung Karl des Großen liegt vor allem darin, dass er antike Traditionen mit christlichem und germanischem Gedankengut vermischte und so den Grundstein für die europäische Kultur legte. Er baute eine Reichsverwaltung auf, erließ Gesetze und richtete Schulen ein. Karl holte auch bedeutende Gelehrte an seinen Hof nach Aachen. 800 wurde er vom Papst in Rom zum Kaiser über das Heilige Römische Reich gekrönt. Das war die Begründung des abendländischen Kaisertums.

*Wikingerausrüstung mit Schwert, Helm und Schildbuckel*

Nach dem Tod Karl des Großen brach sein Reich auseinander. Mehrere Reichsteilungen führten schließlich zur Entstehung eines west- und ostfränkischen Reiches. Das letztere wurde das Reich der Deutschen. 879 und 880 wurden schließlich die endgültigen Grenzen gezogen, die Deutschland und Frankreich während des gesamten Mittelalters trennten. Im zehnten Jahrhundert entstanden so ein deutsches und ein französisches Königreich.

## Wohin ging die Völkerwanderung?

**Vom dritten bis sechsten Jahrhundert wanderten die germanischen Stämme durch Europa – aus den Gebieten rechts des Rheins und dem nordöstlichen Europa bis nach Frankreich, Italien, Spanien, Afrika und auf den Balkan. Zur gleichen Zeit, als die Wikinger in den Nordwesten Frankreichs einfielen, zogen die Hunnen von Asien nach Europa. Man nimmt an, dass eine Dürrekatastrophe sie zwang, ihre angestammten Weidegebiete zu verlassen. Sie drangen in die Siedlungsgebiete anderer Stämme ein, z. B. in die der Goten und Vandalen. In der Geschichte der Menschheit gab es viele solche Völkerwanderungen.**

# Die Kreuzzüge

Die Seldschuken, die Muslime waren, hatten 1070 Jerusalem erobert. Hier befanden sich die heiligen Stätten der Christen und deshalb rief Papst Urban I. 1095 zu einem Kreuzzug gegen die muslimischen Türken auf. Zwischen 1095 und 1215 fanden insgesamt sieben Kreuzzüge statt. 1099 nahmen die Kreuzritter Jerusalem ein. Sie plünderten die Stadt und richteten unter den jüdischen und muslimischen Bewohnern ein Blutbad an. Doch sie konnten die eroberten Gebiete nicht lange halten. Der zweite Kreuzzug schlug fehl. Während des zweiten Kreuzzugs starb Kaiser Friedrich Barbarossa (1122-1190). Auch die weiteren Kreuzzüge waren nicht von Erfolg gekrönt.

## Was war der Investiturstreit?

**In diesem Streit ging es darum, wer im deutschen Königreich Bischöfe und Äbte bestimmen durfte. Eigentlich war es das Recht des Kaisers, doch der Papst beanspruchte dieses Recht für sich allein. Der Investiturstreit begann 1075 und spitzte sich zwischen Papst Gregor VII. (1021-1085) und König Heinrich IV. (1056-1106) zu. Der Streit endete 1122 mit dem Wormser Konkordat zugunsten des Papsttums.**

*Die Eroberung Jerusalems im Jahre 1099*

# Die Neuzeit

**Die Geschichtswissenschaftler bezeichnen das Zeitalter ab etwa 1500 als die Neuzeit. Als besondere Ereignisse gelten die Entdeckung Amerikas (1492) sowie die Renaissance, der Humanismus, die Erfindung des Buchdrucks und die Reformation. Von religiös-geistiger Sicht kann man erst die Aufklärung (zweite Hälfte des 18. Jahrhunderts) als Beginn der Neuzeit bezeichnen.**

## Aufbruch in eine neue Welt

Zwischen 1400 und 1500 versuchten mächtige Königreiche sich zu Weltreichen auszudehnen. Frankreich, Spanien, Portugal und England strebten nach mehr Macht und Reichtum. Sie richteten ihren Blick auf ferne Länder, die neue Rohstoffquellen und Vorteile für den Handel boten. Seefahrer suchten nach kürzeren Wegen zu den asiatischen Ländern wie Indien, mit denen Europa Handel betrieb.

In diesem Zeitraum fand der Hundertjährige Krieg (1337-1453), die Auseinandersetzung zwischen England und Frankreich um Landbesitz, statt. Die Engländer, die bereits fast ganz Frankreich unter Kontrolle hatten, verloren am Ende ihren gesamten Besitz auf dem Kontinent.

Das Jahr 1453 bedeutete auch den Niedergang des Byzantinischen Reiches, das seit langem geschwächt war. Es umfasste nur noch die Stadt Konstantinopel und kleinere Gebiete im Westen. Die Eroberung der Stadt durch das osmanische Reich unter Sultan Mehmed II. besiegelte endgültig den Untergang von Byzanz.

*Die Druckerpresse von Johannes Gutenberg*

## Die Renaissance

In Norditalien, besonders in den reichen Städten, entdeckte man die Kunst, Philosophie, Architektur und Literatur des antiken Griechenlands und Roms wieder. Diese Epoche am Übergang vom Mittelalter zur Neuzeit (1350-1600) bezeichnet man als Renaissance (französisch: „Wiedergeburt"). Sie breitete sich von Florenz aus über Italien in ganz Europa aus. Am deutlichsten äußerte sich die Renaissance in Baukunst, Malerei und Plastik. Neben den Lehren der Kirche gewannen erstmals die Naturwissenschaften an Bedeutung. In dieser Epoche wurden bedeutende Erfindungen und Entdeckungen gemacht. Johannes Gutenberg erfand den Buchdruck und der Astronom Kopernikus erklärte, dass nicht die Erde, sondern die Sonne im Mittelpunkt der Welt steht. Die Verbesserung des Kompasses und die Erfindung neuer nautischer Geräte machten eine Seefahrt möglich, die nicht entlang der Küsten folgen musste. Das Zeitalter der großen Entdecker brach an.

Der erste Kaiser in der Neuzeit war Karl V. (1500-1558), dessen riesiges Reich Deutschland, Belgien, Holland, Spanien und das neu entdeckte Amerika umfasste. Er musste sich vor allem mit religiösen Problemen befassen und sich mit dem Mönch Martin Luther (1483-1546) auseinandersetzen. Karl V. führte gegen Frankreich und England und 1529 vor Wien gegen die Osmanen Krieg. Später teilte er sein Reich unter seinen Erben auf. Seinen Bruder Ferdinand (1503-1564) setzte er als Herrscher von Deutschland und Österreich ein, sein Sohn Philipp (1527-1598) bekam Spanien und die Niederlande. Dieser schlug die Osmanen, wurde aber von England unter Elisabeth I. (1533-1603) besiegt.

## Was ist der „Prager Fenstersturz"?

**Protestanten und Vertreter von Kaiser Ferdinand II., einem entschiedenen Gegner der Reformation, hatten sich 1618 zu Verhandlungen in Prag getroffen. Es kam zu Streitigkeiten und zum Aufstand der Protestanten, die kurz entschlossen zwei kaiserliche Vertreter buchstäblich aus dem Fenster warfen.**

# Die Reformation

Die religiöse Erneuerungsbewegung der katholischen Kirche wird als Reformation bezeichnet. Die Kritik an den Missständen der Kirche richtete sich vor allem gegen das weltliche Machtstreben der Kirche, gegen ihre Prunksucht und den Verkauf von Ablassbriefen, mit denen man sich angeblich von seinen Sünden freikaufen konnte. Die Schriften Martin Luthers bewegten die Massen und setzten schließlich die Spaltung der Kirche durch.

# Der Dreißigjährige Krieg

Der Dreißigjährige Krieg war ein religiöser und politischer Krieg zwischen mehreren europäischen Staaten und wurde von 1618 bis 1648 auf deutschem Boden ausgetragen. Nach der Reformation versuchten die in Europa vorherrschenden katholischen Habsburger die protestantischen Gebiete ihres Reiches wieder zu katholisieren. 1618 kam es in Böhmen zum Aufstand der Protestanten („Prager Fenstersturz"), der den Dreißigjährigen Krieg auslöste. Dieser Krieg erfasste fast ganz Europa. Im Böhmisch-Pfälzischen Krieg (1618-1623) waren die Habsburger zunächst siegreich gegen Böhmen; auch im Niedersächsisch-Dänischen Krieg (1625-1629) und im Schwedischen Krieg (1630-1623) besiegte der deutsche Feldherr Wallenstein (1583-1634) die protestantischen deutschen Truppen und ihre Verbündeten. Das katholische Frankreich verbündete sich mit den Protestanten gegen die Habsburger und nach mehreren französischen Siegen endete der Krieg 1648 mit dem Westfälischen Frieden. Die katholischen Länder blieben katholisch und die protestantischen Länder erhielten ihre Unabhängigkeit garantiert. Teile Deutschlands waren nach dem Dreißigjährigen Krieg vollkommen verwüstet. England hatte sich an dem Dreißigjährigen Krieg nicht beteiligt, erlebte aber eine heftige Auseinandersetzung zwischen Volk und König. Seit der Magna Charta von 1215 musste der König seine Entscheidungen mit dem Oberhaus im Parlament abstimmen. Doch König Karl I. setzte sich darüber hinweg, worüber das englische Volk verärgert war. Unter der Führung des Puritaners Oliver Cromwell (1599-1658) wurde der König gefangen genommen und 1649 hingerichtet. Cromwell regierte weiter und machte England wieder zu einer Weltmacht.

*Die handgeschriebene Magna Charta mit dem Siegel des Königs*

## Was war die Magna Charta?

**Die Magna Charta (lateinisch „der große Freibrief") war das wichtigste Grundgesetz Englands mit 62 Artikeln. Sie schützte die Freiheit der katholischen Kirche und die Rechte der Barone.**

## Wer waren die Puritaner?

**Die Puritaner hatten eine sehr strenge Lebensweise und vertraten eine streng protestantische Glaubensrichtung. Ab 1620 wanderten viele nach Amerika aus. Dort wurden sie als die Pilgrimfathers („Pilgerväter") bezeichnet.**

# Der Absolutismus

*Versailles gilt auch heute noch als eines der schönsten Schlösser*

Als „Absolutismus" bezeichnet man die Staatsform, in der ein Monarch die unumschränkte (absolute) Macht besitzt, aber an religiöse und staatliche Gesetze gebunden ist. Das 17. und 18. Jahrhundert waren die Blütezeit des Absolutismus. Den Inbegriff des absolutistischen Herrschers stellt der französische König Ludwig XIV. (1638-1715) – der Sonnenkönig – dar. Er herrschte als Stellvertreter Gottes und war weder dem Volke noch der Kirche Rechenschaft schuldig. Die Königshöfe Europas ahmten den französischen Hof nach; man sprach Französisch, kleidete sich nach der französischen Mode und baute Schlösser im Stile von Schloss Versailles. Das Volk hingegen lebte in Armut und musste schwer arbeiten, damit Adel und König für all diese Verschwendungen genügend Geld hatten.

# Das Zeitalter der Aufklärung

Die Aufklärung war eine geistige Bewegung zwischen dem Ende des 17. und dem 18. Jahrhundert, die alle Lebensbereiche beeinflusste. Adelige und Herrscher lebten noch in Saus und Braus, während das Volk an furchtbarer Armut und Abhängigkeit litt. Die Glaubenskriege brachten einen Wandel mit sich. Viele Philosophen, Schriftsteller und Politiker traten für Meinungsfreiheit, Toleranz und vor allem Vernunft ein. Es sollte im Gesetz verankert werden, dass alle Menschen gleich sind. Es gab sogar Machthaber, die den Wandel förderten. Zu ihnen gehörte Friedrich der Große (1712-1786), der König von Preußen. Er war ein sehr gebildeter Mann und verfasste selbst Schriften über die Aufklärung. Er schaffte die Folter ab und sorgte dafür, dass alle Menschen, egal ob arm oder reich – vor dem Gesetz und vor Gericht gleich waren.

Die Aufklärung war besonders in Frankreich verbreitet, wo die Philosophen Jean Jacques Rousseau und Voltaire sich gegen die absolute Monarchie und die Sonderrechte der Adeligen einsetzten.

In Amerika hatten die neuen Ideen einen guten Nährboden gefunden. So wollten die Amerikaner nicht mehr unter britischer Herrschaft leben und trieben die Briten aus dem Land. Sie erklärten sich 1776 für unabhängig.

## Der „Sonnenkönig"

**Ludwig XIV. war ein sehr eitler Mensch und setzte sich gerne in Szene. Einmal spielte er in einem Ballettstück den Sonnengott Apollo. Diesem Auftritt verdankt er den Namen „Sonnenkönig".**

# Die Französische Revolution

Der Lebensstil am Hofe des französischen Königs Ludwig XVI. (1754-1793) und seiner Gattin Marie Antoinette (1755-1793) wurde dagegen immer aufwändiger und verschwenderischer. Das Volk war mit der gesamten Staatsordnung unzufrieden und die Staatskasse war leer. Kritik am König war verboten. Die Adeligen pressten den armen Bauern immer höhere Abgaben ab. Das Bürgertum war von den Schriften der Aufklärung beeinflusst und setzte sich für Reformen ein. Als Reaktion auf die Unruhen rief der König 1789 die Generalstände (das Parlament) ein und forderte mehr Geld zu beschaffen. Die Mitglieder des Dritten Standes, die Bürger, wollten sich das nicht gefallen lassen. Am 14. Juli 1789 erreichten die Unruhen ihren Höhepunkt, als eine aufgebrachte Menge die Bastille, das

Gefängnis in Paris, stürmte. Dieses Ereignis markiert den Beginn der Französischen Revolution. Der König und seine Minister waren gezwungen, auf die Forderungen des Volkes einzugehen. Eine Erklärung zu den Menschenrechten wurde verfasst und eine neue demokratische Verfassung erlassen. 1792 wurde die Monarchie abgeschafft und die Republik ausgerufen. Ludwig XVI. und Marie Antoinette wurden zum Tode durch die Guillotine verurteilt und 1793 hingerichtet.

Die Französische Revolution hatte große politische sowie kulturelle Folgen und griff auch auf das restliche Europa über. In Belgien und der Schweiz entstanden als Erstes Republiken, die auf den Grundsätzen der Menschenrechte formuliert waren.

*Sturm auf die Bastille*

## Napoleon und Europa

Erster Konsul nach der Französischen Revolution wurde General Napoleon Bonaparte (1769-1821). Napoleon ordnete das Reich neu und schuf die „Code civile". Er wurde Konsul auf Lebenszeit und krönte sich 1804 sogar zum König.

Napoleons Ziel war das Französische Reich zu vergrößern. England, Deutschland, Österreich und Russland erklärten ihm daraufhin 1805 den Krieg. Während die englische Flotte die Franzosen in der Schlacht bei Trafalgar schlug (1805), unterlagen Österreich und Russland Napoleon in der Schlacht von Austerlitz (1805). Napoleon herrschte nun über fast ganz Europa. Die unterlegenen europäischen Herzogtümer und Königreiche verschenkte er an seine Familienmitglieder.

1806 schloss er mit 16 süddeutschen Staaten den Rheinbund. Dann besiegte er Preußen und verbot in der so genannten Kontinentalsperre allen europäischen Ländern den Handel mit England. Dies traf besonders Russland. Als es die Blockade brach, marschierte Napoleon 1812 mit seiner „Großen Armee" von über 600.000 Mann gegen Russland. Moskau wurde von den Franzosen zwar eingenommen, doch die Russen setzten die Stadt in Brand und flohen. Dazu kam, dass der strenge russische Winter überraschend früh einsetzte. Die französischen Truppen mussten sich unter unvorstellbaren Verlusten zurückziehen. Nur 20 Prozent der Soldaten sollen in die Heimat zurückgekehrt sein.

In der Großen Völkerschlacht bei Leipzig (1813) wurde Napoleon schließlich von den preußischen, österreichischen und russischen Truppen geschlagen. 1814 dankte er ab und wurde auf die Insel Elba im Mittelmeer verbannt. Neuer König von Frankreich wurde Ludwig XVIII. Aber Napoleon kehrte 1815 nach Frankreich zurück und verjagte den König. Doch bei Waterloo in Belgien wurde er von den europäischen Verbündeten unter dem englischen Herzog Wellington und dem preußischen General

### Was ist der Code civil?

**Im Code civil, auch Code Napoléon genannt, ließ Napoleon alle bürgerlichen Rechte zusammenfassen. Den Bürgern wurde z. B. die Gewissens- und Arbeitsfreiheit zugesichert. Außerdem wurde die zivile Eheschließung begründet – die Ehe galt von da an als weltlicher Vertrag. Der Code civil wurde von vielen europäischen Staaten übernommen. Ein Großteil der Justiz heute beruht in vielen Ländern der Erde auf dem Code civil.**

Blücher endgültig besiegt. Wieder wurde er verbannt, diesmal auf die Insel St. Helena im Südatlantik, wo er 1821 starb.

## Industrielle Revolution

Eine weitere Revolution bewirkte ab Mitte des 18. und zu Beginn des 20. Jahrhunderts nachhaltige Veränderungen in Europa: die industrielle Revolution. Sie begann in der Textilindustrie Großbritanniens mit der Erfindung der Dampfmaschine (1769) und des mechanischen Webstuhls (1785), wodurch die Produktion enorm gesteigert wurde. Bahnbrechend war die Lokomotive (1803) auf Schienen: Mit der Eisenbahn konnten die Güter schneller und in größeren Mengen transportiert werden. Großbritannien wurde zu einer Industriegroßmacht. In dieser Zeit nahm die Bevölkerungszahl stark zu, besonders auf dem Land. Mit der Bevölkerungszahl stiegen die Nachfrage an Lebensmitteln und damit auch die Preise für landwirtschaftliche Produkte. Man gewann neue Erkenntnisse in der Düngung, erfand neue Landmaschinen und konnte so die Erträge steigern. Die Industrialisierung fand auch in Deutschland statt. Die erste Eisenbahn zwischen Nürnberg und Fürth nahm ihren Betrieb auf, das Schienennetz wuchs. Dadurch blühten vor allem die Eisenerzeugung und Maschinenbauindustrie.

Die Industrialisierung hatte aber auch große Nachteile. Auf der Suche nach Arbeit zogen die Menschen in die Städte, wo Elends- und Arbeiterviertel entstanden. An den Arbeitsplätzen herrschten zum Teil menschenunwürdige Verhältnisse. Bis 1850 gab es in den Fabriken kaum Schutzvorrichtungen und Kinderarbeit war selbstverständlich. Viele kritisierten die sozialen Verhältnisse, darunter auch der Kaufmann Friedrich Engels (1820-1895) und der Philosoph und Nationalökonom Karl Marx (1818-1883). Nach und nach entstanden Gesetze, die Frauen- und Kinderarbeit einschränkten. Immer mehr Vereinigungen, Parteien und Gewerkschaften wurden gegründet, um die Arbeitsbedingungen zu verbessern.

*Mechanischer Webstuhl in einer englischen Fabrik*

### Hast du schon gewusst,

**dass in den Anfangsjahren der industriellen Revolution auch Kinder arbeiten mussten? Sie arbeiteten in den Bergwerken und Fabriken bis zu 16 Stunden täglich und sechs Tage die Woche. Sie verrichteten zum Teil körperliche Schwerstarbeit, z. B. mussten sie die schweren kleinen Wagen mit Kohle durch die niedrigen Stollen der Bergwerke ziehen. Im Laufe der Zeit gab es Gesetze, die Kinderarbeit einschränkten und später ganz verboten.**

## Nationalismus in Europa

Nach Napoleons Verbannung hatten die Herrscher in Europa versucht, die alte Ordnung wiederherzustellen. Deshalb wurde der Ruf nach politischen und sozialen Änderungen immer lauter und überall in Europa bildeten sich radikale Strömungen. Die Völker entwickelten ein Nationalbewusstsein und verlangten nach Unabhängigkeit und Selbstbestimmung. Die allmähliche Auflösung des einst mächtigen Osmanischen Reiches führte zur Unabhängigkeit einiger Balkanstaaten. So war der Balkan bis 1918 ein Krisenherd. 1853 bis 1856 fand der Krimkrieg zwischen Russland, Großbritannien, Frankreich und dem Osmanischen Reich statt. Da Russland seine Vormachtstellung in Europa ausbauen und die Meerengen Bosporus und Dardanellen (damals Osmanisches Reich) erobern wollte, hatten die Westmächte dem Zaren den Krieg erklärt. Der Krieg endete mit dem Pariser Frieden (1856) und das bedeutete das endgültige Ende der alten Ordnung in Europa. Es kam zu grundlegenden Veränderungen, wobei das Nationalbewusstsein ausschlaggebend war. Besonders Frankreich unter Napoleon III. förderte die nationale Idee, strebte aber eine Vormachtstellung in Europa an. Auch Italien wollte einen Nationalstaat und der spätere deutsche Reichskanzler Otto von Bismarck (1815-1898) strebte einen deutschen Nationalstaat an. 1871 kam es zur Gründung des Deutschen Reiches, wobei die Einzelstaaten bestehen blieben und einen Bundesstaat bildeten. Bismarck verfolgte das politische Ziel, die Stellung des Deutschen Reiches durch zahlreiche Bündnisse zu festigen. Diese sollten einen Krieg – vor allem gegen Deutschland – verhindern. Das „Dreikaiserbündnis" mit Österreich-Ungarn und Russland sicherte Russlands Neutralität bei einem deutsch-französischen und die der anderen Partner bei einem russisch-englischen Krieg.

## Die Oktoberrevolution

**Das russische Volk litt schwer unter den Kriegsfolgen und erhob sich gegen den Zaren Nikolaus II. Es kam zum Aufstand der Bauern gegen die Großgrundbesitzer und beim Militär zu Meutereien, denn bis 1917 waren über fünf Millionen russische Soldaten im Ersten Weltkrieg gefallen. Im März 1917 musste der Zar abdanken. Der Krieg wurde unter einer Übergangsregierung fortgesetzt. Diese wurde jedoch am 15. Oktober 1917 (Oktoberrevolution) von den Arbeitern, den „Bolschewiken", unter der Führung von Wladimir Iljitsch Ulanow, genannt Lenin, (1870-1924) entmachtet.**

## Der Erste Weltkrieg

Die Ursachen für den Ausbruch des Ersten Weltkriegs im Jahr 1914 lagen in den wachsenden Spannungen zwischen den Großmächten, aber auch in der schwierigen Lage auf dem Balkan. Die Staaten, die gerade vom Osmanischen Reich unabhängig geworden waren, gerieten in bewaffnete Konflikte. Durch die Vermittlung Österreich-Ungarns kam es zum Frieden auf dem Balkan. Doch dann wurden der österreichische Thronfolger Franz Ferdinand (1863-1914) und seine Gemahlin in Sarajewo von einem serbischen Nationalisten ermordet. Da Serbien eine gerichtliche Untersuchung des Ereignisses nicht zuließ, erklärte Österreich-Ungarn dem Land am 28. Juli 1914 den Krieg, der sich durch die Bündnisse mit anderen Ländern auf ganz Europa ausweitete. Die so genannten Mittelmächte Österreich-Ungarn und das Deutsche Reich, denen sich Bulgarien und die Türkei anschlossen, kämpften gegen Serbien, Frankreich, England und Russland, später auch Italien. In Europa wütete ein totaler Krieg, der verheerender war als alle bisherigen Kriege. Am 6. April 1917 traten die USA gegen die Mittelmächte in den Krieg ein. Die Mittelmächte und ihre Verbündeten unterlagen und das Deutsche Reich sowie Österreich-Ungarn erklärten sich am 11. November 1918 zum Waffenstillstand bereit.

*Zar Nikolaus II. mit seiner Familie*

## Weimarer Republik und Nationalsozialismus in Deutschland

Mit dem Ersten Weltkrieg ging auch das Deutsche Kaiserreich zu Ende. Unter dem Druck der Parteien dankte der deutsche Kaiser ab und Friedrich Ebert (1871-1925) wurde Reichskanzler. Am selben Tag, dem 9. November 1918 rief Philipp Scheidemann (1865-1939), der Vorsitzende der SPD-Fraktion im Reichstag, in Berlin die deutsche Republik aus. Die Begründer der Republik entschieden sich für Weimar als Sitz der verfassungsgebenden Reichsversammlung – daher der Name „Weimarer Republik".

Die Weimarer Republik war von Beginn an geschwächt, da die Lage des Reiches nach dem verlorenen Krieg sehr schwierig war. Wegen der großen wirtschaftlichen Probleme war die Bevölkerung unzufrieden. Das Geld wurde immer weniger wert und die Menschen verloren zunehmend ihre Ersparnisse. Nach einem kurzen wirtschaftlichen Aufschwung kam es in Deutschland durch den großen Börsenkrach 1929 zur Wirtschaftskrise mit hoher Massenarbeitslosigkeit. Deutschland musste durch die Niederlage im Ersten Weltkrieg nach den Bestimmungen des Versailler Vertrags (28. Juni 1919) viele Gebiete abtreten, sich weitgehend entwaffnen und seine Streitkräfte verringern. Viele Deutsche empfanden dies als Demütigung und sahen die Schuld dafür bei den Politikern der Weimarer Republik. 1923 kam es in Bayern unter der Führung von Adolf Hitler (1889-1945) zu einem Putsch rechtsradikaler Kräfte gegen die Reichsregierung. Hitler war der Führer der „Nationalsozialistischen Deutschen Arbeiterpartei" (NSDAP). Durch seine Angriffe auf die Weimarer Republik, die Kommunisten und die Juden gewann er große Teile der Bevölkerung für sich. Hitler wurde 1933 zum Reichskanzler ernannt. Das hatte Folgen, die nur wenige vorausgesehen hatten. Die NSDAP war vielfach nicht ernst genommen worden, viele dachten auch, dass Hitler bald von der politischen Bildfläche verschwinden würde. Doch er hatte sich zwei Hauptziele gesetzt, die er rücksichtslos verfolgte: die Vernichtung der Juden und die Eroberung von „Lebensraum" im Osten Europas. Er setzte das „Ermächtigungsgesetz" durch, das ihm erlaubte, auch ohne die Zustimmung des Reichstags zu regieren. Gewerkschaften und Parteien wurden verboten, Rundfunk und Presse „gleichgeschaltet". Dem System gegenüber kritische Künstler und Wissenschaftler wurden ausgebürgert oder bekamen Berufsverbot. Politische Feinde wurden in Konzentrationslager (KZ) verschleppt. Das Regime Hitlers erfasste die Bürger in allen Lebensbereichen – von der Jugenderziehung bis hin zur Überwachung der Menschen im Alltag durch so genannte Blockwarte in den Wohnvierteln.

## Was war die SS?

**Die SS (Schutzstaffel) war zunächst eine Art parteiinterne Polizei, wurde aber zu einer mächtigen NS-Organisation. Ihr unterstellt waren die Gestapo (Geheime Staatspolizei), der Sicherheitsdienst und alle Konzentrationslager.**

Nach dem Tod von Reichspräsident Hindenburg (1847-1934) übernahm Hitler auch dessen politisches Amt. Er schuf Arbeitsplätze durch den Bau von Wohnungen, Autobahnen und Befestigungsanlagen an der französischen Grenze. Damit konnte er die Bevölkerung für sich einnehmen und wurde bewundert. Dann wurde die allgemeine Wehrpflicht eingeführt und Hitler ließ militärisch aufrüsten.

Im Mittelpunkt der nationalsozialistischen Politik stand die Rassenlehre, die sich vor allem gegen die Juden richtete. Durch zahlreiche Gesetze wurden sie in ihren öffentlichen und privaten Rechten immer mehr eingeschränkt. In den Nürnberger Gesetzen von 1935 wurde den Deutschen jüdischen Glaubens die deutsche Staatsangehörigkeit und damit ihre Bürgerrechte aberkannt. Außerdem mussten die Juden ab 1941 einen gelben Judenstern tragen. Einen ersten Höhepunkt erreichte die Verfolgung mit dem Novemberpogrom („Reichskristallnacht"): In der Nacht vom 9. auf den 10. November 1938 verwüsteten die Nazis Häuser und Geschäfte der Juden und setzten ihre Synagogen in Brand.

# Widerstand gegen Hitler

Die Kommunisten und Sozialisten hatten vor 1933 versucht, die Machenschaften der NSDAP aufzudecken, doch ihre Gruppen wurden nach Hitlers Machtübernahme von der SS und SA (Sturmabteilung) schnell zerschlagen. Auch Teile der Kirchen wehrten sich gegen den NS-Staat. Sicherlich hast du in diesem Zusammenhang auch

## Was bedeutete die „Endlösung"?

**Hitler hatte von Anfang an den Plan, die europäischen Juden zwangsweise in so genannten Konzentrationslagern einzusperren. Im Jahre 1942 wurde die „Endlösung" beschlossen, nämlich die totale Vernichtung der Juden. Bis zum Ende des Kriegs wurden etwa sechs Millionen Juden sowie Sinti und Roma, Homosexuelle und andere Menschen, die nicht in die NS-Ideologie passten, ermordet – der bisher größte Völkermord in der Geschichte der Menschheit.**

schon von der Widerstandsgruppe „Weiße Rose" gehört. Die beiden Geschwister und führenden Mitglieder Hans und Sophie Scholl wurden vor Gericht gestellt und zum Tode verurteilt. Widerstand in einem totalitären Staat ist sehr schwierig, da jeder einzelne Bürger streng überwacht wird. Zudem hatte sich der Großteil der Bevölkerung in dieses System gefügt. Aber viele Deutsche setzten ihr Leben aufs Spiel und versteckten jüdische Mitbürger in ihren Häusern. Nicht alle NS-Gegner unter den Künstlern, Wissenschaftlern und Schriftstellern verließen Deutschland. Manche blieben im Land, um gegen das Regime zu kämpfen. Ein Umsturzversuch von NS-Gegnern am 20. Juli 1944 scheiterte und viele Mitglieder dieser Gruppe wurden zum Tode verurteilt.

*Die Verhaftung von Hans und Sophie Scholl (Ausschnitt aus einem Spielfilm)*

## Der Zweite Weltkrieg

Die Gründe für den Ausbruch des Zweiten Weltkriegs lagen in Hitlers Expansionsbestrebungen. Bei seinem Regierungsantritt hatte er noch einen europäischen Frieden befürwortet, so dass viele Staatsmänner nicht rechtzeitig erkannten, welches Ziel er eigentlich verfolgte. Deshalb konnte Hitler 1936 ohne großen Widerstand das Rheinland besetzen. Außerdem schloss er ein Bündnis mit Italien und Japan. 1938 wurde Österreich und das Sudetenland an das Deutsche Reich angeschlossen. Beide Male griffen Großbritannien und Frankreich nicht ein. Im August 1939 schloss Hitler mit Russland einen Nichtangriffspakt, worin beide Partner Polen, die baltischen Staaten und weitere Ostgebiete untereinander aufteilten. Schließlich marschierte Hitler am 1. September 1939 in Polen ein. Am 3. September erklärten Großbritannien und Frankreich Deutschland den Krieg – sie waren nicht mehr bereit, die aggressive Politik Deutschlands zu dulden.

## Blitzkrieg – Blitzsieg

Es folgten weitere große militärische Erfolge der deutschen Wehrmacht. Der Angriff der Deutschen bestand aus gezielten Vorstößen mit Panzerverbänden tief in das Gebiet des Gegners hinein, gefolgt von flächendeckenden Angriffswellen der Infanterie aus dem Hinterland, um die feindlichen Truppen einzukesseln. Alle Operationen wurden durch die Luftwaffe unterstützt. Diese Art von Kriegsführung nennt man „Blitzkrieg". So konnte die polnische Armee in 18 Tagen besiegt werden. Im Mai 1940 griff Deutschland Belgien, die Niederlande, Dänemark, Norwegen und Frankreich an. Bis Mitte Juni 1940 waren alle Länder besetzt. Nach deren Kapitulation war Großbritannien Deutschlands einziger Gegner an der Westfront. Hitler plante eine Invasion Großbritanniens und ließ von Juli bis September 1940 schwere Luftangriffe auf die Insel fliegen, um die Briten zu zermürben. Die britische Luftwaffe setzte sich jedoch erfolgreich zur Wehr. Außerdem ermöglichte die Erfindung des Radarsystems, die Position der deutschen Flugzeuge genau zu bestimmen. Der deutsche Luftkampf wurde daraufhin 1941 eingestellt.

## Atombomben über Japan

**Die USA warfen je eine Atombombe auf die Städte Hiroshima und Nagasaki. Der ersten Atombombe, die über Hiroshima fiel, hatten die Amerikaner den etwas makabren Namen „Little Boy" (englisch „kleiner Junge") gegeben. Etwa 200.000 Menschen kamen dabei ums Leben. Die Städte waren innerhalb von Sekunden zerstört. Die furchtbaren Auswirkungen sind bis heute sichtbar – viele Menschen sterben noch immer an den Spätfolgen und Nachkommen der Strahlenopfer haben häufig körperliche Behinderungen.**

## Krieg in der ganzen Welt

Bis Juni 1941 hatten Deutschland und Italien die Länder Jugoslawien, Albanien und Griechenland erobert und Rumänien, Ungarn und Bulgarien dazu gebracht, sie zu unterstützen. Am 22. Juni 1941 marschierten die deutschen Truppen trotz des Nichtangriffspakts in die Sowjetunion (UdSSR) ein. Hitler wollte mit dem Krieg gegen die UdSSR den Kommunismus und das europäische Judentum ausrotten und ein „Ostimperium" begründen. Die deutschen Truppen wurden jedoch vor Moskau und Leningrad (heute St. Petersburg) vom harten russischen Winter überrascht. Im Winter 1942/43 erlitten die Deutschen bei Stalingrad eine furchtbare Niederlage, Tausende deutscher Soldaten kamen ums Leben. Nach dem Angriff der Japaner auf den amerikanischen Marinestützpunkt Pearl Harbour im Pazifik am 7. Dezember 1941 erklärten die USA Japan den Krieg. Die Verbündeten Japans, Deutschland und Italien, erklärten daraufhin den USA den Krieg – somit wurde zum zweiten Mal ein europäischer Krieg zu einem Weltkrieg.

## Ende des Kriegs

Amerikanische, englische und französische Truppen zwangen die deutschen und italienischen Kräfte 1943 in Nordafrika zur Kapitulation. Kurze Zeit später landeten sie in Italien und Mussolini, der Führer des faschistischen Italiens, wurde gestürzt. Das Ende war absehbar: 1944 eroberte die Sowjetunion die von den Deutschen besetzten Ostgebiete zurück, die Amerikaner und Briten landeten in der Normandie (Nordfrankreich) und in Südfrankreich und die Alliierten griffen deutsche Städte aus der Luft an. Im Frühjahr 1945 stand das Deutsche Reich schließlich vor dem Zusammenbruch. Ende April beging Hitler in Berlin Selbstmord und Anfang Mai unterschrieben deutsche militärische Führer die bedingungslose Kapitulation. Nachdem Japan von zwei Atombomben der USA getroffen wurde, kapitulierte auch dieses Land am 2. September 1945. Damit war der Zweite Weltkrieg zu Ende, der 50 Millionen Menschen das Leben gekostet hat.

## Der Kalte Krieg

Nach dem Zweiten Weltkrieg teilten die Siegermächte Deutschland in Besatzungszonen auf. In den drei Westzonen entstand am 23. Mai 1949 die Bundesrepublik Deutschland (BR Dtl.) und in der Sowjetzone wurde die Deutsche Demokratische Republik (DDR) gegründet.

Am Ende des Zweiten Weltkriegs gab es zwei konkurrierende Weltmächte: die USA und die UdSSR. Solange der Krieg andauerte, versuchten beide Mächte ihre Konflikte durch Vereinbarungen zu beseitigen. Die USA erkannten auf der Jalta-Konferenz 1945 die sowjetischen Ansprüche in Osteuropa an. Daraufhin wurden in der Tschechoslowakei, in Ungarn, Rumänien und Bulgarien sowjetfreundliche Regierungen eingesetzt. Im Juni 1945 gründete man mit der Sowjetunion die Vereinten Nationen (UNO), aber schon bald sicherten die USA allen freien Nationen Beistand gegen die kommunistische Bedrohung zu.

Jetzt musste vor allem die Wirtschaft in Europa wieder in Schwung gebracht werden und zwar mithilfe des so genannten Marshall-Plans. Die Spannungen zwischen den beiden Weltmächten wurden größer – der „Kalte Krieg“ begann.

1949 schlossen zehn europäische Staaten, die USA und Kanada den Nordatlantikpakt (NATO). Als Gegenpol zur NATO entstand der Warschauer Pakt.

Am 17. Juni 1953 wurde ein Aufstand in der DDR von der Sowjetunion blutig niedergeschlagen. Ähnlich erging es den Ungarn 1956, wobei die USA in beiden Fällen nicht eingriffen. Am 13. August 1961 wurde schließlich die Berliner Mauer gebaut, die die Stadt in zwei Bereiche teilte – Ost- und Westberlin.

Die Kuba-Krise 1962 und der Vietnamkrieg (1964-1973) bildeten den Höhepunkt des Kalten Kriegs.

## Entspannung im Kalten Krieg

Nach 1945 hatte zwischen den beiden Supermächten USA und UdSSR ein Rüstungswettlauf begonnen. Das Verhältnis war gespannt. 1968 kam es zu einem Aufstand in der Tschechoslowakei, der gewaltsam beendet wurde („Prager Frühling“). Zwischen der Bundesrepublik Deutschland und der DDR konnte das Verhältnis unter der neuen Ostpolitik des SPD-Bundeskanzlers Willy Brandt (1913-1992) verbessert werden.

In den 1980er-Jahren begann das Misstrauen zwischen den beiden Weltmächten zu schwinden. Eine unerwartete Wende trat ein, als Michail Gorbatschow (geb. 1931) 1985 Generalsekretär der kommunistischen Partei der Sowjetunion (KPdSU) und 1990 sowjetischer Staatspräsident wurde. Sein Ziel waren umfassende wirtschaftliche und gesellschaftliche Reformen. Die politischen Leitideen Gorbatschows lauteten Offenheit in der Politik („Glasnost“) und Umbau der Gesellschaft („Perestroika“). Die Sowjetunion und USA vereinbarten 1986 eine Abrüstung atomarer und anderer Waffen.

### Warum kam es zur Kuba-Krise?

**Die USA entdeckten 1962, dass die Sowjetunion Abschussrampen für Mittelstreckenraketen auf Kuba baute. Daraufhin verhängte US-Präsident John F. Kennedy (1917-1963) eine Seeblockade und bereitete die Invasion vor. Die Sowjetunion lenkte jedoch in letzter Sekunde ein, denn sonst wäre es erneut zum Krieg gekommen.**

## Der Mauerfall

Zum Zeitpunkt, als Gorbatschow an die Macht kam, brach die Wirtschaft der DDR zusammen. Dennoch hielt die DDR-Führung an ihrer starren Linie fest. In einer „Gemeinsamen Erklärung mit der Bundesrepublik“ gestand Gorbatschow jedem Staat das Recht zu, selbst sein eigenes politisches und soziales System zu wählen. Außerdem kam es in der DDR zu Massendemonstrationen und zu einer immer weiter ansteigenden Flüchtlingswelle aus dem Land. Diese Ereignisse führten zu unerwarteten Entwicklungen. Am 2. Mai 1989 öffnete Ungarn die Grenze zu Österreich für Tausende DDR-Flüchtlinge. Die Forderungen Gorbatschows an die DDR-Regierung, Reformen durchzuführen, lösten eine friedliche Revolution aus, die am 9. November 1989 zum Mauerfall führte. Nach einer Übergangsregierung in der DDR erfolgte dann am 3. Oktober 1990 die offizielle Wiedervereinigung beider deutschen Staaten.

Danach gab es in Europa eine politische Wende, die das Ende der sozialistischen Staaten zur Folge hatte. 1991 musste Gorbatschow als Präsident zurücktreten und die Mehrzahl der Sowjetrepubliken erklärte sich unabhängig – die UdSSR hörte am 21. Dezember 1991 auf zu existieren. An ihre Stelle trat die Gemeinschaft unabhängiger Staaten (GUS). Die osteuropäischen Länder wurden nach und nach zu demokratischen Staaten.

# Kunst

# Was ist Kunst?

Dieser Begriff ist wirklich nicht einfach zu erklären. Was man unter Kunst versteht, wird wohl immer umstritten bleiben. Aber eine sehr einfache Definition würde so lauten: Kunst ist schöpferische Gestaltung von dem, was wir geistig-seelisch erleben. Einfacher formuliert können wir auch sagen, dass es sich bei Kunstwerken um Werke von Menschenhand handelt, die keinen bestimmten Zweck haben. Ist Kunst dann etwas völlig Überflüssiges? Naja, ganz so einfach wollen wir es uns nun auch wieder nicht machen.

*Viele Haushaltsgegenstände unterscheiden sich durch ein auffallendes Design*

## Kunst im Alltag

Werkzeuge etwa, Geräte oder Möbelstücke sind normalerweise keine Kunstwerke, obwohl man viel handwerkliches Können haben muss, diese Sachen herzustellen. Gebrauchsgegenstände können jedoch zum Kunstwerk werden, wenn sie besonders reich gestaltet oder verziert sind. Ihre eigentliche Funktion steht dann nicht mehr im Vordergrund – häufig sagen wir, dass diese Dinge einfach nur „schön“ sind. Auch Bilder können einen praktischen Zweck haben, z. B. Urlaubsfotos als Erinnerung oder Passfotos für den Ausweis. Aber wenn sie die Wände eines Zimmers schmücken, werden sie zu Kunst. Wir können auch sagen, dass Kunst das alltägliche Leben verschönert.

Schon die Gebrauchsgegenstände steinzeitlicher Kulturen waren reich geschmückt. Die Menschen trugen damals Ketten und Ringe und sie verwendeten edle Materialien – alles, was wir heute genauso machen. Auch viele Geräte, etwa in der Küche, haben oft ein dekoratives Äußeres – wie wir heute sagen – ein interessantes Design, obwohl dies für die Funktion nicht wirklich wichtig ist. Aber schöne Dinge machen uns einfach mehr Freude. Sieh dich doch einfach mal in deinem Zimmer um. Wahrscheinlich wirst du es mit Sachen eingerichtet haben, die dir gefallen. Vielleicht hast du es auch mit Bildern und Gegenständen geschmückt, die du selbst gebastelt hast.

## Arten der bildenden Kunst

Bildende Kunst ist ein Sammelbegriff, der von „abbilden“ oder „bilden“ abzuleiten ist. Er umfasst sowohl Malerei, Plastik, Grafik wie auch Architektur und Kunsthandwerk. Im Alltag sprechen wir häufig nur noch von Kunst, auch wenn dies nicht ganz korrekt ist. Denn unter Kunst fallen, im Gegensatz zur Bildenden Kunst, beispielsweise auch Musik und Literatur. Und Künstler sind dann auch Komponisten und Schriftsteller.

**Malerei:** Unter Malerei versteht man die Gestaltung einer Fläche durch Farben. Sie gilt als die älteste der Künste. Malerei gibt es seit den ersten steinzeitlichen Höhlenmalereien. Die gängigen Techniken sind Aquarellmalerei (Wasserfarben, die durchscheinend aufgetragen werden), Gouache (deckende Wasserfarben), Temperamalerei (deckende Farben mit Eiweiß, Leim oder Honig als Bindemittel), Ölmalerei (Farben, die durch Vermischen der Farbpigmente mit Öl entstehen), Acrylmalerei (Kunstharz-Dispersionsfarben für Künstler) und Pastellmalerei (Kreide aus gepresstem Farbstaub).

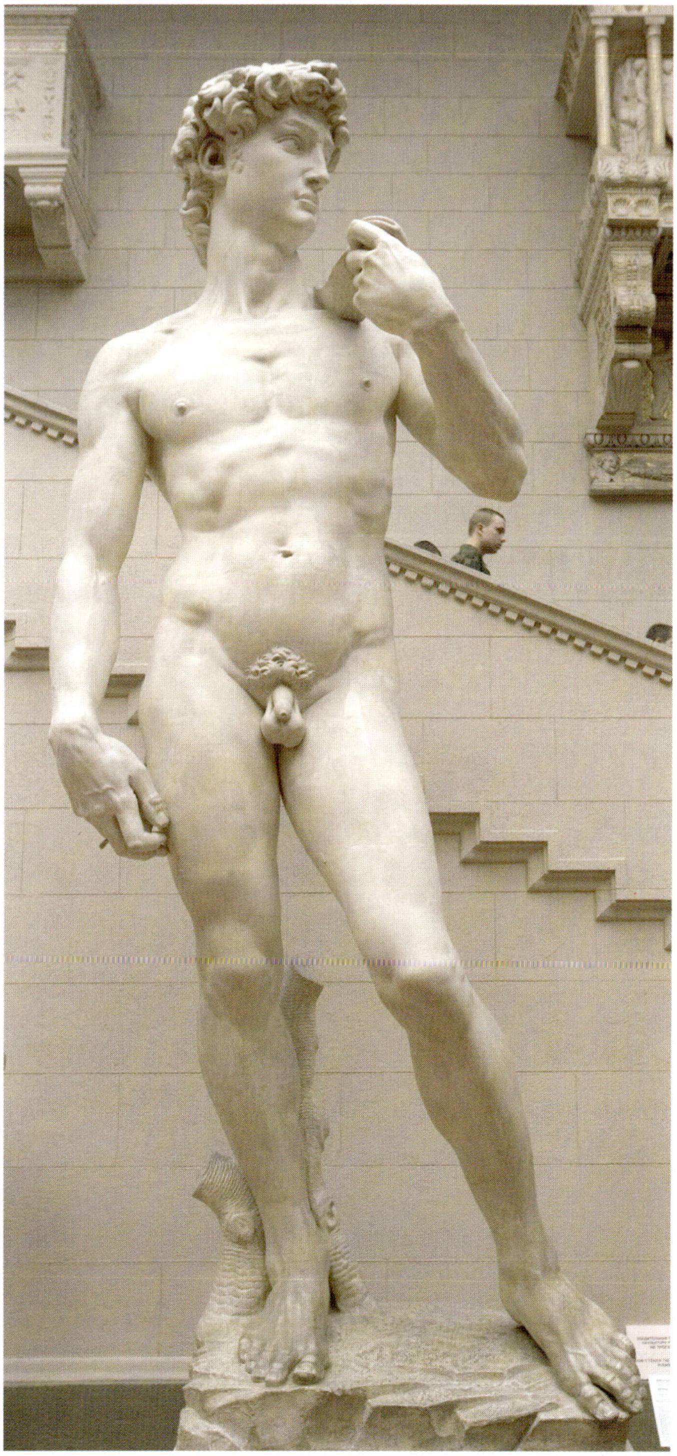

David – *eine Skulptur von Michelangelo*

**Plastik:** Plastik ist der Sammelbegriff für alle Formen dreidimensionalen Gestaltens. Er schließt Skulptur (Bildhauerei), Guss und Relief ein. Eine Plastik wird entweder aus Holz geschnitzt, aus Stein (Marmor, Alabaster, Granit) gehauen, aus einem weichen, später erhärtenden Material (Ton, Wachs, Gips) modelliert oder aus Metall gegossen (geschmiedet, getrieben).

**Grafik:** Der Begriff Grafik wird uneinheitlich verwendet. Grafikdesign beispielsweise ist eine Bezeichnung für Gebrauchsgrafik, wie sie in der Werbung eine Rolle spielt. Hier sind die Anfertigung der Druckstöcke und das Drucken der wesentliche Teil der schöpferischen Arbeit. Zum Hochdruck gehören der Holzschnitt, der Holzstich, der Metallschnitt und der Linolschnitt. Wichtigste Verfahren des Tiefdrucks sind Kupferstich, Radierung, Kreidemanier und Schabkunst. Die wichtigste Technik im Flachdruck ist die Lithografie.

## Seit wann gibt es „Kunst"?

So wie wir die Kunst eben definiert haben, gibt es Kunst fast so lange, wie es Menschen gibt. Natürlich waren die frühesten von Menschen gefertigten Gegenstände, die Faustkeile, nur ganz primitive Werkzeuge, aber bereits die Gräber der Neandertaler beweisen, dass auch die Frühmenschen nicht nur das fertigten, was sie wirklich zum Überleben brauchten, sondern darüber hinaus etwas schaffen wollten, was eine besondere Bedeutung hatte und deutlich über das Alltägliche hinausging.

# Erste Zeugnisse und frühe Hochkulturen

Die ältesten überlieferten Kunstwerke, die bereits Darstellungen von Personen zeigen, stammen aus der jüngeren Altsteinzeit und sind etwa 35.000 Jahre alt. Zu jener Zeit entstanden die ersten „Bilder" von Menschen und Tieren. Etwa 25.000 Jahre vor Christus entstand die *Venus von Willendorf* (benannt nach dem Fundort in der Nähe von Wien), die Darstellung einer Frau, wahrscheinlich einer Fruchtbarkeitsgöttin.

*Die* Venus von Willendorf

## Höhlenmalerei

Die eindrucksvollsten Kunstwerke der Altsteinzeit fand man in Höhlen in Altamira in Spanien und Lascaux in Südwestfrankreich. Sie zeigen erstaunlich lebendige und naturgetreue Tierdarstellungen, die etwa 15.000 Jahre alt sind. Die Künstler der Steinzeit ritzten vermutlich die Tierumrisse in die Höhlenwand und malten sie mit Erdfarben aus. Manchmal nutzten sie auch die natürlichen Wölbungen der Felswand, um ein Motiv plastisch zu gestalten.

**Hast du schon gewusst,**

**dass die Höhlenmalereien von Lascaux wohl von einem Hund entdeckt wurden? 1940 gingen zwei Jungen mit ihrem Hund in Südwestfrankreich spazieren. Plötzlich verschwand er in einem Erdloch. Die Jungen holten Hilfe, um den Hund herauszuholen. Bei der Bergung des Tieres hat man dann den Zugang zu der vorgeschichtlichen Höhle entdeckt.**

## Ägyptische Kunst

Von der Hochkultur Ägyptens haben wir eine große Anzahl gut erhaltener Zeugnisse. Das liegt vor allem daran, dass die Ägypter an ein Leben nach dem Tod glaubten. Sie ließen Gräber errichten, die mit allem ausgestattet waren, was man zum täglichen Leben brauchte.

In der Vorstellung der Ägypter war der Pharao, der oberste Herrscher, zugleich ein Gott, dessen Geist nach dem Tod weiterlebte. Für diesen Geist wurden prächtige Gräber in gigantische Pyramiden gebaut. In den Grabmälern fand man zahlreiche Darstellungen des Pharaos und anderer Götter sowie Schilderungen des Alltagslebens. Die Kunst der Ägypter war also eine höfische und religiöse Kunst. Die ägyptischen Kunstwerke zeichnen sich durch eine strenge Ordnung aus. Bei den Reliefs ist das Bild durch so genannte Standlinien in mehrere waagerechte Ebenen unterteilt, wobei sich auf jeder Ebene verschiedene Szenen abspielen. Der Pharao oder eine andere hohe Persönlichkeit wird auf den Motiven meist größer dargestellt als alle anderen Personen. Man nennt dies Bedeutungsmaßstab. Eine weitere Besonderheit des ägyptischen Kunststils ist die etwas merkwürdige Darstellung des menschlichen

*Höhlenmalerei in Lascaux*

Körpers: Kopf, Unterleib und Beine werden im Profil, also seitlich dargestellt, während der Oberkörper dem Betrachter frontal zugewandt ist. Diese Darstellungsweise soll vermutlich eine wichtige Person möglichst vollständig und in ganzer Pracht zeigen.

*Ägyptische Zeichnung*

## Frühe Hochkulturen

Die erste Hochkultur auf europäischem Boden war die des minoischen Kreta, die nach dem sagenhaften König Minos benannt wird. Vorbild für diese Kultur war der Vordere Orient. Aber auch aus Ägypten, mit dem Kreta intensiven Handel betrieb, kamen viele Anregungen. Die Blütezeit minoischer Kultur dauerte von etwa 2000 bis 1450 vor Christus. Aus dieser Zeit sind Schmuck und üppig dekorierte Keramiken, aber auch große Fresken (Wandmalereien) erhalten. Die mykenische Kultur des griechischen Festlandes orientierte sich an minoischen Vorbildern, war aber sehr viel kriegerischer. Die kretisch-mykenische Kultur ging um 1200 vor Christus unter.

### Hast du schon gewusst,

*Hieroglyphen im Hatschepsuttempel in Ägypten*

**dass die Hieroglyphenschrift der Ägypter aus Bildzeichen (z. B. Auge, Falke, Arm) besteht? Diese Bilder sind senkrecht übereinander angeordnet. Es war eine heilige und geheime Schrift, die nur von bestimmten Personen ausgeführt werden durfte – den Schreibern. Die Schreiber waren meist Verwandte des Pharaos.**

## Griechenland und Rom

Die griechische Kultur wirkt bis in unsere heutige Zeit. Ein besonderes Kennzeichen für die griechische Antike ist die immer perfektere Darstellung des Körpers, der oft sogar viel schöner abgebildet wurde als das lebende Vorbild. Die Figuren werden aufrecht stehend und frontal ausgerichtet dargestellt. Ihr geometrisch geprägter Stil ahmt die ägyptische Bildhauerkunst nach. Neu ist, dass diese Statuen erstmals frei stehend sind. Es gibt Durchbrüche zwischen Arm und Körper und zwischen den Beinen. Die Figuren haben einen offeneren Gesichtsausdruck, sodass sie lebensechter und menschlicher wirken. Die Darstellung des Körpers wird zu dieser Zeit immer exakter und lebensechter.

### Fluch des Pharaos

**Als man 1923/24 das bis dahin unberührte Grab des Pharaos Tutenchamun entdeckte und öffnete, starben mehrere Forscher und Wissenschaftler kurz nach dem Betreten des Grabes aus unbekannten Gründen. Damals glaubte man an einen Fluch des Pharaos. Spätere Untersuchungen zeigten jedoch, dass die unheimlichen Todesfälle wahrscheinlich durch Schimmelpilze verursacht wurden, die sich bei der Zersetzung der Grabbeigaben, die zum Teil aus Holz und Leder bestanden, gebildet hatten.**

## Lehrmeister aus Griechenland

Die Römer waren große Bewunderer der griechischen Kultur. Deshalb holten sie Lehrer, Künstler und Baumeister aus Griechenland nach Rom. Besonders die römischen Bildhauer betrachteten sich als Schüler der Griechen. Das zeigen die zahlreichen Kopien, die sie nach griechischen Originalen herstellten.

# Von der Romanik zur Renaissance

Bis Ende des ersten Jahrtausends hatte sich das Christentum in ganz Westeuropa durchgesetzt und einen neuen Kunststil hervorbracht: die Romanik. Die Kunst im Mittelalter hatte einen klaren Auftrag: Sie sollte den Menschen den Glauben näher bringen. Dabei spielten sowohl die Buchmalerei als auch die Skulpturen an den Kirchenportalen eine wichtige Rolle.

## Religiöse Malerei

Ein Großteil der Bevölkerung konnte nicht lesen und verstand auch die in Lateinisch abgehaltene Messe nicht. Also mussten die plastischen Darstellungen umso eindrucksvoller für die Gläubigen sein. Die Kirchenwände waren häufig mit farbenfrohen Darstellungen aus der Bibel oder mit Heiligen bemalt. Einzelne Personen wie Maria oder Jesus wurden oft auch in Stein gemeißelt. Aber die Künstler wurden auch beauftragt, Monster und Fabelwesen mit fratzenhaften Gesichtern darzustellen, die sich der Seelen von verängstigten Menschen bemächtigten.

*Buntglasfenster in der Kathedrale Notre-Dame in Paris*

Die romanischen Künstler hatten nicht die Geschicklichkeit der Künstler der Antike. Sie konnten die Körper nicht naturgetreu wiedergeben. Viele Figuren hatten sogar dieselben Gesichter. Religiöse Schriften wurden während der romanischen Periode zunehmend mit Bildern geschmückt, die von Mönchen in den Klöstern hergestellt wurden. Die Zeichnungen zeigen nicht nur religiöse Motive sondern auch Szenen aus dem Alltag der Klosterlebens.

In der Epoche der Gotik (13. Jahrhundert) wurde das Innere der Kirchen durch farbige Glasscheiben mit religiösen Motiven erhellt. In dieser Zeit erlangte auch die Bildhauerei eine Perfektion, wie es sie seit der Antike nicht mehr gegeben hatte. Die Gestalten an den Portalen sollten die Gläubigen nicht mehr einschüchtern, sondern durch Schönheit und Anmut beeindrucken.

## Das Zeitalter der Renaissance

Als Renaissance bezeichnen wir die Zeit vom frühen 15. bis zum späten 16. Jahrhundert. Im Gegensatz zur Gotik, die in den nördlichen Ländern große Kunstwerke hervorbrachte, lag das Zentrum der Renaissance in Italien. Die neue Kunst entstand Anfang des 15. Jahrhunderts in Florenz und breitete sich im 16. Jahrhundert von hier über ganz Europa aus. Berühmte Künstler

*Ein Mönch beim Baumfällen – Buchmalerei aus dem 12. Jahrhundert*

dieser Zeit waren Leonardo da Vinci, Raffael und Michelangelo. Das Wort Renaissance ist französisch und bedeutet „Wiedergeburt". Der Begriff bezieht sich auf die Wiedergeburt der antiken Vorbilder. Man kann dies auch an der Wahl der Bildmotive erkennen. Es wurden nicht mehr nur religiöse Themen dargestellt, sondern auch viele Motive aus der antiken Mythologie. Ein Beispiel dafür ist das berühmte Gemälde Die *Geburt der Venus* (um 1486) von Sandro Botticelli.

*Die* Geburt der Venus *von Sandro Botticelli*

## Die Zentralperspektive

Eine Neuentdeckung war auch die Zentralperspektive. Der Künstler war nun in der Lage, einen dreidimensionalen Raum mit Hilfe von exakt konstruierten Linien auf eine zweidimensionale Fläche zu projizieren. Dadurch entstand die Illusion von Tiefe. Die Bilder wirkten nun so, wie unser Auge die Wirklichkeit sieht. Das heißt, Personen im Vordergrund sind größer dargestellt als diejenigen im Hintergrund. Eine weitere Errungenschaft der Kunst in der Renaissance ist das Porträt, denn der Künstler interessierte sich immer mehr für die Darstellung des Charakters einer Person. Ein großer Meister des Porträts war Albrecht Dürer (1471-1528). In der Renaissance galt der Künstler als das Idealbild des Menschen: Er ist möglichst vielseitig gebildet und künstlerisch schöpferisch und wird als Genie verehrt. Ein großes Vorbild für diesen Typus war Leonardo da Vinci (1452-1519). Er war Erfinder, Wissenschaftler, Musiker und Maler zugleich. Leonardos Bilder wirken malerischer als die von anderen Künstlern seiner Zeit. Ein Grund dafür ist, dass die Konturen nicht scharf umrissen, sondern weich und verschwommen sind. Dieses von ihm erfundene Stilmittel nennt man sfumato (= verraucht, verschwommen).

### Leonardo und *Mona Lisa*

*Die* Mona Lisa *von Leonardo da Vinci*

**Vielleicht kennst du das Gemälde der *Mona Lisa*? Es ist mit Sicherheit das berühmteste Gemälde Leonardos. Seit Jahrhunderten waren die Menschen neugierig, wer diese Frau wohl ist. Lange Zeit glaubte man, dass das Bild die Frau des reichen Kaufmanns Giocondo zeigt. Nach neueren Untersuchungen wird vermutet, es könnte sich um ein Selbstporträt des Malers handeln. Projiziert man ein Altersporträt Leonardos und Mona Lisas Gesicht mithilfe moderner Computertechnik übereinander, kann man erstaunliche Übereinstimmungen der Gesichtsformen erkennen. Die Mona Lisa hängt im Louvre in Paris. Vielleicht warst du schon einmal in diesem berühmten Museum und hast das Bild mit eigenen Augen gesehen.**

# Barock und Rokoko

Die Epoche des Barock beginnt etwa um 1600. Der Begriff Barock leitet sich von dem portugiesischen Wort „barocco" ab, das „unregelmäßige Perle" bedeutet. Der Barock ist ein oft theatralischer Kunststil, der von Rom ausging und sich in katholischen Ländern wie Spanien, Österreich und Süddeutschland allmählich durchsetzte.

## Höfischer Barock

Europa hatte lange und furchtbare Glaubenskriege erlebt. Die Nationen wurden in neue Gebiete aufgeteilt. Die katholische Kirche gewann wieder neuen Einfluss und absolutistische Herrscher gelangten an die Macht. Beide beeinflussten die Kunst des Barock. In den protestantischen Gebieten entstand dagegen eine von Kirche und Adel unabhängige Kunst, die anders als in katholischen Gebieten keine finanzielle Unterstützung bekam. Also entwickelte sich auf der einen Seite der höfisch-katholische Barock, der eine prunkvolle Kunst hervorbrachte. Auf der anderen Seite entstand die weniger pompöse, aber ebenso interessante Richtung des bürgerlich-protestantischen Barock.

**Die Vermählung der Maria Medici**
*von Peter Paul Rubens*

In der Malerei brachte der neue Stil bisher unbekannte Dramatik und Lichteffekte mit sich. Die Wände und Decken der barocken Kirchen und Paläste wurden mit riesigen Gemälden geschmückt, die voller biblischer und mythologischer Gestalten waren. Ein bedeutender Künstler dieser Zeit war der flämische Maler Peter Paul Rubens (1577-1640). Zusammen mit seiner großen Malerwerkstatt belieferte er die Höfe und Kirchenfürsten ganz Europas. Das Barockgemälde hat das Ziel, den Betrachter mit seiner Üppigkeit und den Einzelheiten zu überwältigen. Die Kunst hat die Botschaft, dass das Leben ein Fest, ein großartiges Schauspiel ist, das man im Hier und Jetzt mit allen Sinnen ausgiebig genießen soll.

## Bürgerlicher Barock

In Holland entwickelte sich dagegen eine gemäßigtere und feinere Form des Barock – der bürgerlich-protestantische Barock. Ein wichtiger Vertreter dieser Richtung, des so genannten goldenen Zeitalters der holländischen Kunst, ist Rembrandt van Rijn (1606-1669). Die Niederländer hatten allgemein ein großes Interesse an Kunst, was den Grund für den Erfolg der Malerei erklärt. So orientierte sich auch der Inhalt der Bilder an der Wirklichkeit der Bürger: Szenen aus dem Alltag, die heimatliche Landschaft und Stillleben waren bevorzugte Themen der niederländischen Malerei.

### Was sind Genrebilder?

**Bilder, auf denen Szenen aus dem Alltag dargestellt sind, nennt man in der Kunstgeschichte Genrebilder. Es geht in diesen Bildern darum, Menschen in typischen Alltagssituationen zu zeigen, z. B. Wäscherinnen am Fluss oder spielende Kinder auf der Straße. Genrebilder waren vor allem in Holland sehr beliebt.**

## Rembrandt und *Die Nachtwache*

Die Nachtwache *von Rembrandt*

***Die Nachtwache*** **(1642) gilt als das bekannteste Werk Rembrandts. Es ist ein monumentales Gruppenbildnis und stellt die Kompanie dar, die zur Verteidigung von Amsterdam aufgestellt wurde, als sich die Niederlande im Krieg mit Spanien befanden. Das Bild sollte die neue Versammlungshalle der Kompanie schmücken. Rembrandt porträtierte die Gruppe nicht statisch, sondern bei den Vorbereitungen für eine Parade. Er inszenierte das Ereignis wie einen Bühnenauftritt. Das Besondere an diesem Bild ist, dass ein Licht diagonal von links auf den Hauptmann in der Mitte scheint, ein anderes das Mädchen in Gelb hervorhebt. Die Figuren so zu betonen war unüblich, denn dadurch wurde die Bedeutung der übrigen geopfert. 1715 kam das Gemälde in das Rathaus von Amsterdam und wurde für den neuen Standort zurechtgeschnitten, wodurch die gesamte Komposition verändert wurde. Heute hängt das Bild im Rijksmuseum in Amsterdam.**

## Rokoko

Das Rokoko ist ein spätbarocker Dekorationsstil des späten 18. Jahrhunderts, vorwiegend in Frankreich, Süddeutschland und Österreich. Der Begriff Rokoko ist eine Verniedlichung des französischen Wortes Rocaille, das „Grotte, Muschelwerk“ bedeutet. Er bezieht sich auf die verspielten Verzierungen in der Kunst dieser Zeit. Sinnlichkeit und Lebensfreude sind Merkmale des Rokoko. Allerdings entwickelte sich die manchmal deftig wirkende Sinnlichkeit des Barock zu einer feinen Erotik. Heiterkeit und Eleganz treten in den Vordergrund. Die typischen Bildthemen dieser Zeit sind die Boudoirbilder. Als Boudoir bezeichnete man damals die kleinen, eleganten Damenzimmer. Es waren Umkleide- und Ruheräume der vornehmen Damen der Gesellschaft. Diese Bilder erlaubten dem Betrachter intime Einblicke, die es früher in der Kunst kaum gab und an die man sich erst gewöhnen musste.

In der Malerei traten auch galante Festdarstellungen („Fêtes galantes“) auf, z.B. die Einschiffung nach Kythera von Jean-Antoine Watteau (1684-1721). Die Leichtigkeit und Heiterkeit der Gemälde wird auch durch ihre Farbigkeit deutlich. Das Pastell mit seinen lichten Farben wurde in dieser Zeit zur bevorzugten Maltechnik. Es gibt keine scharfen Kontraste und kräftigen Farben mehr. Stattdessen wird alles in pudrige Pastelltöne getaucht: Rosa, Hellblau und ein blasses Grün sind die Lieblingsfarben dieser Stilrichtung. Das Rokoko ging mit der Französischen Revolution 1789 zu Ende und wurde vom Klassizismus abgelöst.

*Jean-Antoine Watteaus Gemälde* Einschiffung nach Kythera

# Klassizismus bis Impressionismus

Der Tod des Marat *von Jacques Louis David*

Im späten 18. Jahrhundert kündigte sich in Europa eine politische Zeitwende an. Die Bürger hatten den Wunsch nach politischer Mitbestimmung. Dies drückte sich auch in der neuen Kunstauffassung aus. Die Künstler wandten sich von der Barockkunst ab und entdeckten die griechische Antike wieder. Als Begründer der strengen Malerei gilt der Franzose Jacques Louis David (1748-1825). Als sein Hauptwerk gilt *Der Tod des Marat* (1793).

## Politische Motive

Nicht nur Jacques Louis David widmete sich politischen Themen. Auch der Spanier Francisco de Goya (1746-1828) war ein politischer Maler. Ab etwa 1789 war Goya Hofmaler der spanischen Könige. In seinen Werken hielt er den Pomp und den Luxus des höfischen Lebens fest. Mit zunehmendem Alter lehnte er jedoch solche Aufträge ab und wandte sich politischen Themen zu. Seine Ölgemälde hatten vor allem die Gräuel des Krieges zum Inhalt. Er bannte düstere Visionen und Stimmungen auf die Leinwand, was in der Malerei absolut neu war.

Zu Beginn des 19. Jahrhunderts kam eine weitere neue Kunstrichtung auf: die Romantik. Sie war eine Gegenbewegung zum Klassizismus. Während die Klassizisten ihre Kunst nach außen wendeten, zogen sich die Künstler der Romantik ins Individuelle, Persönliche zurück. Das Thema dieser Epoche ist das Unvollendete, Mystische, Religiöse, Zauber- und Sagenhafte. Auch die Natur ist ein wichtiges Motiv in der Malerei der Romantik. Wesentlich dabei ist nicht die realistische Wiedergabe der Landschaft, sondern die liebliche Darstellung einer beseelten Natur.

## Der Mensch und die Gefühle

In Deutschland erreichte die Romantik ihren Höhepunkt mit den Werken Caspar David Friedrichs (1774-1840). Ihm ging es in seinen Bildern in erster Linie nicht um eine realistische Darstellung einer Landschaft, sondern viel mehr um die Empfindungen, die das Gemälde beim Betrachter hervorruft. Das einzige Gesetz, dem seiner Meinung nach ein Maler unterworfen war, waren seine eigenen Gefühle.

In England entwickelte William Turner (1775-1851) seinen eigenen Stil der Landschaftsmalerei. Sein zentrales Thema war die Wechselwirkung zwischen dem Menschen und der wilden Natur. Turner versuchte diese Empfindungen einzufangen, indem er die Stimmungen mit Hilfe von Licht und intensiven Farben wiedergab. In seinen Bildern gibt es keine klaren Linien mehr.

## Impressionismus

Um 1870 entstand eine völlig neue Stilrichtung, die für die Verhältnisse jener Zeit geradezu revolutionär war: der Impressionismus. Mit dieser Stilrichtung kam es in der Malerei endgültig zu einem Bruch mit der Tradition. Die Malerei war nun frei von Auftraggebern, frei von Themen und frei von den Zwängen eines vorgegebenen Stils. Das Bild hatte sich zu einem eigenständigen Kunstwerk entwickelt und kein Thema war dem Künstler unwürdig. Die Themen reichten von den Szenen der Großstadt bis zur Idylle des Landlebens.

## Hast du schon gewusst,

**dass die sehr freie Maltechnik William Turners damals stark kritisiert wurde? Er benutzte mitunter die Finger als Pinsel und mit dem Daumennagel machte er Kratzer in die Farbschichten, um den Effekt von Glanzlichtern zu erzielen. Seine kühne Farbgebung erregte Anstoß.**

Das Zentrum des Impressionismus war vor allem Paris. Zu den berühmtesten Vertretern dieser Stilrichtung gehörten Auguste Renoir (1841-1919), Edouard Manet (1832-1883), Claude Monet (1840-1926), Edgar Degas (1834-1917), Paul Cézanne (1839-1906) und Vincent van Gogh (1853-1890). Ihr Umgang mit Formen, Flächen und Farben war neu und einzigartig: Die gesamte Bildfläche setzt sich aus vielen Farbtupfern zusammen, die alle klaren Umrisse auflösen. Dadurch entsteht ein Spiel aus Licht und Schatten. Die Motive wählte der Künstler frei aus seinem täglichen Umfeld. Dadurch wird deutlich, dass die Kunst nicht mehr Auftragsarbeit für repräsentative Zwecke ist.

Benannt wurde diese neue Stilrichtung nach einem Bild von Claude Monet: *Impression, solei levant* (*Impression, Sonnenaufgang*), das 1872 entstand. Weltruhm erlangte Monet durch sein immer wieder verwendetes Motiv des Seerosenteiches in seinem Garten in Giverny bei Paris.

Ein Außenseiter unter den Impressionisten war der holländische Maler Vincent van Gogh. Seine Kunst stellte eine Ausnahme in der impressionistischen Stilrichtung dar. Seine Landschaften beispielsweise haben eine ganz andere Grundstimmung als die poetisch zarten Landschaften Monets. Im Gegensatz zu anderen Impressionisten wählt van Gogh kräftige, fast grelle Farben und schafft dadurch eine zusätzliche Dynamik.

*Mit dem Bild* Impression, Sonnenaufgang *wurde Claude Monet weltberühmt*

## Hast du schon gewusst,

**dass Vincent van Gogh zu Lebzeiten nur ein einziges Gemälde verkaufte? Er lebte in Armut und wurde von seinem Bruder unterstützt. Sein künstlerisches Talent blieb weitgehend unentdeckt. Er litt an einer Geisteskrankheit, in deren Verlauf er sich selbst ein Ohr abschnitt. Schließlich nahm er sich das Leben. Heute gehören seine Bilder zu den teuersten und begehrtesten der Welt. Kunstliebhaber zahlen für sie Beträge in Millionenhöhe.**

## Van Gogh und *Sonnenblumen*

*Die berühmten* Sonnenblumen *von Vincent van Gogh*

**Vincent van Gogh (1853-1890) verbrachte einige Zeit in Arles in Südfrankreich. Nach dem Grau seiner Heimat Holland und den gedämpften Farben von Paris war der Maler von dieser farbenprächtigen Landschaft begeistert. Seine unter der Sonne von Arles geschaffenen Werke machten ihn zu einem der größten Künstler in der Geschichte der Malerei. Eines seiner bekanntesten Werke ist das Bild Sonnenblumen. Er malte viele solcher Studien von Sonnenblumen, mit denen er die Zimmer seines Hauses schmückte.**

# Jugendstil bis Moderne

Als Jugendstil bezeichnen wir in Deutschland einen internationalen Stil der Zeit von 1890 bis 1910 – benannt nach der Zeitschrift „Die Jugend". Dieser Stil hieß in England „Modern Style", in Frankreich „Art nouveau" und in Österreich „Sezessionsstil". Der Jugendstil wollte der Kälte und Technik des modernen Zeitalters eine neue Sinnlichkeit, Naturverbundenheit und Harmonie entgegensetzen. Der Jugendstil wollte auf das gesamte Leben des Menschen Einfluss nehmen. So verstanden sich die Künstler dieser Zeit in erster Linie als „Designer" aller Lebensbereiche.

*Das Pariser Nachtleben, hier das Motiv* A la Mie, *war eines der Hauptthemen von Toulouse-Lautrec*

## Die neue Freizügigkeit

Kunst beschränkte sich nicht mehr auf die traditionellen Gebiete – Architektur, Möbel, Stoffgestaltung, Schmuck, Alltagsgegenstände jeder Art wurden einbezogen. Der Jugendstil entwickelt ein absolut neues, floral-geschwungenes, lineares Design bzw. Ornament, das für diese Epoche typisch war.

Einer der bedeutendsten Vertreter des Jugendstils war der Österreicher Gustav Klimt (1862-1918). Er beherrschte den Stil von edler Ornamentik und betörend schönen Frauenkörpern wie kaum ein anderer. Für uns scheinen seine Bilder harmonisch und gefällig, doch zu ihrer Entstehungszeit waren sie revolutionär. Klimts freizügige Aktdarstellungen galten bei den konservativen Bürgern als skandalös und erregten den Unmut vieler.

Der Österreicher Egon Schiele (1890-1918), ein Schüler Klimts, war ein Grenzgänger zwischen Jugendstil und Expressionismus. Er löste sich von der Ausdrucksweise des Wiener Jugendstils und entwickelte einen eigenen Stil: Aus den zarten Frauen wurden magere Mädchen, statt athletische Körper zeichnete Schiele seinen eigenen Körper in eckiger Linienführung und mit überlangen Gliedmaßen. Seine Aktbilder befinden sich in starker Bewegung.

## Das Pariser Nachtleben

Der Franzose Henri de Toulouse-Lautrec (1864-1901) wandte sich von konventionellen Themen ab und zeichnete in der schillernden und anrüchigen Welt des Pariser Nachtlebens. Seine Lieblingsmodelle waren Tänzerinnen, Bardamen und Prostituierte. Obwohl seine Bilder von einer großen Direktheit waren, hatten seine Darstellungen durch die Eleganz seines Stils eine gewisse Heiterkeit und Leichtigkeit.

Im frühen Expressionismus hingegen wenden die Künstler ihr Interesse dem Innenleben des Menschen zu. Sie versuchen, ihre unterdrückten und stärksten Gefühle in Bildern darzustellen. Vor allem die Einsamkeit, die Gefangenheit in seinem Körper und Todesängste sind die Themen des Expressionismus. Die Expressionisten wollten mit ihren Werken elementare, leidenschaftliche Gefühle des Menschen zum Ausdruck bringen. Als Mittel setzten sie meist kontrastreiche, dick aufgetrage Ölfarben ein, die mit deutlich sichtbaren Pinselstrichen auf die Leinwand gebracht wurden.

### Edvard Munch und *Der Schrei*

*Das Bild* Der Schrei *von Edvard Munch*

**Der Norweger Edvard Munch (1863-1944), der in Paris den Impressionismus kennen gelernt hatte, beeinflusste vor allem die deutschen Expressionisten sehr stark. In schrillen Farben und mit schlingernden Linien malte er Bilder, die die Ängste des Menschen spürbar machen. Sein wohl berühmtestes Werk ist das Bild *Der Schrei* (1893).**

## Moderne

Um 1910 kam es in der Kunst – sowohl in der Malerei und Skulptur als auch in der Architektur – zum Bruch mit der Tradition. Dir mag das heute nicht besonders radikal erscheinen, aber für die Künstler der damaligen Zeit war es ein großer Einschnitt. Die Kunst wurde in den folgenden Jahren immer vielfältiger. Die Grenzen zwischen den Stilrichtungen sind immer fließender geworden.

## Der Beginn der Moderne

Matisse, der führende Künstler der 1905 gegründeten Gruppe der Fauves („Wilden") in Frankreich, vereinfachte die Formen und griff zu grellen Farben. Zur selben Zeit wie die Fauves in Frankreich bildeten sich in Deutschland zwei Künstlergemeinschaften: „Die Brücke" in Dresden, deren bekanntester Vertreter Ernst Ludwig Kirchner (1880-1938) wurde und „Der Blaue Reiter" in München, in dem sich Wassili Kandinsky (1866-1944), Franz Marc (1880-1916), August Macke (1887-1914) und Paul Klee (1879-1940) zusammenfanden. Die jungen „Wilden" in Deutschland, die Expressionisten, verfolgten ähnliche Ideen wie die Fauves in Paris.

Noch größere Wirkung als der Fauvismus und der Expressionismus hatte der Kubismus, den Pablo Picasso (1881-1973) und Georges Braque (1882-1963) schon vor 1910 in Paris entwickelten. Sie bauten ihre Bilder aus einfachen Raumkörpern auf – Würfeln (Kuben), Zylindern, Pyramiden. Picasso kombinierte seine gemalten Bilder auch mit plastischen Objekten, oft fertigen Alltagsgegen-

*In diesem Haus erfanden Franz Marc und Wassili Kandinsky den Namen „Der Blaue Reiter"*

ständen. Damit begann die moderne Collagetechnik, die vorgefundene Gegenstände zusammen-„klebt" (französisch „coller") und mehr oder weniger bearbeitet.

## Die Moderne entwickelt sich weiter

Zwischen den beiden Weltkriegen wurde die künstlerische Szene von den Stilrichtungen Dada und Surrealismus beherrscht. Die Dada-Bewegung entstand 1916 in Zürich und breitete sich nach Köln (Max Ernst, Hans Arp), Berlin (George Grosz, Hannah Höch), Paris (André Breton) und New York (Marcel Duchamps, Man Ray) aus. Dadaismus ist kein Kunststil, sondern Antikunst. Er richtet sich gegen die traditionelle Kultur und gegen Ästhetik – kurzum gegen alles!

Der Dada-Kunst folgte unmittelbar der Surrealismus, eine Bewegung in Literatur und Bildender Kunst. Sie beginnt mit dem Ersten Weltkrieg und endet mit dem Zweiten Weltkrieg. Während die Dadaisten mit ihren künstlerischen Werken in erster Linie auf die Geschehnisse in ihrer Umwelt reagieren wollten, interessierten sich die Surrealisten für das Innenleben des Einzelnen, die menschliche Psyche.

## Zeitgenössische Kunst

Der Faschismus, insbesondere der Nationalsozialismus in Deutschland, war für die Kunst der Moderne eine wahre Katastrophe. Die Nazis verboten die Werke vieler Künstler dieser Zeit als entartete Kunst. Die Künstler konnten ihre Bilder nicht mehr ausstellen und verloren ihren Lebensunterhalt. Die Folge war, dass deutsche Künstler ihre Heimat verließen, zuerst meist nach Frankreich, dann in die USA flohen. So kam es, dass New York bei Kriegsende Paris als Zentrum der Moderne abzulösen begann.

An der Wende vom 20. zum 21. Jahrhundert gibt es nirgendwo auf der Welt mehr einen einheitlichen Kunststil. Unter dem Begriff der Postmoderne wird heute eine Vielfalt der Strömungen zusammengefasst, die heute nebeneinander existieren.

### Hast du schon gewusst,

**dass der Begriff „Dada" ein Kunstwort ist? Das Wort wird unterschiedlich gedeutet – als kindliches Gestammel oder als eine Ableitung von dem französischen kindersprachlichen Wort Dada für Holzpferdchen, also für ein Kinderspielzeug.**

# Literatur

# Was ist Literatur?

Weißt du, woher das Wort Literatur kommt? Es leitet sich vom lateinischen litera ab und bedeutet „Buchstabe“. Literatur ist also zunächst alles Geschriebene. Im engeren Sinn bedeutet Literatur jedoch die so genannte schöngeistige Literatur in schriftlich festgehaltener und mündlich überlieferter Form wie z. B. Märchen und Unterhaltungsliteratur.

*Mosaik einer Theateraufführung im antiken Italien*

## Formen der schönen Literatur

Die schöne Literatur oder Belletristik (französisch belles-lettres, „schöne Literatur“) ist die Bezeichnung für dichterische oder unterhaltende Literatur im Gegensatz zu Fach- oder Sachliteratur.

In der schöngeistigen Literatur gibt es drei Grundformen: das Drama, die Lyrik und die Epik mit den Gattungen Roman, Novelle, Erzählung, Kurzgeschichte, Märchen und Fabel.

## Das Drama

Drama ist griechisch und bedeutet „Handlung“. Gemeint ist damit die Handlung auf der Theaterbühne. Dramen sind also literarische Werke, die von Darstellern auf der Bühne aufgeführt werden sollen. Sie sind somit eher für Zuschauer geschrieben als für Leser. In klassischen Dramen kommt es durch Konflikte und Steigerung zum Höhepunkt. Das Drama ist zeitlich in Akte (Aufzüge) mit meist wechselnden Schauplätzen gegliedert. Die Akte unterteilen sich wieder in Szenen (Auftritte) mit wechselnden Situationen. Die wichtigste europäische Dramengattung neben der Komödie ist die Tragödie (Trauerspiel). In der Tragödie bestimmt das tragische Moment, zumeist die Verstrickung des Menschen in sein Schicksal, den Verlauf der Handlung. Die handelnden Personen des Stücks werden von Gewissenskonflikten zerrissen. Tragödien haben also nie ein Happyend, sondern enden immer traurig. Die Komödie (Lustspiel) findet im Gegensatz zur Tragödie immer eine glückliche und humorvolle Lösung . Eine Komödie hat also immer ein gutes und fröhliches Ende. Komödie ist griechisch und bedeutet „Gesang zu einem frohen Gelage“. Dazwischen steht die Tragikomödie. Dieser Begriff wird für weniger streng gebaute Stücke verwendet, die sich nicht genau der Komödie oder Tragödie zuordnen lassen, wie z. B. das Volksstück. Du siehst, nicht jedes Drama muss immer „hoch“ dramatisch sein.

## Die Lyrik

Das Wort Lyrik stammt von dem griechischen Wort Lyra („Leier“). Im antiken Griechenland wurden die Gedichte mit Musikbegleitung vorgetragen, mit der Lyra, einem harfenartigen Saiteninstrument. Die Lyrik unterscheidet sich normalerweise von anderen literarischen Dichtungsgattungen durch den Reim und den Rhythmus. Der Rhythmus eines Gedichts wird durch den Wechsel der betonten und unbetonten Silben bestimmt. Genau wie in der Musik hebt und senkt sich die Stimme, wenn wir ein Gedicht vortragen. Sicher hast du auch schon einmal ein Gedicht vorgetra-

## Woher stammt das europäische Drama?

**Das Drama hat seinen Ursprung in der Antike. Aristoteles stellte vor etwa 2500 Jahren Regeln für das Drama auf, die lange befolgt wurden. Im modernen Drama haben diese Regeln zwar an Bedeutung verloren, sind aber immer noch wichtig in der Theorie des Dramas. Die wichtigsten Regeln des Aristoteles:**

**1. Das Drama soll in fünf Akte und einzelne Szenen gegliedert sein.**

**2. Ort, Zeit und Handlung sollen einheitlich sein.**

**3. Der Text soll in Gedichtform stehen.**

gen und weißt, wie das geht. Die Zeilen reimen sich, wenn die letzten Silben ähnlich klingen, z. B. Herzen reimt sich auf Schmerzen (reiner Reim); es gibt auch einen unreinen Reim, z. B. zeigen – beugen. Die antike und germanische Dichtung kannte keinen Reim; er findet sich zuerst in jüdischen Gebetsformen des ersten Jahrhunderts nach Christus. Der Dichter bringt in einem Gedicht sein unmittelbar selbst erlebtes Gefühl und Empfinden zum Ausdruck und zwar in mehr oder weniger gebundenen Formen wie Vers (Zeile einer Strophe), Reim und Strophe. Eine Strophe ist der mehrzeilige Abschnitt eines Gedichts oder Liedes.

# Der Roman

Der Roman ist nach unserem heutigen Verständnis ein erzählender ziemlich umfangreicher Prosatext. Der Begriff Roman entwickelte sich im 12. Jahrhundert in Frankreich. Damals nannte man jede Erzählung, die in Romanisch („Französisch“) geschrieben war, Roman. Romane richteten sich an das Volk, das nicht Latein lesen konnte. Im Deutschen existiert das Wort Roman in der heutigen Bedeutung erst seit dem 17. Jahrhundert. Der Roman setzte sich zu Beginn der Neuzeit als eigenständige Literaturgattung durch und gewann im 18. Jahrhundert an Bedeutung.

Der Roman unterscheidet sich nicht nur im Umfang von den kürzeren Erzählformen wie Novelle oder Kurzgeschichte. Er ist auch vielschichtiger, was die Handlung betrifft. Es gibt viele Romanformen, z. B. Abenteuerroman, Kriminalroman, Liebesroman, Reiseroman, Heimatroman. Durch die Industrialisierung des Buchdrucks um 1800 wurde der Roman zur beliebtesten Literaturgattung.

## Was ist eine Novelle?

**Eine Novelle ist in der Regel eine Prosaerzählung, die länger ist als eine Kurzgeschichte, aber weniger Umfang hat als ein Roman. Sie ist charakterisiert durch eine straffe Handlung und erzählt ein besonderes ungewöhnliches Ereignis in knapper Form.**

## Was ist eine Kurzgeschichte?

**Im Gegensatz zu den großen Prosaformen Roman und Novelle ist die Kurzgeschichte eine kurze, kompakte literarische Erzählung. Meist gibt es einige wenige Hauptfiguren und eine dichte, geradlinige Handlung. Eine Kurzgeschichte zielt immer auf einen dramatischen, effektvollen Höhepunkt und hat ein offenes, oft überraschendes Ende.**

## Was ist Trivialliteratur?

*Groschenromane gab es auch schon im Jahre 1910*

**Als Trivialliteratur wird im Allgemeinen der Bereich der Literatur bezeichnet, der fast ausschließlich der Unterhaltung dient. Sie ist inhaltlich wie sprachlich meist weniger anspruchsvoll. So werden z. B. Fortsetzungsromane, Groschen- bzw. Schundromane, aber auch Schlagertexte und anspruchslose Fernsehproduktionen (Seifenoper, Sitcom) als Trivialliteratur bezeichnet.**

# Anfänge der Literatur

Die Literatur hat ihre Anfänge in der Antike. Als Antike bezeichnen wir den Zeitraum von 2000 vor Christus bis zum Ende des Römischen Reiches 476 nach Christus. Die ältesten Werke der abendländischen Literatur entstanden in dieser Epoche, so z. B. die *Ilias* und die *Odyssee* von Homer (8. Jahrhundert vor Christus). Sie sind die Urform des Epos, aus dem sich später der Roman entwickelte.

## Heldenepos und Minnesang

Die Literatur des Mittelalters teilt sich in zwei Hauptströmungen mit vielen Mischformen. Auf der einen Seite steht das Heldenepos, das entweder handschriftlich festgehalten oder von fahrenden Sängern vorgetragen wurde. Die Epen dieser Epoche sind in Versform verfasst und handeln meist vom Leben der Ritter. Neben dem Epos steht der Minnesang, der das Leben an den Fürstenhöfen widerspiegelt. Meist handelt es sich um die unerfüllte Liebe des Ritters zur Frau seines Herren. Daher ist die Liebe, die in den Minneliedern besungen wird, immer platonisch. Unter platonischer Liebe versteht man die geistige, nur freundschaftliche Liebe zwischen einem Mann und einer Frau.

In der Neuzeit (ab etwa 1450) erhielt die Literatur immer wieder neue Ausrichtungen. In der Renaissance diente der Begriff Literatur vor allem als Bezeichnung für Schriften der Gelehrten, wobei die naturwissenschaftlichen Aufzeichnungen nicht zur Literatur zählten. In dieser Zeit entwickelte sich vor allem das weltliche Drama. Im Zeitalter des Barock entstanden der Volksroman und der Schelmenroman, besonders beliebt waren bei den Lersern Ritterromane, die in den Abenteuerromanen des 17. Jahrhunderts fortgesetzt wurden. Das 18. Jahrhundert war die Zeit der Aufklärung. In dieser Zeit hatte die Literatur vor allem die Aufgabe, den Verstand zu bilden.

## Klassik

In der Epoche der Klassik wurden die Regeln, Ideale und Bilder der Antike wieder aufgenommen und zu einem neuen Höhepunkt geführt.

### Friedrich von Schiller

**Friedrich von Schiller (1759-1805) ist neben Goethe eine der zentralen Gestalten der deutschen Literatur und Mitbegründer der Weimarer Klassik. Neue Maßstäbe setzte er vor allem für die weitere Entwicklung des deutschen Dramas. In seinen Gedichten gelangte er zu streng-idealistischer Gedankendichtung *(Das Lied von der Glocke)*. In seiner Sturm-und-Drang-Zeit verfasste Schiller, der eigentlich Militärarzt war, sein Drama *Die Räuber* (1804), das unter dem Eindruck der Aufklärung steht. Die Aufführung dieses Stück machte ihn auf einen Schlag berühmt. Er behandelte in diesem Stück die Ablehnung jeglicher Autorität und trat für einen absoluten Freiheitswillen ein. Damit wurde er zum Hauptvertreter des Sturm und Drang. Wegen unerlaubter Reise bekam Schiller Arrest und Schreibverbot und flüchtete nach Mannheim. 1783-84 war er dort als Theaterdichter angestellt. Nach einer unglücklichen Liebe ging Schiller nach Weimar, wo er seine Freundschaft zu Goethe vertiefte. 1791 wurde Schiller schwer lungenkrank und war seitdem ständig leidend. Schon zu Lebzeiten hoch angesehen, wurde er nach seinem Tod kultisch verehrt. Viele seiner Dramen werden auch heute aufgeführt.**

*Das Goethe-und-Schiller-Denkmal in Weimar*

Die literarische Klassik in Deutschland erreichte ihren Höhepunkt mit den Werken von Johann Wolfgang von Goethe (1749-1832) und Friedrich von Schiller (1759-1805). Besonders Schiller hatte sich in der Zeit des Sturm und Drang revolutionären Ideen verschrieben. Goethe schrieb in dieser Zeit seinen ersten Roman *Die Leiden des jungen Werther* (1774) und wurde auf einen Schlag berühmt. Er war durch eine unerfüllte Liebe zu diesem Werk angeregt worden. Homers Werke *Ilias* und *Odyssee,* die inzwischen ins Deutsche übersetzt worden waren, gehörten zur Standardlektüre dieser Zeit (Weimarer Klassik). Goethe glaubte an die freie Selbstbestimmung der Menschen und an die ausgleichende Harmonie von Gefühl und Verstand.

## Romantik

Die Romantik löste um 1790 die Aufklärung und die Klassik ab und dauerte bis etwa 1830. Man kann drei Phasen unterscheiden: die Jenaer Frühromantik (ab 1798), die Heidelberger Hochromantik und die Spätromantik, die bis in die zweite Hälfte des 19. Jahrhunderts reicht. Sie wirkte vor allem in England und Deutschland. Die Ideale der Romantik sind ganz anders als die der Klassik. In der Romantik fand eine Abkehr von der Vernunftsgläubigkeit der Aufklärung statt und zwar hin zur Fantasie und zur Welt der Träume. Romantische Dichter entwickelten ein neues Verständnis für die Natur und schwärmten für Einsamkeit, Stille und den Blick in die Seele. Romantische Dichterkreise bildeten sich in Jena um August Wilhelm von Schlegel (1767-1845) und Ludwig Tieck (1773-1853). Der Heidelberger Kreis der Hochromantik entdeckte ein neues Nationalgefühl. Joseph von Eichendorff (1788-1857) stellt in seinem Werk *Aus dem Leben eines Taugenichts* das Lebensgefühl der Romantik besonders eindrucksvoll dar. In dieser Zeit waren Volkslieder und die so genannten Volksbücher sehr beliebt. Die Brüder Grimm (Jakob 1785-1863, Wilhelm 1786-1859) gaben die *Kinder- und Hausmärchen* und die *Deutschen Sagen* heraus. Die Märchen der Brüder Grimm kennt fast jedes Kind auf der Welt. In der Spätromantik trafen sich in Berlin Künstler wie Adelbert von Chamisso (1781-1838) und E.T.A. Hoffmann (1776-1822). Zur schwäbischen Romantik zählt u. a. Wilhelm Hauff (1802-1827), bekannt durch seine Märchen wie *Kalif Storch* und *Zwerg Nase.*

*Jakob und Wilhelm Grimm*

*Illustration zum Märchen* **Zwerg Nase**

## Realismus

Die Epoche des Realismus begann Mitte des Jahrhunderts. Realismus ist in Kunst und Literatur die Bezeichnung für den Versuch, die menschliche Umwelt wirklichkeitsgetreu darzustellen und sie – anders als die Romantiker – frei von mystischen Aspekten zu deuten. Die berühmtesten Vertreter dieser Epoche sind Theodor Fontane (1819-1898) und Theodor Storm (1817-1888). Ihre Werke handelten vom „bürgerlichen Realismus“, der mit politischen Auseinandersetzungen nichts zu tun hatte. Die Romane Fontanes (Frau Jenny Treibel, 1892; Effi Briest, 1894/95) zeigten jedoch schon ein kritisches Bild der bürgerlichen Gesellschaft.

## Johann Wolfgang von Goethe

**Johann Wolfgang von Goethe (1749-1832) ist bis heute die bedeutendste Gestalt in der deutschen Literatur. Nach behüteten Kinderjahren studierte Goethe Rechtswissenschaften. Er schrieb schon während seiner Studienjahre in Leipzig Gedichte, die von glücklichen und unglücklichen Lieben beeinflusst waren. Überhaupt spielen Goethes Liebesbeziehungen eine große Rolle. Den tragischen Abschied von der verheirateten Charlotte Buff in Weimar beispielsweise schrieb er sich von der Seele und so entstand sein erster Roman *Die Leiden des jungen Werther* (1774). Ab 1771 arbeitete Goethe in seiner Geburtsstadt Frankfurt am Main als Rechtsanwalt. Während seiner Sturm-und-Drang-Zeit begann er die Arbeit am Faust, einem Stoff, der ihn sein Leben lang begleiten würde. 1775 übersiedelte Goethe auf die Einladung des jungen Herzogs Karl August nach Weimar. Hier verliebte er sich in Charlotte von Stein, Ehefrau des herzoglichen Stallmeisters, die ihm in den folgenden Jahrzehnten zu einer Freundin wurde und seine Arbeit inspirierte. In Weimar lernte er seine spätere Frau Christiane Vulpius kennen. Goethe war nicht nur Dichter, sondern auch Naturwissenschaftler und widmete sich Studien wie seiner Farbenlehre, die in Teilen heute noch gültig ist. 1808 beendete er nach fast 30 Jahren sein Lebenswerk *Faust I*.**

## Naturalismus

Naturalismus ist im Allgemeinen die Bezeichnung für jede Art von Literatur, die ohne Beschönigung die Wirklichkeit genau abzubilden versucht. Dieser Begriff gilt besonders für eine europäische Literaturströmung der Moderne zwischen 1870 und 1900, die eine naturgetreue Widerspiegelung der Wirklichkeit zum Ziel hatte. Die Voraussetzung für die Entwicklung des Naturalismus war die Industrialisierung in Deutschland und die daraus entstehenden Folgen (Heranbildung einer Arbeiterklasse). Diese Strömung lehnte sich gegen das Bürgertum auf und bevorzugte die Darstellung einfacher Arbeiter sowie sozialer Außenseiter wie Alkoholiker, Dirnen, Geisteskranke.

## Moderne

Zu Beginn des 20. Jahrhunderts gab es in der Literaturszene die unterschiedlichsten Strömungen. Realismus, Impressionismus und Expressionismus existierten nebeneinander. Der literarische Impressionismus – Impression bedeutet „Eindruck, Empfindung" – wollte die persönlichen, stimmungshaften Umwelteindrücke sowie die flüchtigen Bewegungen und Seelenregungen möglichst genau und fein abgestuft wiedergeben. Er wandte sich deutlich vom Naturalismus ab. Bevorzugte Formen waren Lyrik und Romane. Vertreter dieser Epoche im deutschsprachigen Raum waren u.a. Rainer Maria Rilke (1875-1926), der dieses Thema in seinem Werk *Buch der Bilder* (1902) aufgriff, Hugo von Hofmannsthal (1874-1929) und Arthur Schnitzler (1862-1931).

Der literarische Expressionismus in Deutschland – Expression bedeutet „Ausdruck" – entwickelte sich zwischen 1910 und 1925, besonders in Lyrik und Drama. Es war eine Protestbewegung der Expressionisten, die damit auf die innere Krise der Gesellschaft reagierten, die den Beginn des 20. Jahrhunderts bestimmte, aber auch auf den Ersten Weltkrieg. Sie wollten eine, auch politisch gemeinte, Erneuerung des Menschen bewirken. Man sollte sich vor allem von den gesellschaftlichen Zwängen befreien. Dieser Anspruch beeinflusste die Formen der Sprache und Textgestalt, z. B. Worthäufungen, groteske, komisch-verzerrte und unsinnig-lächerliche Satzgestaltungen, kühne Wortbildungen, stammelnde Rede oder extreme Versfreiheit. Berühmte Vertreter des Expressionismus sind Gottfried Benn (1886-1956), Georg Trakl (1887-1914) oder Georg Heym (1887-1912).
Der expressionistischen Richtung folgte um 1920 eine nüchterne Haltung vieler Schriftsteller, die sich bemühten, die Wirklichkeit in einem sachlichen, objektiven Stil zu schildern. Diese Strömung wird zusammengefasst als die „Neue Sachlichkeit". Sie bezeichnet jedoch lediglich eine ge-

*Erich Kästner hat auch viele bekannte Kinderbücher geschrieben. Hier ein Filmplakat zu* Emil und die Detektive

wisse Gemeinsamkeit verschiedener nachexpressionistischer Literaten. Zu den bedeutenden Vertretern dieser Strömung gehören Bertolt Brecht (1898-1956), Lion Feuchtwanger (1884-1958), Erich Kästner (1899-1974), Franz Werfel (1890-1945) oder Carl Zuckmayer (1896-1977). Neben dieser Neuen Sachlichkeit hatte der Naturalismus weiterhin Anhänger wie der führende deutsche Bühnendichter Gerhart Hauptmann, der in seinen Stücken *Rose Bernd* (1904) und *Die Ratten* (1911) die Schicksale sozialer Außenseiter zum Thema machte und das Milieu und die Sprache der kleinen Leute auf die Bühne brachte.

In keine literarische Richtung zuordnen lässt sich Franz Kafka (1883-1924), der als Erzähler jedoch dem Expressionismus nahe stand. Er stellte in einer klaren, schlichten Sprache den einsamen modernen Menschen in seiner Lebensangst und im Widerspruch mit sich selbst dar.

## Thomas Mann

**Thomas Mann (1875-1955) war einer der bedeutendsten Schriftsteller der deutschen Literatur des 20. Jahrhunderts. Der Sohn eines Lübecker Konsuls und Getreidehändlers brachte mit 26 Jahren seinen ersten Roman heraus: *Buddenbrooks. Verfall einer Familie* (1901). Das in mancher Hinsicht autobiografische Werk schilderte den Niedergang einer Familie des Lübecker Großbürgertums. 1913 erschien seine Erzählung *Tonio Kröger,* in der es um den Zwiespalt zwischen Bürgertum und Künstlerleben geht. Zu seinen zahlreichen Erzählungen gehört auch Der *Tod in Venedig* (1912). Seine großen kritischen Romane sind *Der Zauberberg* (1924) und *Doktor Faustus* (1947). Im *Zauberberg* zeichnet Mann ein überspitztes Bild des Bürgertums vor der Zeit des Ersten Weltkriegs. In *Doktor Faustus,* seinem bedeutendsten Spätwerk, greift er das schon von Goethe behandelte Faust-Thema auf. Eines seiner letzten Werke ist der Roman *Bekenntnisse des Hochstaplers Felix Krull* (1954). 1929 wurde Thomas Mann für seinen Roman *Buddenbrooks* mit dem Nobelpreis für Literatur ausgezeichnet. Thomas Mann stellte sich gegen den Nationalsozialismus und emigrierte über Frankreich und die Schweiz in die USA. Nach dem Krieg kehrte er nicht mehr nach Deutschland zurück, sondern übersiedelte in die Schweiz, wo er auch starb.**

## Literatur nach dem Zweiten Weltkrieg

Die Spaltung Deutschlands durch die Siegermächte nach dem Zweiten Weltkrieg und die Situation im Land boten vielen Exilliteraten keinen Anreiz zur Rückkehr. Viele Literaten waren vor dem Krieg in die Schweiz und nach Österreich geflohen und blieben auch nach 1945 dort.

## Literatur im Nationalsozialismus

**Die Machergreifung der Nationalsozialisten 1933 bedeutete einen tief greifenden Einschnitt ins literarische Schaffen in Deutschland. Wer sich nicht mit den neuen Machthabern arrangierte – in dieser Zeit hatte der traditionelle Heimatroman seine Blüte –, musste schweigen oder das Land verlassen, was dann viele bedeutende deutsche Schriftsteller, z. B. Heinrich und Thomas Mann sowie Franz Werfel, dann auch taten. Die deutsche Literatur existierte ab 1933 zum Großteil nur noch als Exilliteratur. Neben Rundfunk und Presse waren auch Kunst und Literatur von den Nationalsozialisten gleichgeschaltet worden und unterstanden dem Propagandaministerium unter Joseph Göbbels. Er genehmigte Theaterstücke und Bücher oder lehnte sie ab. Bücher, die nicht der herrschenden Ideologie entsprachen, wurden verboten oder verbrannt.**

# Literatur in der DDR

Nach der Teilung Deutschlands fand noch anfänglich eine Zusammenarbeit statt. Ein Schwerpunkt der deutschen Literatur lag in den ersten Jahren nach Kriegsende auch in der sowjetisch besetzten Zone. Für viele sozialistische Schriftsteller, die schon vor 1945 für eine politische Erneuerung Deutschlands eingetreten waren, war eine Rückkehr aus der Emigration nach Ostdeutschland selbstverständlich. Bertolt Brecht beispielsweise gehörte dazu. Er gründete 1949 in Ostberlin das „Berliner Ensemble" und verschaffte dem Theaterleben der geteilten Stadt wieder Weltgeltung. Zu den bevorzugten Themen des Exils (Erinnerungen an das Konzentrationslager, Erlebnis der Fremde) kam nach der endgültigen politischen Trennung beider deutschen Staaten das des sozialistischen Aufbaus im kommunistischen Arbeiter- und Bauernstaat. Daneben entstand eine kritische Literatur, die nur unter Schwierigkeiten in der DDR veröffentlicht werden konnte. Einige Schriftsteller wie Wolf Biermann durften ihre Werke jahrelang nicht veröffentlichen. Mehr und mehr DDR-Literatur erschien deshalb bis zum Mauerfall 1989 in westdeutschen Verlagen. Weitere berühmte DDR-Autoren sind Stefan Heym (1913-2001), Ulrich Plenzdorf (geboren 1934) und Christa Wolff (geboren 1929).

## Bertolt Brecht

**Bertolt Brecht (1898-1956) war einer der bedeutendsten Dramatiker der deutschen Literatur im 20. Jahrhundert. Sein experimentelles Theater übte großen Einfluss auf die Entwicklung des modernen Dramas aus. Er entwickelte das Programm des epischen Theaters. In seinen Stücken verwendete er den Effekt der Verfremdung, z. B. durch mitten in der Handlung auftretende Erzähler, die kommende Ereignisse vorwegnehmen, oder durch Einschübe von Liedern. Auf diese Weise wollte Brecht das Publikum nicht nur zum Einfühlen, sondern zum Nachdenken und politischen Handeln bewegen. Er begann seine Laufbahn mit expressionistischen Dramen wie *Baal* (1922). Besonders erfolgreich war *Die Dreigroschenoper* (1928) mit Musik von Kurt Weill (1900-1950). Später fand ein Übergang zu sozialistischen Lehrstücken statt, zum Teil nach Stoffen der Weltliteratur: *Die heilige Johanna der Schlachthöfe* (1932), *Mutter Courage und ihre Kinder* (1941), *Der gute Mensch von Sezuan* (1942), *Leben des Galilei* (1943), *Der kaukasische Kreidekreis* (1947). 1933 emigrierte Brecht nach Dänemark und später in die USA. 1948 kehrte er nach Deutschland zurück und gründete in Ostberlin mit seiner Frau Helene Weigel (1900-1971) die Theatergruppe *Berliner Ensemble*.**

## Heinrich Böll

**Der deutsche Schriftsteller Heinrich Böll (1917-1985) wirkte durch sein Werk und sein politisches Engagement nicht nur auf die deutsche Literatur der Nachkriegszeit. Sein Studium der Germanistik musste er unterbrechen, nachdem er 1939 zur Wehrmacht eingezogen worden war. Nach seiner Entlassung aus der amerikanischen Gefangenschaft 1947 begann Böll seine Schriftstellerkarriere mit Kurzgeschichten. Sie schilderten die Kriegsgräuel und stellten die Frage nach der Schuld Deutschlands, z. B. *Wanderer kommst du nach Spa...* (1950). Auch in seinen Romanen widmete er sich diesem Thema und stellte das Leben im zerbombten Nachkriegsdeutschland in den Mittelpunkt seiner Werke wie in seinem ersten Roman *Wo warst du Adam?* (1951). *In Ansichten eines Clowns* (1963), einer Variante des Schelmenromans, übte Böll Kritik an der deutschen Wohlstandsgesellschaft und an der Moral der katholischen Kirche. Seine Werke blieben weiterhin kritisch, z. B. gegen die Sensationspresse und Terroristenangst im Deutschland der 1970er-Jahre, etwa in *Die verlorene Ehre der Katharina Blum* (1974). Böll bekam 1967 den Georg-Büchner-Preis und erhielt 1972 den Nobelpreis für Literatur. Weitere Werke: u.a. die Romane *Billard um halb zehn* (1959), *Gruppenbild mit Dame* (1971), *Frauen vor Flusslandschaft* (1985) sowie die Erzählungen *Nicht nur zur Weihnachtszeit* (1952) und *Das Brot der frühen Jahre* (1955), aber auch zahlreiche Aufsätze, Essays und Reden.**

## Literatur in Westdeutschland

In Westdeutschland knüpfte man nach 1945 an die Literatur der 1920er-Jahre an. Das Erlebnis des Krieges und die Angst und Verzweiflung der Heimkehrergeneration in der Nachkriegszeit spiegelten das Werk Wolfgang Borcherts (1921-1947), z. B. sein Hörspiel *Draußen vor der Tür* (1947), sowie die Romane Heinrich Bölls (1917-1985) wider. Das Verbot der Nachkriegszeitschrift *Der Ruf* durch die Amerikaner führte 1947 zur Gründung der Gruppe 47, zu der auch Heinrich Böll, Günter Grass (geboren 1927) und Martin Walser (geboren 1927) gehörten. Ihre Literatur unternimmt den Versuch der Vergangenheitsbewältigung.

In den 1950er-Jahren ist der literarische Blick in die Zukunft pessimistisch, obwohl Westdeutschland gerade das Wirtschaftswunder erlebt. Heinrich Böll beschäftigt sich in dieser Zeit vor allem mit dem Problem, wie der Einzelne sich gegen den Staat und seine Willkür behaupten kann.

## Politisierung der Literatur

In den 1960er-Jahren kam es zu einer starken Politisierung der Literatur. Viele namhafte Schriftsteller unterstützten die 68er-Bewegung (Studentenbewegung), so auch Heinrich Böll mit seinem Roman *Gruppenbild mit Dame*. Böll und Günter Grass traten zugunsten der SPD für die sozial-liberale Koalition ein. In dieser Zeit entstanden zahlreiche Bühnenstücke mit politischem Inhalt. Das Ziel der Autoren war nicht nur bloße Darstellung der Wirklichkeit, sondern eine Veränderung. Starke Kritik an Staat und Gesellschaft üben beispielsweise die Romane von Günter Grass. Zeitkritisch sind seine Romane *Die Blechtrommel* (1959), *Der Butt* (1977) und *Die Rättin* (1986). In den 1970er-Jahren suchten die Schriftsteller einen neuen Weg zu sich – in der Literatur setzte eine Rückkehr zur Subjektivität (Subjektivität bedeutet persönliche Auffassung). Diese Entwicklung bedeutet aber nicht, dass die Literatur sich vom Politischen abgewendet hat. Die Autoren wollten die Probleme und gesellschaftlichen Zwänge jetzt eher durch die Mitteilung des Privaten zeigen. So sind in dieser Zeit zahlreiche autobiografische Romane entstanden wie z. B. von Walter Kempowskis (geboren 1929) *Tadellöser & Wolff* (1971) oder *Uns geht's ja noch gold* (1972). Mit der Gesellschaft der 1980er-Jahre setzten sich vor allem Martin Walser (geboren 1927), Peter Handke (geboren 1942) und Botho Strauß (geboren 1944) auseinander. Strauß gilt neben Herbert Achternbusch (geboren 1938) mit seinen sozial-provozierenden Werken, Franz X. Kroetz (1946), dem Erneuerer des Volksstücks mit dem Leben der „kleinen Leute" und Elfriede Jelinek (geboren 1946), deren Werke immer wieder auch die Rolle der Frau in der Gesellschaft zum Thema haben, als einer der wichtigsten Bühnenautoren.

### Günter Grass

**Der Schriftsteller und Grafiker Günter Grass (geboren 1927) schuf mit seinem Roman *Die Blechtrommel* (1959) eines der bedeutendsten Werke der deutschen Literatur nach 1945. In seinen meist zeitkritischen Texten benutzt er häufig satirische Mittel. Seit 1957 gehörte Grass der Gruppe 47 an. Zwischen 1961 und 1972 unterstützte er im Wahlkampf aktiv die SPD und deren Spitzenkandidaten Willy Brandt. Grass begann seine schriftstellerische Laufbahn als Lyriker, seine Gedichtbände fanden jedoch wenig Beachtung. Auch seine Theaterstücke waren im Vergleich zu seinen späteren Romanen wenig erfolgreich. Sein erster Roman *Die Blechtrommel* machte ihn jedoch auf einen Schlag weltberühmt. Grass erhielt zahlreiche Literaturpreise, darunter den Georg-Büchner-Preis (1965) und den Nobelpreis für Literatur (1999). Weitere seiner Werke sind die *Novelle Katz und Maus* (1961) sowie die Romane *Hundejahre* (1963), *Der Butt* (1977), *Die Rättin* (1986) und *Unkenrufe* (1992).**

# Europäische Klassiker

Aber auch außerhalb von Deutschland gibt es viele wichtige Schriftsteller und Bücher. Einige dieser Romane oder Theaterstücke kennst du sicherlich als deutsche Übersetzung.

## England

Zur Zeit der Eroberung durch die Normannen begann in England die Blütezeit der Ritterballaden des Widerstandes. Die bekannteste von ihnen ist *Robin Hood*, eine Symbolfigur des späten 14. oder frühen 15. Jahrhunderts. Er kämpft gegen die Ungerechtigkeit und beraubt wohlhabende Adelige und Kirchenmänner, die das Volk unterdrücken, und verteilt den geraubten Besitz unter den Armen. Unter Königin Elisabeth, die von 1558 bis 1603 regierte, erlebte das Theater mit den Dramen von William Shakespeare (1564-1616) einen gewaltigen Aufschwung. Er war der Erste, der die klassischen Regeln des Dramas nach Aristoteles aufbrach. *Macbeth, König Lear* und *Hamlet* gehören zu den Königsdramen. Zu seinen erfolgreichsten Komödien zählen *Sommernachtstraum* und *Der Kaufmann von Venedig*. Eines seiner wohl bekanntesten Stücke ist die Liebesgeschichte *Romeo und Julia*. Shakespeares Stücke gelten als unübertroffen und werden heute noch erfolgreich aufgeführt und verfilmt. Die Geschichte des *Robinson Crusoe* von Daniel Defoe (1660-1731), der auf eine einsame Insel verschlagen wird, kennt fast jedes Kind auf der Welt, obwohl es sich um einen Roman für Erwachsene handelt. *Gullivers Reisen* von Jonathan Swift (1667-1745) war eigentlich als beißende Satire auf das England seiner Zeit gedacht.

*Gulliver im Land Liliput*

*Ausschnitt aus dem Walt-Disney-Zeichentrickfilm* Dschungelbuch

*Ein Ausschnitt aus der Zeichentrickserie* **Don Quijote und Sancho Pansa**

Noch heute werden die Abenteuer von Lemuel Gulliver in einem Land mit Namen Liliput und später im Land der Riesen von Kindern und Erwachsenen gern gelesen. Zu den großen Schriftstellern des 19. Jahrhunderts zählt Charles Dickens (1812-1870) mit seinen sozial-kritischen Werken wie dem Fortsetzungsroman *Oliver Twist* (1837-39). Sein teils autobiografischer Roman *David Copperfield* (1849/50) ist ein bedeutendes Werk der Kinder- und Jugendliteratur. Ebenfalls beliebte Kinderbücher sind *Die Schatzinsel* (1883) von Robert Louis Stevenson (1850-1894) und *Dschungelbuch* (1894/95) von Rudyard Kipling (1865-1936). Für die Fans von Kriminalromanen zählen die Sherlock-Holmes-Krimis (1890-1917) von Arthur Conan Doyle (1859-1930) und die spannenden Bücher von Agatha Christie (1890-1970) heute noch zu den besten.

## Frankreich

Bei französischer Weltliteratur denken viele an die Komödien von Molière (1622-1673). Seine bedeutendsten Werke schuf er im Bereich der Charakter- bzw. Typenkomödie, wie z. B. *Der Menschenfeind* (1666), der *Heuchler Tartuffe* (1669) oder *Der eingebildete Kranke* (1673). Im Bereich des historischen Abenteuerromans war Alexandre Dumas (1802-1870) unübertroffen. Weltberühmt sind seine *Die drei Musketiere* (1844) und *Der Graf von Monte Christo* (1845/46) – beide Werke wurden mehrfach verfilmt. Victor Hugo (1802-1885) ist ein Hauptvertreter der französischen Romantik. Bekannt sind vor allem seine Werke *Der Glöckner von Notre Dame* (1831-33) und *Die Elenden* (1862). Die fantastischen Romane von Jules Verne (1828-1905) wie *20.000 Meilen unter dem Meer* (1870) oder *Reise in 80 Tagen um die Welt* (1872) sind heute vor allem durch die Verfilmungen bekannt.

## Spanien

Im Spanien des 17. Jahrhunderts erschien das wahrscheinlich bekannteste Buch der Weltliteratur – *Don Quijote von La Mancha* (1605/1615) von Miguel de Cervantes (1547-1616). Don Quijote, ein Büchernarr, tauschte seine Ländereien gegen Ritterromane ein. Er versenkte sich so tief in seine Bücher, dass er nicht mehr zwischen Literatur und Wirklichkeit unterscheiden konnte. Dadurch verlor er den Verstand und ritt hinaus, um „ritterliche Abenteuer“ zu bestehen. Cervantes wollte mit diesem Buch eigentlich eine Satire auf die damals so beliebten Ritterromane schaffen.

## Russland

In Russland schuf Fjodor Dostojewskij (1821-1881) im 19. Jahrhundert mit seinen Roman *Schuld und Sühne* (1866) Weltliteratur. Seine weiteren berühmten Werke sind: *Der Idiot* (1868-69), *Die Dämonen* (1871/72) und sein letzter Roman *Die Brüder Karamasow* (1879/80). Leo Tolstoi (1828-1910) gehört mit seinen Gesellschaftsromanen *Krieg und Frieden* (1864-69) und *Anna Karenina* (1873-76) neben Dostojewskij zu den großen Realisten der russischen Literatur. Darüber hinaus

*Ein Ausschnitt aus dem Walt-Disney-Zeichentrickfilm* **Arielle – Die Meerjungfrau** *nach dem Märchen von Hans Christian Andersen*

ist er einer der bedeutendsten und meistgelesenen Autoren der Weltliteratur. In seinem Buch *Krieg und Frieden* beschreibt er den Russlandfeldzug Napoleons im Jahr 1812.

## Skandinavien

Der norwegische Dramatiker Henrik Ibsen (1828-1906) war der Begründer des modernen Gesellschaftsdramas. Heute noch oft gespielt werden *Nora oder Ein Puppenheim* (1879), *Gespenster* (1882) und *Hedda Gabler* (1891). Der schwedische Schriftsteller August Strindberg (1849-1912) beeinflusste mit Theaterstücken wie *Fräulein Julie* (1889) die Dramatik der Moderne nachhaltig. Der dänische Schriftsteller Hans Christian Andersen (1805-1875) ist vor allem durch seine Märchen bekannt, die zur Weltliteratur gehören. Fast jedes Kind der Welt kennt *Das hässliche Entlein, Des Kaisers neue Kleider, Die Schneekönigin, Die Prinzessin auf der Erbse* und *Die kleine Meerjungfrau.* Aus Skandinavien kommen weitere bedeutende Kinderbücher, z. B. *Die wunderbare Reise des Nils Holgersson mit den Wildgänsen* (1906/07) der schwedischen Schriftstellerin Selma Lagerlöf (1858-1940) und die Romane von Astrid Lindgren (1907-2002), ebenfalls aus Schweden, wie *Pippi Langstrumpf* (1945/46), *Meisterdetektiv Kalle Blomkvist* (1950), *Michel in der Suppenschüssel* (1963), *Die Brüder Löwenherz* (1973). Ihre Kinder- und Jugendbücher wurden in mehr als 60 Sprachen übersetzt.

*Ausschnitt aus dem Film* **Michel aus Lönneberga** *nach einer Vorlage von Astrid Lindgren*

**Pippi Langstrumpf** – *die Heldin der gleichnamigen Serie*

# Musik

# Was ist Musik?

Ständig hört man Musik – aus dem Radio, aus dem Fernseher oder aus dem CD-Player! Den meisten Menschen macht es Spaß, Musik zu hören und dazu braucht man nicht viel über Musik zu wissen oder selbst ein Instrument spielen zu können.

## E-Musik und U-Musik

Töne und Klänge bilden den Ausgangspunkt jeder Musik. Sie sind Schall, also Schwingungen der Luft, den die Musiker mit ihren Instrumenten oder die Sänger mit ihren Stimmen hervorrufen. Je schneller die Schwingungen sind, desto höher klingt der Ton. Die Töne werden nach bestimmten Gesetzmäßigkeiten zu Tonleitern zusammengefasst. Das sind Reihen von Tönen, die in ihrer Höhe schrittweise ansteigen. Musiker spielen oder singen diese oft unterschiedlich langen Töne in der festgelegten Dauer. Daraus ergibt sich der Rhythmus einer Musik. Aus Rhythmus und einer Folge unterschiedlich hoher und langer Töne entsteht dann eine Melodie. Diese bleibt uns dann „im Ohr“.

Die Musik wird häufig in ernste Musik (E-Musik) und Unterhaltungsmusik (U-Musik) unterteilt. Der Begriff E-Musik wird meistens für den Bereich der klassischen Musik benutzt. Im engeren Sinne gilt der Begriff „Klassik“ für die europäische Musik in der zweiten Hälfte des 18. Jahrhunderts. Stilrichtungen der klassischen Musik aus anderen Epochen haben einen eigenen Namen wie z. B. Barock oder Romantik. Aber die Übergänge zur Unterhaltungsmusik, besonders im Jazz- und Folkbereich, sind fließend. Unter U-Musik versteht man heute die so genannte Popularmusik. Das ist die Musik, die die meisten Menschen zu ihrer Unterhaltung hören. Diese Musik hat oft eine eingängige Melodie und einen starken Rhythmus. Zu dieser Musikrichtung zählt man im Allgemeinen all die Musikstile, die nicht der „ernsten“ oder „klassischen“ Musik zuzuordnen sind – beispielsweise Jazz, Pop und Rock.

## Traditionelle Musik

Als traditionelle Musik oder Folklore bezeichnet man die einheimische Musik eines Landes. Die Wurzeln mancher traditionellen Musik reichen Jahrhunderte zurück. Dieser Musikstil wird normalerweise nicht niedergeschrieben, sondern durch das Spielen bzw. Singen von Generation zu Generation überliefert. Diese Musik wurde in jüngster Zeit durch Rock und Pop beeinflusst. So werden z. B. neben den traditionellen Musikinstrumenten auch elektrische eingesetzt.

## Rock- und Popmusik

Wenn man von „Rock“ und „Pop“ spricht, können unterschiedliche Musikbereiche gemeint sein. „Pop“ ist eigentlich eine Abkürzung von dem englischen Begriff „popular music“ (populäre oder volkstümliche Musik). Aber im täglichen Sprachgebrauch bezeichnet man damit nur die Musik, die in der Gegenwart oder in der Vergangenheit in den Charts ist oder war. „Rock“ hingegen ist eine besondere Musikrichtung, die in den 1960er-Jahren entwickelt wurde. Heute versteht man darunter im weiteren Sinne auch unterschiedliche Musikstile wie Reggae, Punk oder Heavy Metal.

Rock und Pop ist mehr als nur Musik zum Anhören und Tanzen. Darin drücken sich Lebenseinstellungen und Bewegungen der Jugend aus. Dieser neue Musikstil kam in den 1950er-Jahren in den USA explosionsartig auf und begeisterte Millionen von Teenagern. Diese neue Musik wurde Rock 'n' Roll genannt und war der Wegbereiter für all die unterschiedlichen Rock- und Pop-Stile, die seither entstanden sind.

Rock- und Popmusik wurde hauptsächlich von der afroamerikanischen Musik beeinflusst. Dennoch enthält der Rock auch Elemente aus anderen Stilrichtungen. Manche Bands setzen auch Orchesterinstrumente wie Violinen ein. Die Popmusik enthält auch Elemente aus der traditionellen Musik, aus dem Fernen Osten oder aus Indien.

## Wie entwickelte sich Rock 'n' Roll?

Die Rockmusik hat ihren Ursprung in der afrikanischen Musik. Ab dem 17. Jahrhundert wurden Millionen von Afrikanern in die Südstaaten von Amerika und in die Karibik gebracht und als Sklaven verkauft. Diese Sklaven brachten ihren eigenen Musikstil aus Afrika mit. Im Laufe der Zeit entwickelten sich aus dieser Musik neue Richtungen wie Blues und Gospel. Nach der Abschaffung der Sklaverei zogen viele afrikanische Amerikaner vom Land in die Städte. Aus der Mischung unterschiedlicher Musikstile entwickelte sich in den 1950er-Jahren eine vollkommen neue Musik, der Rhythm and Blues. Diese Musik wurde zunächst nur von den Afroamerikanern gehört. Mitte der 1950er-Jahre entdeckten auch weiße Teenager diese Musik. Bald begannen auch viele weiße Musiker, Elemente des Rhythm and Blues in ihre Musik einfließen zu lassen. So wurde Elvis Presley zum erfolgreichsten Rock 'n' Roll-Star seiner Zeit.

**Hast du schon gewusst,**

**dass das englische Wort „Blues" Schwermut oder Melancholie bedeutet? Blues wurde im frühen 20. Jahrhundert erstmalig von den Afroamerikanern in den Südstaaten der USA gespielt. Viele dieser Songs erzählen vom harten Leben dieser Menschen.**

## Weitere Stile der Popmusik

*Die Beatles bei einem ihrer Auftritte 1962*

In den frühen 1960er-Jahren entstand in Großbritannien die Beatmusik, als viele britische Bands, angefangen bei den Beatles und Rolling Stones, einen Riesenerfolg in den USA hatten. Ihre Musik war von Rock 'n' Roll und anderen amerikanischen Musikstilen beeinflusst.

In den späten 1960er-Jahren entwickelte sich Heavy Metal aus Blues und Rhythm and Blues. Diese Musik ist im Wesentlichen durch übermäßig verstärkte Gitarren und einen hämmernden Rhythmus gekennzeichnet. Sie ist im Allgemeinen weniger melodisch als der Rock.

Der Reggae entstand in den 1970er-Jahren in Jamaika aus Rhythm and Blues und verschiedenen Arten von Popularmusik der Karibik wie z. B. Calypso. Bob Marley ist sicherlich der berühmteste Reggae-Sänger der Geschichte.

*Bob Marley, einer der berühmtesten Reggae-Sänger*

Das englische Wort Punk bedeutet „Müll,

Abfall". Diese Musikrichtung entstand in den 1970er-Jahren. Die hohe Arbeitslosigkeit in Großbritannien und die schlechten Zukunftsaussichten für Jugendliche hatten zur Folge, dass sich eine Musikrichtung entwickelte, die mit den Songs und dem Luxusleben der großen Rockstars nichts zu tun haben wollte. Die so genannte Punk-Revolution war eine Rückkehr zu den eigentlichen Wurzeln des Rocks: Musik von jungen Leuten, die ausdrückten, was sie fühlten. Der aggressive Charakter der Punkmusik spiegelte sich auch in der ausgefallenen Kleidung und dem provozierenden Auftreten der Punker wider.

Der Rap entstand Ende der 1970er-Jahre, als Discjockeys in New Yorker Diskotheken Schallplattenmusik mit einem schnellen Sprechgesang überlagerten. Rap bedeutet auf amerikanisch „quasseln". Die Begleitmusik für den Rap wurde aus Ausschnitten von anderen Songs zusammengestellt. Die gesamte Rap-Kultur, einschließlich der Musik und einer Tanzform, die man Break-Dance nennt, wurde als Hip-Hop (wörtlich „Hüftsprung") bekannt. Ursprünglich wurde der sportliche Tanzstil als Wettkampf zwischen rivalisierenden Straßengangs ausgetragen. Allmählich wurde daraus inzwischen eine regelrechte Sportart.

*Hip-Hop-Weltmeisterschaften*

## Was ist Jazz?

Jazz unterschiedet sich von der klassischen Musik unter anderem dadurch, dass die Musiker eine Melodie improvisieren oder aus dem Stegreif spielen, statt Noten abzuspielen. Das bedeutet, dass Jazzmusiker nie ein Stück ein zweites Mal genau gleich spielen. Jazz kann man als eine Art musikalische Sprache ansehen. Wenn die Jazzmusiker spielen, dann ist es so, als würden sie miteinander in der „Jazzsprache" sprechen.

### Hast du schon gewusst,

**dass man das, wenn Jazzmusiker ohne Publikum zusammen kommen und zwanglos gemeinsam spielen, Jam-Session nennt?**

## Wie der Jazz begann

Der Jazz ist gegen Ende des 19. Jahrhunderts in den Südstaaten der USA entstanden. Damals waren die Straßen von New Orleans erfüllt von den Klängen unterschiedlichster Musikstile, da Menschen aus allen Teilen der Welt auf der Durchreise dort im Hafen ankamen. Einige dieser Musikrichtungen vermischten sich und es entstand ein vollkommen neuer Stil, der als Jazz bekannt wurde.

## Wurzeln des Jazz

Der Ursprung des Jazz liegt hauptsächlich in der afroamerikanischen Musik, der Musik der Nachfahren der von Sklavenhändlern verschleppten Afrikaner. Daher ist der Jazz heute als die afroamerikanische Kunstmusik des 20. Jahrhunderts anzusehen. Die afroamerikanischen Musiker begannen, ihre Musik mit einigen europäischen Stilen der damaligen Zeit zu kombinieren, z. B. mit französischer Militärmusik, spanischer Folklore und europäischen Gesellschaftstänzen. Das Ergebnis dieser ungewöhnlichen Mischung war der Jazz.

# Klassische Musik

Die klassische Musik steht als die so genannte E-Musik (ernste Musik) im Gegensatz zur U-Musik (Unterhaltungsmusik). Die Ursprünge der klassischen Musik gehen auf geistliche Musik zurück und auf die Musik, die zur Unterhaltung von adeligen und reichen Leuten komponiert wurde.

## Johann Sebastian Bach

*Johann Sebastian Bach*

Der deutsche Komponist Johann Sebastian Bach (1685–1750) wird von vielen als der größte Komponist klassischer Musik überhaupt angesehen. Er trat in den Dienst von Herzog Wilhelm Ernst in Weimar, wurde dort Hofkonzertmeister und später Hofkapellmeister in Köthen. 1723 wurde Bach zum Kantor an der Kirche St. Thomas in Leipzig ernannt. Dort komponierte und musizierte er bis zu seinem Tod. Seine Werke umfassen alle musikalischen Gattungen außer der Oper. Aber zu Lebzeiten war Bach als Organist mehr geschätzt denn als Komponist. Nach seinem Tod gerieten seine Werke fast in Vergessenheit und wurden erst Anfang des 19. Jahrhunderts von dem Komponisten Felix Mendelssohn Bartholdy wiederentdeckt. Zu seinen Werken zählen unter anderem über 200 Kantaten, die *Johannes-* und *Matthäuspassion*, das *Weihnachts-* und *Osteroratorium*, Orgel- und Cembalowerke (*Das wohltemperierte Klavier I* und *II*, *Goldberg-Variationen*), Kammermusik sowie sechs Brandenburgische Konzerte.

## Antonio Vivaldi

*Antonio Vivaldi*

Der italienische Komponist Antonio Vivaldi (1678–1741) war einer der größten Violinvirtuosen seiner Zeit. Vivaldi ist vor allem wegen seiner Konzerte bekannt, von denen er über 550 schrieb, unter anderem *Die Vierjahreszeiten*, eine Reihe von vier Violinkonzerten – sein heute wohl bekanntestes Werk. Er entwickelte durch seine Komposition das Solo-Violinkonzert zu einer zentralen Form der Barockmusik.
Vivaldi war ursprünglich Priester und arbeitete zunächst in einem Waisenhaus für Mädchen. Hier schrieb er Musik, die von den Mädchen gespielt und gesungen wurde. Viele seiner Werke wurden veröffentlicht, so dass er in auch außerhalb seines Heimatlandes in ganz Europa sehr berühmt war. Weitere seiner Werke sind 46 Opern, von denen 21 vollständig erhalten sind, drei Oratorien, Orchesterwerke, über 200 Violinkonzerte, Kirchenmusik, weltliche Kantaten und Serenaden.

## Barockmusik

Der Begriff Barock beschreibt eine Stilrichtung der europäischen Kunst, Architektur und Musik ab etwa 1600 bis 1750. Gemälde und Gebäude dieser Zeit waren reich verziert, äußerst prunkvoll und überladen, was sich auch in der Musik dieser Epoche widerspiegelt. Viele neue Musikgattungen wurden in dieser Zeit entwickelt, unter anderem die Oper und neue Formen der Instrumentalmusik, z. B. die Suite, das Konzert und die Sonate.

## Orchester

**Das Orchester, wie wir es heute kennen, hat seine Anfänge im 17. Jahrhundert. Damals wurden die Orchester recht willkürlich vom Komponisten nach den verfügbaren Instrumenten zusammengestellt.**

*Die Zusammenstellung eines Orchesters*

## Suite

Die Suite ist eine Zusammenstellung von Instrumentalstücken, im Allgemeinen Tanzsätze, die nacheinander gespielt werden. Sie waren aber nicht als Musik zum Tanzen gedacht, sondern zum Zuhören. Suiten dieser Zeit wurden für Soloinstrumente – z. B. Flöte oder Cembalo – , aber auch für Orchester komponiert.

## Sonate

Eine Sonate ist eine Komposition in drei oder vier Teilen, den so genannten Sätzen. Die meisten Sonaten sind für ein Soloinstrument oder für eine kleine Gruppe von Musikinstrumenten geschrieben.

## Hast du schon gewusst,

**dass die meisten Komponisten des Barock von wohlhabenden Leuten oder der Kirche eingestellt wurden? Sie sollten Musik zur Unterhaltung am Hofe oder Musik für Gottesdienste schreiben und wurden auch von ihren Auftraggebern bezahlt. Öffentliche Konzerte, für die die Zuhörer zahlten, gab es erst ab dem späten 17. Jahrhundert. Das bedeutete, dass Komponisten nun Musik für ein breiteres Publikum schreiben konnten und nicht nur nach dem Geschmack der Kirche und des Adels.**

## Klassik

Der Begriff „Klassik“ wird für die Musik benutzt, die zwischen 1750 und 1820 komponiert wurde. Diese leichtere, anmutigere Musikrichtung löste den prunkvollen Barockstil ab. In dieser Zeit entstanden viele Musikgattungen und -formen. Die Orchester hatten damals schon fast die gleiche Zusammensetzung wie heute. Das Konzert der Klassik ist eine Komposition für einen oder mehrere Solisten mit Orchester, meist in drei Sätzen. Gegen Ende eines Satzes spielt der Solist oft eine schwierige, komplizierte Stelle mehrere Minuten lang alleine.

## Symphonie

Die Symphonie ist ein groß angelegtes Orchesterwerk, das in der Regel aus drei oder vier Sätzen besteht. Diese Musikform kam erstmalig in der Zeit der Klassik auf. Das Wort „Symphonie“ stammt von dem Begriff „Sinfonia“, mit dem man verschiedene Arten von Instrumentalmusik der Renaissance und des Barock bezeichnete.

## Joseph Haydn

**Der österreichische Komponist Joseph Haydn (1732–1809) ist neben Wolfgang Amadeus Mozart und Ludwig van Beethoven einer der Großmeister der Wiener Klassik. Er schrieb mehr als 100 Symphonien. Die meiste Zeit seines Lebens war Haydn für die mächtige ungarische Fürstenfamilie Esterházy, die in der Nähe von Wien lebte, tätig. Er war verpflichtet, für zwei Konzerte pro Woche die Musik zu komponieren und musste Opern und die Musik zu den Gottesdiensten schreiben. Angeregt von Georg Friedrich Händel schrieb Haydn seine berühmten Oratorien *Die Schöpfung* und *Die Jahreszeiten*. Obwohl er Wien nur selten verließ, wurde seine Musik in ganz Europa veröffentlicht. Haydn war schon zu Lebzeiten sehr berühmt. Weitere seiner Werke sind unter anderem 104 Symphonien, Ouvertüren, Streichquartette, Kammermusik, Sonaten, Messen und Opern.**

*Drei Kammermusiker*

## Kammermusik

Unter Kammermusik versteht man die Musik, die von einer kleinen Gruppe von Musikern aufgeführt wird. Ab etwa 1750 war es die Bezeichnung für Musik, die in einer Kammer oder einem Zimmer an Fürstenhöfen aufgeführt werden konnte. Heute wird sie meist in Konzertsälen vorgetragen.

## Romantik

Im 19. Jahrhundert kam in Europa ein neuer Musikstil auf, der von der Natur, der Dichtung und der Malerei inspiriert wurde. Nicht nur Dichter und Maler versuchten Gefühle zum Ausdruck zu bringen, sondern auch Komponisten. Diese Kunstrichtung wird Romantik genannt und dauerte bis in das frühe 20. Jahrhundert an. In dieser Zeit wurden neben großen Symphonien und Konzerten viele der berühmten Opern und Ballette geschrieben.

### Peter Tschaikowsky

**Pjotr (Peter) Iljitsch Tschaikowsky (1840–1893) war einer der bekanntesten russischen Komponisten der Romantik. Er ist vor allem für seine Ballettmusik berühmt. Seine Musik hat ihre Wurzeln zum Teil in der deutschen Romantik, hat aber auch französische Vorbilder wie Georges Bizet und Hector Berlioz. Tschaikowsky studierte am Petersburger Konservatorium und war später Lehrer am Konservatorium in Moskau. Er wurde als erster russischer Komponist weltberühmt und trat auch als Dirigent seiner eigenen Werke auf. Trotz seines großen Erfolgs hatte Tschaikowsky ein sehr unglückliches Leben. Zu seinen Werken zählen zehn Opern (*Undine, Eugen Onegin, Pique-Dame*), zahlreiche Ballette (*Schwanensee, Dornröschen, Der Nussknacker*), sechs Symphonien (*Pathétique*), Fantasie-Ouvertüren (*Romeo und Julia*), Klavierkonzerte, Werke für Streichorchester sowie Klavierwerke.**

Auch wenn der große Komponist Ludwig van Beethoven den Großteil seiner Musik während der Epoche der Klassik geschrieben hat, so gilt er doch als erster Komponist der Romantik. Mit seinem neuen, komplizierten Musikstil übte er großen Einfluss auf die Musik des späten 19. Jahrhunderts aus.

### Ludwig van Beethoven

*Handschriftliche Unterlagen der* Mondscheinsonate *von Beethoven*

**Der deutsche Komponist Ludwig van Beethoven (1770–1827) ist mit Sicherheit der einflussreichste Komponist der Musikgeschichte. Er entwickelte einen neuen Musikstil, der komplizierter war, als alle zuvor geschaffene Musik. Beethoven, der in Bonn geboren wurde, ging nach Wien, wo er kurze Zeit Schüler von Wolfgang Amadeus Mozart war und später bei Joseph Haydn Unterricht nahm. Er war bald ein sehr erfolgreicher Klaviervirtuose und trat mit seinen eigenen Werken auf. Als er 32 Jahre alt war, bekam er ein Gehörleiden, das 1818 zur völligen Taubheit führte. Trotzdem komponierte Beethoven weiter und schrieb sogar einige seiner besten Kompositionen. Seine Taubheit deprimierte ihn jedoch sehr und sein Verhältnis zu seinen Mitmenschen wurde immer düsterer. Er war sogar seinen engsten Freunden gegenüber aufbrausend und barsch. Trotz seiner persönlichen Probleme war Beethoven in Wien sehr beliebt. Als er starb, war er in ganz Europa berühmt. Bei seiner Beerdigung sollen sich mehr als 10.000 Menschen dem Trauerzug angeschlossen haben. Sein spätes Werk stieß bei Zeitgenossen oft auf Unverständnis und fand erst nach seinem Tod Beachtung und Würdigung. Zu seinen Werken zählen unter anderem die Oper *Fidelio* (seine einzige Oper), Klaviersonaten (*Mondscheinsonate*), Symphonien, Klavierkonzerte, Violinkonzerte, eine Messe (*Missa solemnis*) und zahlreiche Lieder.**

## Romantische Lieder und Klaviermusik

Unter dem Begriff „Lied" versteht man im Allgemeinen ein gesungenes Musikstück. Im engeren Sinn ist damit eine bestimmte Kompositionsform des 19. Jahrhunderts für Solostimme und Klavier gemeint, das Kunstlied. Franz Schubert war der erste bedeutende Liederkomponist – er schrieb über 600 Lieder, von denen du manche vielleicht im Musikunterricht gelernt hast.

Das Klavier war das beliebteste Musikinstrument der Romantik. Komponisten wie Frédéric Chopin schrieben Klavierstücke, die eine romantische Stimmung ausdrückten. Die Stücke von Chopin sind häufig beeinflusst von großer Traurigkeit und von Schwermut.

### Franz Schubert

Franz Schubert (1797–1828) wurde zu Lebzeiten vor allem als Komponist von Liedern berühmt. Er lebte als freier Komponist. In seinen Werken erkennt man den Übergang von der Wiener Klassik zur musikalischen Romantik des 19. Jahrhunderts. Schubert erlernte als Kind viele verschiedene Musikinstrumente und studierte außerdem Gesang und Komposition. Zunächst unterrichtete er als Lehrer, gab aber diese Tätigkeit bald auf, um sich nur dem Komponieren zu widmen. Obwohl Schubert sehr jung mit 31 Jahren starb, schuf er in seinem kurzen Leben erstaunlich viele Musikwerke. Mit 17 Jahren hatte er bereits seine erste Symphonie, Streichquartette, Klavierstücke und eine Oper geschrieben. Das Kernstück des Gesamtwerks Schuberts umfasst über 600 Lieder, von denen viele auf Gedichte von Goethe (z. B. *Erlkönig, Heidenröslein*), Schiller und Heine komponiert wurden. Zu seinen bekanntesten Kompositionen zählt *Das Forellenquintett* (bekannt als die *Große Symphonie*). Außerdem schrieb er zahlreiche Chorwerke, Opern, Singspiele, Bühnenmusiken (*Rosamunde*), Symphonien, Tänze und Klaviersonaten.

### Frédéric Chopin

Der polnische Komponist und Pianist Frédéric Chopin, eigentlich Fryderyk (1810–1849) komponierte Werke fast nur für das Klavier. Im Alter von 16 Jahren hatte sich Chopin mit kleinen Auftritten in Warschau, Polen, und eigenen kleinen Klavierstücken bereits einen Namen als Pianist gemacht. Er studierte am Warschauer Konservatorium und ging 1831 nach Paris, wo er als Lehrer und Pianist berühmt wurde. Sein Stil wurde durch teils französische, teils polnische Folklore-Elemente (Tanzformen wie Mazurka oder Polonaise) geprägt. Chopins Musik ist von einer unverwechselbaren Melodik und Brillanz. Er schrieb virtuose Solostücke sowie Werke für Klavier, aber auch einfache Stücke für den Unterricht. Er war ein großartiger Improvisator und sehr beliebt in Salons der musikalischen und gesellschaftlichen Kreise. Er gab allerdings selten große Konzerte in der Öffentlichkeit, sondern spielte lieber vor einem kleineren Zuhörerkreis. Chopin hatte sein Leben lang Probleme mit der Gesundheit und starb bereits mit 39 Jahren an Tuberkulose. Sein Einfluss auf spätere Komponisten wie Richard Wagner, Franz Liszt und Claude Debussy war bedeutend. Zu seinen Werken zählen unter anderem zwei Konzerte, drei Sonaten, 27 Etüden, 24 Préludes (Vorspiel; Einleitungssatz, z. B. zur Suite, auch selbstständiges Instrumentalstück), 56 Mazurken (polnischer Nationaltanz im schnellen Takt), 13 Polonaisen (polnischer Nationaltanz in mäßig bewegtem Dreivierteltakt), 15 Walzer und Lieder.

## Musik des 20. Jahrhunderts

Das 20. Jahrhundert war, was die Musik betrifft, eine Zeit des Erforschens und der Experimente. Einige Komponisten schrieben zwar immer noch Musik im Stil des 19. Jahrhunderts, aber andere wollten als Gegenreaktion zu dem überschwänglichen Ausdruck der Romantik neue Wege in der Musik gehen. So entstand in dieser Zeit eine faszinierende Vielfalt an Klängen und Techniken.

## Hast du schon gewusst,

*Paganinis erste Triumphe bei seinen Auftritten*

**dass einige Musiker des 19. Jahrhunderts damals so berühmt waren wie Popstars heute? Es waren hervorragende Instrumentalisten, so genannte Virtuosen, die genauso viele Fans hatten wie die heutigen Stars. Einer dieser Stars war der berühmteste Geiger seiner Zeit: Niccolò Paganini. Seine Musik war so schwierig zu spielen, dass man ihn „Teufelsgeiger" nannte.**

## Tonartexperimente

Seit der Renaissance beruhte die abendländische Musik auf der tonalen Musik, d.h. auf den Tönen einer Tonleiter, die einer bestimmten Tonart zuzuordnen war. Einige Musiker machten Experimente, indem sie bitonale Musik schrieben, also Musik, die gleichzeitig in zwei Tonarten komponiert ist. Andere Musiker wiederum schrieben atonale Musik – Musik, die keiner Tonart zuzuordnen ist. Das ist der Grund, warum manche Musikstücke des 20. Jahrhunderts schroff und ungewohnt klingen.

## Neoklassizismus in der Musik

Das Wort „Neo" bedeutet „neu". Ab 1920 wandten sich Komponisten wie Igor Strawinsky gegen die Musik der Romantik und schrieben nicht mehr im überschwänglichem Stil für riesige Orchester, sondern für kleinere Ensembles. Dabei kombinierten sie Musikformen früherer Epochen mit modernen Elementen, wie z. B. atonalen Harmonien.

## Zwölftonmusik

Zu Beginn des 20. Jahrhunderts erfanden Arnold Schönberg und seine Schüler Alban Berg und Anton von Webern eine neue Kompositionstechnik. Bei dieser Technik werden alle zwölf Tonstufen der chromatischen Tonleiter vollkommen gleichwertig verwendet. Sie kehren in einer vom Komponisten festgelegten Zwölftonreihe und deren Abwandlungen ständig wieder. Eine chromatische Tonleiter umfasst alle zwölf schwarzen und weißen Tasten, die zwischen zwei gleichnamigen Tönen liegen. Es ist eine Aufeinanderfolge von zwölf Halbtönen.

## Igor Strawinsky

**Igor Strawinsky (1882–1971), der amerikanische Komponist russischer Herkunft, zählt zu den bedeutendsten Komponisten der frühen Moderne. Strawinskys berühmtestes Werk ist sein revolutionäres Ballett *Le sacre du printemps* von 1913. Es hat die Musik des 20. Jahrhunderts maßgeblich geprägt. Er studierte in Sankt Petersburg bei dem russischen Komponisten Rimski-Korsakow, dessen Musik seine frühen Werke beeinflusste. Im Jahre 1910 ging er mit den „Ballettes Russes" nach Frankreich und schrieb zahlreiche Ballettmusiken für dieses Ensemble, z. B. *L'oiseau de feu (Der Feuervogel)* und *Le sacre du printemps*.**
**Während des Ersten Weltkriegs musste Strawinsky in die Schweiz flüchten, 1939 siedelte er in die USA über und wurde amerikanischer Staatsbürger. Hier schrieb er vor allem Filmmusik. Er war noch mit 80 Jahren sehr aktiv – er komponierte, dirigierte und spielte seine Werke auf Schallplatte ein. Als fantasievoller Komponist griff Strawinsky fast alle Stilentwicklungen des 20. Jahrhunderts auf, legte sich jedoch auf keinen bestimmten Stil fest. Weitere Werke sind Ballette (*Petruschka, Pulcinella*), das Melodrama *Die Geschichte vom Soldaten*, Opern (*Oedipus Rex*), drei Symphonien, ein Violinkonzert, eine Messe, Klavierwerke, Kammermusik und unzählige Lieder.**

## Arnold Schönberg

**Arnold Schönberg (1874–1951) war einer der einflussreichsten Komponisten des 20. Jahrhunderts. Der österreichische Komponist war ab 1903 als Musiklehrer von bekannten Komponisten wie Alban Berg und Anton von Webern in Wien tätig. Aus seiner Lehrtätigkeit entwickelte sich die „Harmonielehre". Schönbergs erste Werke waren noch von der spätromantischen Musik Johannes Brahms und Richard Wagners beeinflusst. Später experimentierte er mit Tonarten und Tonalitäten. Nach 1920 entwickelte Schönberg mit seiner Zwölftonmusik ein neues Ordnungsmodell, das die klassische Harmonie ersetzte und bis in die Musik der 1950er-Jahre nachwirkte. Zu seinen Werken zählen unter anderem Dramen mit Musik (*Erwartung, Die glückliche Hand*), eine unvollendete Oper (*Moses und Aaron*), Oratorien für Singstimmen und Orchester, Lieder mit Klavierbegleitung sowie zwei Kammersymphonien.**

## Minimalmusik

Dieser Musikstil ist sehr schlicht und enthält im Allgemeinen viele Wiederholungen. Ein Stück besteht oft aus wenigen Rhythmen, Melodien und Akkorden, die ständig wiederholt werden. Ein typischer Vertreter der Minimalmusik ist der amerikanische Komponist Philip Glass.

## Elektronische Musik

Ab den 1950er-Jahren schufen Karlheinz Stockhausen und andere Komponisten mit Synthesizern die elektronische Musik. Auf einem Synthesizer werden Schallwellen von Musikinstrumenten gespeichert. Aber es können auch andere Klänge wie z. B. Vogelgezwitscher wiedergegeben werden. Das macht man mit einem Gerät, das „Sampler" heißt. Manche Synthesizer haben digital gespeicherte Geräusche. Wenn ein Klang gespeichert wurde, kann man damit Melodien spielen. Es kann sehr viel Spaß machen, mit den gespeicherten Klängen zu experimentieren. Es ist sogar möglich, den Klang zu verändern, indem man ihn umgekehrt hinzufügt oder einen Echoeffekt dazu spielt. Kannst du dir vorstellen, wie wohl ein Stück von Wolfgang Amadeus Mozart klingt, wenn auf jedem Ton das Zwitschern eines Vogels zu hören ist?

## Wolfgang Amadeus Mozart

**Der in Salzburg, Österreich, geborene Komponist Wolfgang Amadeus Mozart (1756–1791) war ein musikalisches Wunderkind. Mozart wurde schon als Kind von seinem Vater auf der Geige und dem Klavier unterrichtet. Er komponierte schon im Alter von fünf Jahren und trat auch öffentlich auf. Während seiner Kindheit unternahm sein Vater mit ihm und seiner Schwester Nannerl, die auch musikalisch ausgebildet war, mehrere Reisen durch ganz Europa, wo die begabten Kinder an zahlreichen Höfen Konzerte gaben. Besonders Wolfgang Amadeus Mozart erregte schon sehr früh Bewunderung. 1769 wurde er Konzertmeister des Salzburger Fürsterzbischofs, ließ sich aber in Italien weiter ausbilden. Da er unter der provinziellen Enge des Hofes litt, verließ Mozart 1777 Salzburg, reiste durch Europa und suchte Arbeit. Durch Vermittlung seines Vaters kehrte er ein Jahr später wieder in den Salzburger Dienst zurück. Hier musste er für den Hof musizieren und komponieren. 1781 kam es zum endgültigen Bruch mit dem Erzbischof. Mozart zog nach Wien, wo er bis zu seinem Tod lebte und seine größten Werke schuf. Besonders seine Opern waren sehr erfolgreich. Seine großen italienischen Opern waren inhaltlich oft sehr kritisch und provozierten die einflussreichen Leute. Die letzten fünf Jahre seines Lebens verbrachte er zurückgezogen und schuf die Höhepunkte seines Werkes. Obwohl Mozart zu Lebzeiten sehr berühmt und reich geworden war – er war ein richtiger Superstar seiner Zeit – starb er in Armut. Zu seinen Werken zählen neben Opern (*Die Hochzeit des Figaro, Don Giovanni, Cosi van tutte, Zauberflöte, Die Entführung aus dem Serail*) zahlreiche Symphonien, Streichquartette, Kammermusik, viele Klavierwerke, ein unvollendetes Requiem und Kantaten.**

# Oper

*Ausschnitt aus der* Zauberflöte *mit Papageno und Tamino*

Die Oper vereint Musik und Schauspiel. Um eine ganz besondere Form der Unterhaltung zu schaffen, müssen auch Kostüme und Bühnenbilder entworfen werden.

Vielleicht hast du schon eine Opernaufführung miterlebt. Manche Opernhäuser inszenieren Opern, die nicht zu schwierig und lang sind, extra für Kinder und Jugendliche. Sehr beliebt ist z. B. *Die Zauberflöte* von Wolfgang Amadeus Mozart.

## Die Entstehung der Oper

Im späten 16. Jahrhundert entwickelte eine Gruppe von italienischen Dichtern und Komponisten, eine vollkommen neue Gesangsform. Sie verwendeten einfachere Musik, die sich dem Zuschauer besser einprägte. Daraus entstand dann die Oper, wie wir sie heute kennen. Die Oper umfasst eine dramatische Handlung, Gesang und Instrumentalmusik.

Die ersten Opern wurden an Fürstenhöfen gespielt. Mit der Zeit wurden Opern so beliebt, dass man besondere Opernhäuser für öffentliche Aufführungen errichtete. Das erste öffentliche Opernhaus wurde 1637 in Venedig eröffnet. Schon bald gab es in ganz Europa Opernhäuser.

Die Gesangsform der Oper erfordert eine gründliche Ausbildung der Stimme, so dass im 18. Jahrhundert der Beruf des Opernsängers entstand.

### Gioacchino Rossini

**Der italienische Komponist Gioacchino Rossini (1792–1868) ist der erfolgreichste Meister der italienischen „Opera buffa" („Komische Oper") im frühen 19. Jahrhundert. Rossini stammte aus einer Musikerfamilie, die in Bologna, Italien, lebte und lernte bei seinen Eltern Hornspielen und Gesang. Als junger Mann sang er selbst in Opern, begann aber im Alter von 18 Jahren seine eigenen Opern zu komponieren. Er bekam bald Aufträge und schrieb in 16 Monaten sieben Opern. Auch in den folgenden Jahren blieb Rossini sehr produktiv und schrieb 40 Werke für die Opernhäuser in Neapel, Mailand, Paris und anderen europäischen Städten. Im Alter von 37 Jahren wurde er schwer krank. Zu seinen Werke zählen neben Kirchen- und Kammermusik hauptsächlich Opern (*Tancredi, Der Barbier von Sevilla, Die diebische Elster, Wilhelm Tell*).**

## Die Entwicklung der Oper

Im 18. Jahrhundert wurde die Oper immer beliebter. Der Grund dafür war vor allem, dass immer mehr Opernhäuser gebaut wurden. Man kam hierher nicht nur, um Musik zu hören, sondern auch als gesellschaftliches Ereignis. Während auf der Bühne das Stück aufgeführt wurde, spielte das Publikum Karten oder unterhielt sich mit Freunden. Man unterbrach diese Tätigkeiten nur, um eine berühmte Szene oder auch einen berühmten Sänger mitzuverfolgen.

## Opernstile des 18. Jahrhunderts

Die Handlung der meisten Opern des frühen 18. Jahrhunderts drehte sich um historische Ereignisse. Es gab immer ein Happy End; der Bösewicht wurde geschnappt und der Held belohnt. Diese Art von Oper wurde in Italien als „Opera seria" bekannt und bedeutet „ernste Oper". Der Komponist Georg Friedrich Händel schrieb eine Reihe von Opern in diesem Stil.

Eine ernste Oper war meist in mehrere Abschnitte aufgeteilt, die Akte genannt werden. Zwischen den einzelnen Akten wurden häufig heitere Szenen aufgeführt, die die Stimmung des Publikums aufheitern sollten. Mit der Zeit wurden diese Zwischenszenen so beliebt, dass die Komponisten ganze Opern in diesem Stil schrieben. Daraus hat sich in Italien die heitere Oper, die „Opera buffa", entwickelt, z. B. *Die Hochzeit des Figaro* von Mozart. In anderen Ländern, z. B. Frankreich nannte man diese Art von Oper „Opéra comique" („komische Oper") und in Deutschland „Singspiel", z. B. *Die Zauberflöte* von Mozart und der *Freischütz* von Carl Maria von Weber.

### Giuseppe Verdi

**Der italienische Komponist Giuseppe Verdi (1813–1901) ist der bedeutendste Vertreter der italienischen Oper im 19. Jahrhundert. Seine Oper „Nabucco" (1842) wurde zum Symbol der italienischen Einigungsbestrebungen und hatte politische Bedeutung. Verdis Opern sind von großer dramatischer Gestaltung und reicher Melodik geprägt. Mit seinem letzten Bühnenwerk „Falstaff" schuf er einen Musikstil, der die Elemente der alten „Opera buffa" mit einer neuen Klangtechnik verbindet. Zu seinen Werken zählen 26 Opern (*Macbeth, Rigoletto, Der Troubadour, La Traviata, Die Macht des Schicksals, Don Carlos, Aida, Othello*), ein Requiem, ein Streichquartett und Lieder.**

### Georg Friedrich Händel

**Der deutsche Komponist Georg Friedrich Händel (1685–1759) ist einer der berühmtesten Komponisten der Barockzeit. Er wurde in Halle, seiner Geburtsstadt, und Italien ausgebildet. 1712 ließ er sich in London nieder und wurde dort zum Hofkomponisten ernannt. Er schrieb vor allem italienische Opern im Stil der „Opera seria", die damals sehr beliebt waren. Nach 1730 komponierte Händel hauptsächlich Oratorien. Oratorien sind opernähnliche mehrteilige Gesangsstücke, die im Allgemeinen ein religiöses Thema haben und auf Bühnenbild, Kostüm sowie Schauspielkunst verzichten. Seine Oratorien wurden so beliebt, dass er später keine Opern mehr schrieb. Sowohl in England als auch in Deutschland galt Händel als der größte Komponist seiner Zeit. Zu seinen Werken zählen unter anderem Opern (*Almira, Rinaldo, Orlando* und viele mehr), Oratorien (*Messiah, Judas Maccabaeus, Samson*), Orchesterwerke (*Wassermusik, Feuerwerksmusik*), Orgelkonzerte und Klaviersuiten.**

## Oper im 19. Jahrhundert

Im 19. Jahrhundert entstanden einige der berühmtesten Opern der Welt. Die Werke der Opernkomponisten Giuseppe Verdi, Giacomo Puccini und Richard Wagner zählen zu den heute bekanntesten Opern. Es war das große Zeitalter der Romantik, in dem die Komponisten der Ansicht waren, Musik solle Gefühle und Emotionen widerspiegeln. Um etwa 1830

Aida-*Inszenierung mit einem lebenden Elefanten auf der Bühne*

entwickelte sich in Frankreich die Große Oper. Man nannte diese Art Oper „groß“, weil aufwändige Bühnenbilder eingesetzt wurden. Außerdem enthielt sie oft monumentale Szenen mit vielen Personen und manchmal sogar lebenden Tieren, wie Elefanten, auf der Bühne. Die Handlung beruhte meist auf Heldengeschichten und Legenden sowie auf Beziehungen zwischen Menschen unterschiedlicher Herkunft.

## Richard Wagner

**Richard Wagner (1813–1883) ist wahrscheinlich der bekannteste deutsche Opernkomponist. Er war Komponist, Dramatiker, Dirigent und Regisseur und verwirklichte den romantischen Gedanken eines Gesamtkunstwerks, in dem alle Bühnenkünste zu einer Einheit verschmolzen werden. Er verwandelte die Oper zum Musikdrama, was mit den Werken „Tannhäuser“ und „Lohengrin“ begann und in „Tristan und Isolde“ vollkommen wurde. Bis dahin bestand eine Oper aus einer Reihe von einzelnen Musikstücken. Wagner war der erste Komponist, der die Gesangspartien in einem Gesamtstück verschmelzen ließ. Seine Werke waren für die damalige Zeit sehr fortschrittlich und seinen Zuhörern fiel es oft schwer, seine Musik zu verstehen. Wagners Musik wird heute noch oft als komplex und anspruchsvoll bezeichnet. Um 1850 begann Wagner seine berühmtesten Kompositionen, den Zyklus von vier Opern mit dem Titel „Der Ring des Nibelungen“. Es dauerte etwa 25 Jahre, bis der Zyklus vollendet war, dessen Aufführung 18 Stunden lang ist. Es ist ein Bühnenfestspiel in drei Tagen und einem Vorabend (*Das Rheingold, Die Walküre, Siegfried, Götterdämmerung*). Dank der finanziellen Unterstützung durch seinen Freund und Gönner, König Ludwig II. von Bayern, konnte Wagner den Bau eines Festspielhauses veranlassen, das eigens für die Uraufführung des Rings in Bayreuth im Jahre 1867 entstand. Weitere seiner Werke sind zahlreiche Bühnenstücke (*Der fliegende Holländer, Tannhäuser, Die Meistersinger von Nürnberg, Parsifal*), Orchesterwerke, ein Oratorium und Klavierstücke.**

## Ouvertüren

**Eine Ouvertüre (wörtlich „Eröffnung“) ist ein Musikstück, das vom Orchester zur Einleitung einer Oper gespielt wird. Sie entwickelte sich aus den Bläserfanfaren, die frühe Opernkomponisten einsetzten, um den Beginn einer Aufführung anzukündigen.**

## Oper im 20. Jahrhundert

Im 20. Jahrhundert entstanden Opern im impressionistischen (Claude Debussy), expressionistischen (Arnold Schönberg, Alban Berg) und neoklassizistischen (Igor Strawinsky, Paul Hindemith) Stil. Besonders in neoklassizistischen Opern wurden Formen und Techniken von Komponisten des Barock und der Klassik aufgegriffen. Die moderne Oper verwendet seit etwa 1950 literarisch bedeutende Texte, wodurch „traditionelle“ Literaturopern oder experimentelle Werke entstanden.

## Claude Debussy

**Der französische Komponist Claude Debussy (1862–1918) gilt als der Begründer und Vertreter der impressionistischen Musikrichtung, die sich deutlich von der Romantik und der deutschen Musiktradition abhebt. Debussy war einer der schöpferischsten Komponisten des 20. Jahrhunderts. Er studierte Musik am Pariser Konservatorium, wo er erste Experimente mit klanglichen und musikalischen Ideen durchführte. Debussy wurde zum Vorläufer der Neuen Musik im 20. Jahrhundert. Sein Spätwerk befasst sich mit der älteren französischen Musik und strebt nach neuer klassischer Klarheit. Zu seinen Werken zählen unter anderem Opern (*Pelléas und Mélisande*), Ballette, Orchesterwerke (sein wohl berühmtestes Werk *Prélude à l’après-midi d’un faune, Nocturnes, La Mer*), Kammermusik, Klaviermusik und Lieder.**

## Operette

Operette bedeutet „kleine Oper“. Im 17. und 18. Jahrhundert wurde dieser Begriff für eine kurze Oper verwendet. Seit Mitte des 19. Jahrhunderts bezeichnet man damit Bühnenwerke mit Instrumental- und Gesangsstücken, aber auch gesprochenen Dialogen sowie Tanzeinlagen. Die Handlung ist meist leicht, oft heiter und die Musik eingängig. Sie hatte oft gesellschaftskritische Züge. Die Operette hat sich in Wien und Berlin weiterentwickelt. Zu den beliebtesten Operetten, die auch heute noch aufgeführt werden, zählen *Die Fledermaus* von dem österreichischen Komponisten Johann Strauß und *Die lustige Witwe* von dem Ungarn Franz Lehár. In jüngster Zeit wurde die Operette vom Musical zurückgedrängt.

*Ausschnitt aus der Operette* Die lustige Witwe

## Musical

Das Musical ist die amerikanische Form des Singspiels mit gesprochenem Dialog und Gesang. Außerdem enthält es Tanznummern. Es entstand Anfang des 20. Jahrhunderts in den USA am New Yorker Broadway. Zu den bedeutendsten Musicals zählen u. a. *Porgy and Bess* (George Gershwin), *My Fair Lady* (Frederick Loewe) und *West Side Story* (Leonard Bernstein). In den letzten 20 Jahren ist das Musical wieder sehr beliebt geworden und es entstanden moderne Werke wie *Evita, Cats, Starlight Express* und *Das Phantom der Oper* (alle von Sir Andrew Lloyd Webber). Viele Musicals wurden auch erfolgreich verfilmt.

Aufgrund des großen Erfolgs in Amerika kam das Musical in den 1990er-Jahren allmählich auch nach Europa.

*Die drei Hauptdarsteller des Musicals* Cats *in ihren Kostümen*

### George Gershwin

**Der amerikanische Komponist George Gershwin (1898–1937), der in New York, USA, geboren wurde, erlernte die Musik hauptsächlich im Eigenunterricht. Gershwin war vor allem ein Song-Schreiber und komponierte viele Musicals. In seiner Musik vereinigte er Elemente des Jazz, amerikanischer und europäischer Musik und kreierte den „symphonischen Jazz“. Die Textbücher (Libretti) für die meisten seiner Werke schrieb sein Bruder Ira. Gershwin feierte große Erfolge mit seinen Songs, Musicals und Filmmusiken. 1924 gelang ihm der Durchbruch als „ernster“ Komponist mit seiner *Rhapsody in Blue* für Klavier, Jazzband und Orchester. Eines seiner bekanntesten Werke ist die amerikanische Folk-Oper *Porgy and Bess*, die Elemente des Jazz und Blues miteinander verbindet. Berühmt wurde auch sein Stück *An American in Paris (Ein Amerikaner in Paris)*.**

# Philosophie

# Was bedeutet Philosophie?

Selbst Philosophen haben zu dieser Frage keine einheitliche Meinung. Du kannst dir Philosophie aber etwa so denken: Man stellt sich Fragen, die sich oft hinter ganz alltäglichen Dingen verbergen, aber dennoch ziemlich kompliziert sein können. Eine solche Frage wäre beispielsweise: Warum bin ich auf der Welt?

## Die Liebe zur Weisheit

Wenn man über solche Fragen nachdenkt und den Dingen auf den Grund geht, nennt man das Philosophieren. Philosophen fragen also immer nach dem Grund der Dinge. Sie denken darüber nach und stellen Theorien auf, schreiben diese auf und veröffentlichen sie. Diese Menschen betreiben Philosophie als Wissenschaft. Aber auch wenn du nicht von Beruf Philosoph bist, wirst du über die Dinge nachdenken. Und das ist auch gut so, denn das Nachdenken und das Hinterfragen der Dinge unterscheidet uns von den Tieren.

Der Begriff „Philosophie" geht auf die griechischen Wörter philos und sophia zurück. Philos bedeutet „Freund" oder „liebend" und sophia „Weisheit". Philosophie heißt wörtlich übersetzt also „Freund der Weisheit" oder „Liebe zur Weisheit".

## Fragen über Fragen

Warum bin ich auf der Welt? Was ist gut? Was ist böse? Wie entstand das Universum? Gibt es einen Gott?

Natürlich stellt jeder einmal ähnliche Fragen nach dem Unbekannten und sucht eine Antwort. Einige Menschen beschäftigen sich jedoch intensiv damit und erforschen das Unbekannte. Ihre Theorien und Schriften geben Denkanstöße und verändern sogar die Gesellschaft.

Philosophen führen oft Gedankenspiele durch. Die Voraussetzung dafür ist, dass wir bereits einiges über die Welt wissen. In der Fantasie können wir dann die Bedingungen beliebig ändern und neue Situationen und Bilder schaffen. Wir stellen uns die Umstände so vor, wie wir wollen, und spielen sie in Gedanken durch.

## Welchen Zweck erfüllt die Philosophie?

Ursprünglich gehörten auch Naturwissenschaften wie Physik, Chemie, Biologie und Mathematik zur Philosophie. Als es immer mehr technischen Fortschritt gab, haben sich die Naturwissenschaften aber anders weiterentwickelt. Während Wissenschaften wie Mathematik oder Physik immer zu einem bestimmten Ergebnis kommen, ist das bei Philosophie nicht möglich. Denn im Gegensatz zu den Naturwissenschaften beschäftigt sich die Philosophie mit Ideen, die man nicht messen kann. Deshalb gibt es in der Philosophie auch kein so genanntes Grundwissen. Es ist charakteristisch für Philosophie, dass sie das Wissen immer wieder befragt und infrage stellt. Für den Philosophen kann alles zum Gegenstand des Philosophierens werden. Philosophie ist auch das Staunen über das, was uns zunächst als einfach erscheint. Aber Philosophie bedeutet trotzdem kein leeres Gerede über irgendwelche Dinge.

## Wie alles begann

Die Menschen jeder Epoche haben Fragen über die Welt gestellt, in der wir leben. Jede Gesellschaft hatte Philosophen, die sich mit ihrer Kultur

*Auch Athen war Treffpunkt für viele Philosophen*

auseinander setzten. Ihre Lehren haben verschiedene Traditionen begründet, etwa die Philosophie des Ostens, die Philosophie Afrikas oder des Abendlandes.

Die Anfänge der abendländischen Philosophie reichen rund 2500 Jahre zurück. Im 6. Jahrhundert vor Christus begannen die Menschen im antiken Griechenland, sich Gedanken über die Vorgänge in der Natur, über den Ursprung des Lebens und über den Menschen zu machen. Die griechische Welt war zu jener Zeit ein wichtiges Zentrum für Handel und Kultur. Besonders die Stadt Milet war ein bedeutender Handelshafen und eine der reichsten Städte der griechischen Welt. Hier trafen sich Menschen aller Länder, Sprachen und Religionen. Die Händler brachten aus China und aus dem Orient Erfindungen wie den Kalender und das Papier sowie Kenntnisse über Mathematik, Geografie und Naturwissenschaften mit. Jeder konnte berichten, was er in fernen Ländern Neues und Interessantes gesehen hatte. Und die Griechen liebten es, über das neue Wissen zu diskutieren. Da sie so viele Kenntnisse hatten, nahmen manche Menschen in der griechischen Welt Katastrophen und Krankheiten nicht mehr als gottgewollt hin, sondern begannen, dafür natürliche Erklärungen zu suchen. Was einige Denker zu Philosophen machte, war die Tatsache, dass sie die Welt erstmals mit wissenschaftlichen Methoden zu erklären versuchten und nicht durch Mythen.

# Antike

Die Vorsokratiker waren die ersten Philosophen des Abendlandes. Als Begründer der abendländischen Philosophie gilt Thales von Milet (um 625-547 vor Christus). Er lebte im 6. Jahrhundert in Milet in Kleinasien (der heutigen Türkei) und war als Kaufmann viel gereist. Er beschäftigte sich vor allem mit Astronomie und Mathematik.

*Pythagoras und Thales*

## Der Urstoff Wasser

Thales suchte natürliche Erklärungen für die Welt und ihre Phänomene. Und dies war etwas ganz Neues. Denn zuvor gingen die Menschen davon aus, dass alles – ihr eigenes Schicksal sowie das der Natur – von Göttern gelenkt wurde. Thales aber war der Meinung, dass der Mensch selbst für sein Leben verantwortlich und nicht von höheren Mächten abhängig sei. Auch die Natur war nicht den Launen der Götter unterworfen, sondern es lagen ihr Gesetze zugrunde, die man herausfinden, verstehen und nutzen konnte. Für Thales war Wasser der Ursprung aller Dinge – der Urstoff, aus dem alles hervorgegangen ist. Die Denker Anaximandros (um 610-550 vor Christus) und Anaximenes (um 575-525 vor Christus) vertraten ebenfalls die Urstofftheorie, nach der alles entsteht und vergeht. Auch sie versuchten, Naturerscheinungen logisch zu begründen. Alle drei – Thales, Anaximandros und Anaximenes – werden aufgrund ihrer ersten naturgesetzlichen Theorien als Naturphilosophen bezeichnet.

*Pytagoras bei einem Tonexperiment*

## Philosophie und Zahlen

Von den Gesetzen der Logik war auch der Mathematiker Pythagoras von Samos (um 570-um 500 vor Christus) fasziniert. Er versuchte, die Fragen der Naturgesetze mit dem Gesetz der Zahlen zu erklären. Er war deshalb nicht gegen eine Verehrung der Götter, sondern versuchte diesen Glauben mit der Suche nach natürlichen Erklärungen und rationalem – auf Vernunft beruhendem – Denken zu verbinden.

Der Philosoph Xenophanes von Kolophon (um 656-470 vor Christus) lehnte dagegen den Glauben seines Volkes an die vielen menschenähnlichen Götter ab. Sein Leitgedanke war: „Das Eine ist Alles“. Für ihn gab es nur ein göttliches Ganzes, einen Gott. Auch er war der Auffassung, dass für Naturkatastrophen oder Krankheiten nicht der göttliche Zorn verantwortlich war, sondern natürliche Ursachen.

## Der erste Philosoph

Sein Zeitgenosse Heraklit aus Ephesos (um 550–480 vor Christus) beschäftigte sich hauptsächlich mit dem Werden und Vergehen der Dinge. Ob Lebewesen oder Ding – alles verändert sich ständig, ist in Bewegung und setzt sich immer

## Hast du schon gewusst,

**dass Pythagoras der Erste war, der die Welt einen „Kosmos“ nannte? Damit meinte er die sinnvoll gegliederte Ordnung aller Dinge. Das Gegenteil des Kosmos ist die Unordnung – oder das Chaos.**

wieder unterschiedlich zusammen. Sein Ausspruch: „Wir können nicht zweimal in denselben Fluss steigen“ sollte dies verdeutlichen: Der Fluss bleibt derselbe, doch das Wasser nicht. Beim zweiten Mal steigt man in neues Wasser, das inzwischen heran geflossen ist. Er war der Erste, der sich Philosoph nannte.

## Gibt es etwas Unveränderliches?

Im Gegensatz dazu steht der Philosoph Parmenides von Elea (um 540-um 470 vor Christus), der ebenso wie sein Schüler Zenon von Elea (um 490-430 vor Christus) die Einheit des Seins verteidigte. Er weigerte sich, die Welt, die wir mit unseren Sinnen erfahren, für wahr zu halten. Er misstraute Augen und Ohren und meinte, dass man wahres Wissen nur durch die Vernunft erlangen könne. Wenn alle Dinge sich auf dieser Welt verändern, muss es doch auch etwas geben, das unveränderlich ist. Er schloss daraus, dass die Welt immer schon existiert haben müsse, denn aus dem Nichts könne nicht plötzlich etwas entstehen. Er glaubte auch, dass die Welt ewig existieren würde.

## Griechische Philosophie

Sokrates (um 470-399 vor Christus) zählt zu den einflussreichsten Philosophen überhaupt. Er wurde in Athen geboren und wirkte auch dort. Für Sokrates war die Philosophie ein Teil des Alltags. Er war immer einfach und fast ärmlich gekleidet, ging oft durch die Straßen Athens und verwickelte seine Mitmenschen in Gespräche. Diese Unterhaltungen liefen immer wie folgt ab: Sokrates stellte Fragen, sein Gegenüber antwortete – dies ging so lange, bis sein Gesprächspartner zugeben musste, keine Antwort mehr zu kennen. Also war man am Ende seiner Erkenntnis angelangt. Das war es, worauf Sokrates hinaus wollte: „Ich weiß, dass ich nichts weiß“. Das war einer seiner berühmtesten Aussprüche.

## Wissen bewahren

**Findest du es nicht erstaunlich, dass wir heute von den Vorsokratikern so viel wissen? Immerhin haben diese frühen Philosophen vor rund 2500 Jahren gelebt und von ihnen sind keine Schriftstücke erhalten. Entweder haben sie nichts aufgeschrieben oder die Schriftstücke sind im Laufe der Jahrtausende verloren gegangen. Unser Wissen verdanken wir den damaligen Geschichtsschreibern, aber vor allem den Philosophen, die etwas später gelebt haben. Denn sie erklärten zunächst einmal die Theorien ihrer Vorgänger, um sie dann mit ihren eigenen Erkenntnissen zu widerlegen.**

## Die Einsichten des Sokrates

*Sokrates*

Sokrates hinterließ keine schriftlichen Werke. Alles, was man heute von ihm weiß, geht auf die Werke der ihm folgenden Denker wie Platon und Aristoteles zurück. Sokrates interessierte sich vor allem für den einzelnen Menschen. Dieser sollte sich von seinem Scheinwissen befreien und alles über die wahre Tugend erfahren. Nur so würde er sich selbst prüfen und schließlich Einsicht in das tugendhafte Denken und Handeln gewinnen. Sokrates Botschaft an seine Mitmenschen lautete daher: „Erkenne dich selbst!“

## Der Tod des Sokrates

*Sokrates trinkt den Schierlingsbecher*

**Sokrates beschäftigte sich neben Philosophie auch mit Politik. In Athen herrschte zu dieser Zeit Demokratie. Gegner der Demokratie waren die Aristokraten, deren Anhänger auch Sokrates war. So wurde Sokrates von den Demokraten wegen „Gottlosigkeit" zum Tode durch den Schierlingsbecher verurteilt. Die Giftpflanze Schierling verursacht Lähmungen mit Todesfolge. Im antiken Griechenland wurde sie bei Hinrichtungen verwendet.**

## Woher stammt der Begriff „Vorsokratiker"?

**Sokrates ist einer der bedeutendsten Philosophen. Aber auch vor ihm gab es schon eine Reihe bedeutender Denker, wie beispielsweise Thales oder Heraklit. Und da sie vor Sokrates gelebt hatten, nannte man sie der Einfachheit halber Vorsokratiker.**

## Platon und Aristoteles

Einer der Schüler Sokrates war der ebenso berühmte Platon (427-347 vor Christus), der ebenfalls in Athen geboren wurde. Er gründete Europas erste Universität. Hier trafen sich Philosophen und diskutierten. Platon beschäftigte sich viel mit Politik und entwarf das Bild eines idealen Staates: Alle Kinder sollten die gleiche Bildung erhalten. Die besonders begabten Kinder würde man fördern und zu Philosophen erziehen. Denn nur die besten Philosophen könnten den Staat gut regieren. Irgendwann würden Philosophenkönige Macht und Weisheit auf sich vereinen.

*Sokrates schreibt an Platon*

## Platons Ideenlehre

Der Philosoph Aristoteles (384-322 vor Christus), Platons berühmtester Schüler, entwickelte sich zu seinem größten Gegenspieler. Er lehrte: „Es gibt eine höchste Ursache in allen irdischen Dingen" und vertrat die Meinung, dass Ideen nicht von Dingen getrennt, sondern mit diesen zusammen existieren. Die Logik zeigt nicht, was man denken sollte, sondern vielmehr wie man denken muss, damit man zu den richtigen Ergebnissen kommt. Das Studium der Natur lehrte ihn, dass alles nach einem ursprünglich angelegten inneren Bauplan strebe. Anders als später der christliche Glaube sah Aristoteles Gott nicht als Schöpfer der Welt.

*Platon und Aristoteles in der Schule von Athen*

## Schein und Wirklichkeit

Nach Platon ist das Ziel des menschlichen Lebens die Erkenntnis, nach der jeder Mensch strebt. Die Erkenntnis, was die Welt sei, erlangt der Mensch durch die Philosophie. Ohne Philosophie nimmt er die Wirklichkeit nur indirekt wahr. Platon erklärte das mit seinem berühmten Höhlengleichnis: In einer Höhle sitzen gefesselte Menschen mit dem Blick zur Wand. Sie können den Eingang hinter sich nicht sehen. Ein Feuer, das draußen brennt, spendet ihnen Licht. Zwischen dem Eingang und dem Feuer verläuft ein Weg. Die Menschen, die dort vorbeigehen, werfen wunderliche Schatten auf die Höhlenwand, die die Gefesselten sehen können. Sie glauben, die Schatten wären Wirklichkeit, weil sie nichts anderes kennen. Erst, wenn sie die Höhle verlassen, können sie die wirkliche Welt erkennen. Laut Platon nehmen die Menschen die Wirklichkeit so ähnlich wahr. Die Sinne erkennen nur die „Schatten". Die

Ideen hinter diesen Eindrücken erfassen nur diejenigen, die sich von den „Fesseln" der Gedanken lösen.

## Hellenismus

Das Zeitalter, in dem sich die griechische Kultur weit über die Grenzen Griechenlands hinaus bis in den Orient verbreitete, wird Hellenismus genannt. Es begann um 320 vor Christus und ging um Christi Geburt zu Ende. Auch in Rom spielte die griechische Bildung und Philosophie eine große Rolle. Die Politiker beschäftigten sich mit Platon und seinem Idealstaat oder mit der Lehre des Aristoteles. Die bedeutendste Gruppe dieser Epoche waren die Stoiker. Zu ihren größten Vertretern gehören der Staatsmann Seneca (um 4 vor Christus bis 65 nach Christus), Epiktet (50-140) und Kaiser Marc Aurel (121-180).

*Marc Aurel bei der Niederschrift seiner Gedanken*

## Vernunft und innere Ruhe

Die Theorie der Stoiker basierte auf den drei Grundelementen Logik, Physik und Ethik, wobei Logik und Physik die Vorstufen zur Ethik darstellten. Ethik ist die philosophische Richtung, die danach fragt, was richtig und falsch ist. Einen Gott im religiösen Sinn gab es für sie nicht, sondern die Natur selbst war das Gesetz. Der Mensch kann durch seine Vernunft zwischen gut und böse unterscheiden und seine Begierden zügeln. Darin bestand das Ideal, die höchste Tugend, der Stoiker – nur das zu tun, was die Vernunft gebietet. Alles andere, was einem Menschen im Laufe seines Lebens dagegen widerfährt – Armut, Krankheit, aber auch Erfolg und Besitz – musste „stoisch" ertragen werden. Wer das erkannt hat, lebt völlig leidenschaftslos und ist, nach Ansicht der Stoiker, glücklich und weise. Heute bezeichnet man Menschen als Stoiker, die auch das größte Unglück ruhig und gelassen hinnehmen. Im gesellschaftlichen Zusammenleben forderten die Stoiker absolute Gerechtigkeit und Nächstenliebe – auch für die Sklaven, die ohne Rechte waren.

## Die neutralen Skeptiker

Eine wichtige Strömung bildeten die Skeptiker. Für ihre Denkweise war charakteristisch, dass sie an allem Zweifel hatten, aber nicht um an allem herumzumeckern, sondern um es zu verbessern. Auch für sie waren Ausgeglichenheit und innere Ruhe wichtige Ziele. Um dorthin zu gelangen, war es für die Skeptiker deshalb wichtig, dass man nicht ständig Entscheidungen treffen musste, also „sich dem Urteil enthielt".

## Innere Ruhe und Glückseligkeit

Die Epikureer, die ihren Namen nach dem lebensfrohen griechischen Philosophen Epikur (341-271 vor Christus) erhielten, machten sich zum Ziel, das Glück des Einzelnen durch Lebensfreude, aber auch durch vernünftiges Handeln zu erreichen. Nach Meinung der Epikureer war die wahre Glückseligkeit nur mit ausgeglichener innerer Ruhe möglich.

Eine weitere Denkrichtung entwickelten die Eklektiker wie der römische Staatsmann Cicero (106-43 vor Christus). Sie prüften die verschiedenen philosophischen Theorien und suchten sich das heraus, was ihnen am vernünftigsten erschien. Daher auch der Name, denn Eklektiker bedeutet wörtlich übersetzt „Auswähler".

*Epikur*

# Mittelalter

*Der heilige Augustinus*

Die mittelalterliche Philosophie war eng verbunden mit dem christlichen Glauben, der sich ab dem 1. Jahrhundert zu verbreiten begann. Das Christentum wurde im Jahre 391 im Römischen Reich Staatsreligion und prägte das Mittelalter in allen Bereichen des menschlichen Lebens. Die ersten Kirchenväter versuchten, die Philosophie der Antike mit der christlichen Lehre zu verbinden.

## Der erste Kirchenvater

Im Christentum gibt es nur einen allmächtigen Gott, der die Welt aus dem Nichts erschaffen hat. Man glaubt, der Mensch lebe seit der Vertreibung aus dem Paradies in Sünde, von der er nur durch ein Leben in Demut und Buße erlöst werde. Einer der wichtigsten Vertreter des Erlösungsgedankens war Augustinus (354-430). In seinen Confessiones (Bekenntnisse) beschreibt er seinen Lebensweg als ruhelose Suche nach der Wahrheit, die zur Selbsterkenntnis und dann zur Gotteserkenntnis führen solle.

Im Mittelalter stand die Philosophie ganz im Dienst der Kirche. Die Philosophen diskutierten nicht mehr auf der Straße wie im alten Griechenland. Philosophiert wurde nur in Kloster- und Hofschulen, die als erster Kaiser Karl der Große (747-814) errichtet hatte. Er legte großen Wert auf Bildung und holte Gelehrte aus aller Welt an seinen Hof in Aachen. Diese Richtung der Philosophie nannte man Scholastik. Als Vater der Scholastik gilt Erzbischof Anselm von Canterbury (1033-1109). Er versuchte, die Existenz Gottes nur durch Vernunft zu beweisen und nicht durch die Bibel. Ihre Blütezeit erreichte die Scholastik zur Zeit der Kreuzzüge (1096-1270), in der der christliche Glaube auf den islamischen und jüdischen traf.

## Glaube und Wissen

*Thomas von Aquin*

Große Denker waren damals Albertus Magnus (1200-1280) und sein Schüler Thomas von Aquin (um 1125-1274). Dieser lehrte, dass Philosophie und Religion nicht zwangsläufig im Streit liegen müssen, da zwischen Wissen und Glauben kein Widerspruch bestehe.

### Was bedeutet Scholastik?

**Scholastik bedeutet „Schullehre". Die gleichnamige Epoche wird deshalb so genannt, weil die christliche Religion und auch die Philosophie vor allem in Klosterschulen gelehrt wurden.**

## Die Mystik

Dementgegen steht die Mystik des Meister Eckhart (1260-1327). Er predigte, dass der Mensch sich frei machen solle von allen Vorstellungen über Gott. Die Seele könne nur durch Hingabe und mystische Versunkenheit zu einer Einheit mit Gott finden. Seine Thesen brachten ihm den Vorwurf der Gotteslästerung vonseiten der Kirche ein.

# Neuzeit

Die nächsten Jahrhunderte waren geprägt von vielen Entdeckungen und Erfindungen. Dadurch waren die Menschen zum Umdenken gezwungen und mussten die Welt anders betrachten. So entdeckte Christoph Kolumbus 1492 Amerika und Johannes Gutenberg führte Mitte des 15. Jahrhunderts den Buchdruck ein. Ab Mitte des 14. Jahrhunderts begann die Trennung zwischen Kirche und Staat. Dadurch hatte die Kirche keinen so großen Einfluss mehr auf den Alltag des Menschen und die Wissenschaft.

## Eine neue Sicht der Welt

Das Gedankengut der antiken Philosophen wurde in der Renaissance wieder aufgegriffen. Jetzt stand wieder der Mensch im Mittelpunkt des Interesses der Denker und der Wissenschaft. Daher nennt man diese Zeit auch Humanismus (von lateinisch homo, „Mensch"). Die Philosophie dieser Zeit war nach antikem Vorbild sehr praktisch, aber auch literarisch ausgerichtet. Als bedeutender europäischer Humanist gilt der niederländische Theologe und Philosoph Erasmus von Rotterdam (um 1467-1536). Er hielt den Menschen für selbstständig genug, sein Leben selbst zu gestalten. Er war der Meinung, der Mensch sei nicht mehr abhängig von der Gnade Gottes. Darüber geriet er in Streit mit dem deutschen Theologen Martin Luther (1483-1546). Dieser kritisierte zwar die katholische Kirche, aber für ihn war der Mensch weiterhin in der Verantwortung gegenüber Gott.

*rasmus von otterdam bei önig Franz I. on Frankreich*

*Francis Bacon in seinem Studierzimmer*

## Die Macht des Wissens

Je mehr die Menschen über die Welt wussten, umso mehr wurde die Lehre der Kirche infrage gestellt. Der englische Philosoph und Politiker Francis Bacon (1561-1626) formulierte die Aussage seiner Philosophie so: „Wissen ist Macht". Damit gilt er als Mitbegründer der modernen Naturwissenschaften.

### Was ist Humanismus?

**Ein Humanist ist nicht nur jemand, der auf einem altsprachlichen Gymnasium war, sondern auch einer, der in klassischer Weise – im Geiste der griechisch-römischen Kultur – gebildet ist.**

## Zeit des Barock

Die Philosophie dieser Zeit wurde vor allem von drei großen Denkern geprägt: Descartes, Spinoza und Leibniz. Sie alle bauten ihre Theorien auf klaren Vorgaben.

## Der Mensch und der freie Wille

Der französische Philosoph und Mathematiker René Descartes (1596-1650) stellte alle bisherigen Erkenntnisse radikal infrage, um zu einem sicheren Ausgangspunkt im Denken zu gelangen. So prägte er den Satz: „Ich denke, also bin ich!" Denn wer zweifelt, weiß, dass er denkt. Auch wenn die Welt eine Einbildung oder ein Traum ist, die Tatsache des Denkens an sich lässt sich nicht anzweifeln. Dem einzelnen Menschen gibt der Zweifel die Gewissheit, dass er selbst existiert. Descartes prägte auch

*René Descartes mit Königin Christine von Schweden*

den Begriff des Dualismus. Für ihn sind Körper und Seele voneinander getrennt. Der menschliche Körper ist eine Art Maschine. Das, was der Mensch durch seine Sinne wahrnimmt, informiert den Geist darüber, was für den Körper gut oder schlecht ist.

## Hast du schon gewusst,

**dass Descartes und Leibniz nicht nur große Philosophen, sondern auch bedeutende Mathematiker waren? Descartes erfand z. B. das Koordinatensystem, das man heute noch verwendet. Leibniz erbaute die ersten Rechenmaschinen und erfand Differenzial- und Integralrechnung.**

## Denken und Vernunft

Auch für den niederländischen Philosophen Baruch (Benedikt) Spinoza (1632-1677) waren das Denken und die Vernunft bestimmend. Aber anders als Descartes, der Materie und Bewusstsein trennte, hielt Spinoza dies für zwei Seiten derselben unendlichen Substanz, die er Gott nannte. Alle endlichen Dinge und Ideen waren Ausprägungen dieser Substanz.

Der deutsche Philosoph und Mathematiker Gottfried Wilhelm Leibniz (1646-1716) hatte die Vorstellung von vielen göttlichen Einheiten, den so genannten „Monaden" (von lateinisch monas, „Einheit"), die zusammen das harmonische und vollkommene Ganze der Welt bilden. Das Böse und die Sünden in der Welt erklärte Leibniz damit, dass der Mensch frei sei und einen eigenen Willen besäße. Daher würde er natürlich auch Fehler machen.

*Gottfried Wilhelm Leibniz erklärt Kurfürstin Sophie von Hannover, dass zwei Blätter nie gleich aussehen*

## Die Aufklärung

Das 18. Jahrhundert wird auch als die Zeit der „Aufklärung" bezeichnet. Die Menschen lehnten sich immer stärker gegen jede Art von Autorität und Fremdherrschaft auf. Die radikalste Ausprägung hatte die Aufklärung mit der Französischen Revolution (1789). Das Ziel der Philosophie der Aufklärung ist das Glück des Einzelnen und seine Selbstverwirklichung. Der aufgeklärte Mensch kann die Natur voll und ganz erkennen, doch er muss lernen, selbstständig zu denken und sich von seinen Vorurteilen zu befreien.

## Die Gesetze der Natur

*Immanuel Kant bei einem Gespräch mit Kollegen*

Vorbild war dabei der deutsche Philosoph Immanuel Kant (1724-1804). Er forderte seine Mitmenschen auf, Mut zu haben, sich ihres Verstandes zu bedienen. Kant stellte einen Fragenkatalog auf, den der Mensch beantworten sollte, um zu wissen, wo er im Leben steht und wohin er will. Das sind seine drei Kritiken: Was kann ich wissen? Was soll ich tun? Was darf ich hoffen? Wenn der Mensch die Welt verstehen will, muss er mithilfe seiner Sinne und dem Begreifen von „Raum und Zeit" die Gegenstände um sich herum wahrnehmen und sie dann in bestimmte „Kategorien" einteilen. Etwas ist z. B. möglich oder unmöglich, notwendig oder zufällig. Logische Verknüpfung und Urteilskraft sind dabei Grundvoraussetzungen; sie führen irgendwann zu allgemein gültigen Aussagen – z. B. „Alle Kugeln sind rund". Der Mensch formuliert somit die Gesetze der Natur.

## Auf der Suche nach dem Glück

Der englische Philosoph John Locke (1632-1704) prüfte wie Descartes vor dem eigentlichen Philosophieren die Möglichkeiten des Denkens. Er behauptete jedoch, dass alles Wissen durch die Sinneseindrücke vermittelt werde. So sei bei der Geburt noch überhaupt nichts im Bewusstsein. Locke legte den Grundstein für die amerikanische Unabhängigkeitserklärung. Er forderte politische Selbstbestimmung, Meinungs- und Pressefreiheit, die Anerkennung der Menschenrechte und Glaubensfreiheit.

### Was verstand Kant unter dem Ausdruck Kritik?

**Wenn Kant von der Kritik der reinen Vernunft, der praktischen Vernunft oder der Urteilskraft spricht, meint er eine Überprüfung dieser Begriffe.**

*François Voltaire an seinem Schreibtisch*

François Voltaire (1694-1778), der größte Denker Frankreichs, kritisierte ebenfalls die Intoleranz unter den Menschen und die absolutistische Herrschaftsordnung. Er setzte sich für soziale Gerechtigkeit und gegen kirchlichen Fanatismus ein und fiel daher immer wieder in Ungnade.

Da in der Zeit der Aufklärung immer mehr Menschen lesen konnten, verbreiteten sich die neuen philosophischen Ideen viel schneller als früher und waren nicht mehr nur einem ausgewählten Kreis von Bürgern zugänglich.

*hn Locke*

## Das 19. Jahrhundert

Zu Beginn des 19. Jahrhunderts gab es bahnbrechende Erfindungen wie die Dampfmaschine und die Eisenbahn. Beides veränderte das Leben der Menschen sehr stark. Durch die Industrialisierung gab es immer mehr Arbeitslosigkeit. Gewerkschaften wurden gegründet und man forderte Wahlrecht für alle Menschen. In dieser Zeit rückte der Mensch wieder in den Mittelpunkt des Geschehens – auch in der Philosophie.

### Hast du schon gewusst,

**dass Immanuel Kant sein Leben nach strengen Regeln führte? Er hatte eine genau festgelegte Tageseinteilung. Die Menschen seiner Stadt, Königsberg, konnten die Uhren nach ihm stellen, weil er bei seinen täglichen Spaziergängen immer denselben Weg nahm. Als er einmal zu Hause blieb, um ein Buch zu lesen, verspäteten sich die Leute in der ganzen Stadt. Grund für dieses gleichmäßige Leben war Kants von Geburt an schwacher Gesundheitszustand, den er mit dieser Disziplin stabil halten wollte, was ihm auch gelang – er starb fast 80-jährig!**

## Das Ich

*Johann Gottlieb Fichte am Stehpult*

Der deutsche Philosoph Johann Gottlieb Fichte (1762-1814) entwickelte Kants Philosophie weiter. Er nahm an, dass sich alle Dinge vom Denken ableiten. Sein philosophisches System hat das Ich zum Zentrum.

Der deutsche Philosoph Friedrich Wilhelm Joseph von Schelling (1775-1854) kritisierte dagegen die Übermacht des Ich. Die Natur werde dadurch zum bloßen Material für das Handeln des Menschen. Dabei gehe das Ich aus der Natur selbst hervor. Für Schelling sind Natur und Geist identisch. Er sieht die Kunst und nicht die Philosophie als den Höhepunkt der menschlichen Tätigkeit, weil sie Natur und Freiheit wieder vereint.

*Friedrich Wilhelm Joseph von Schelling*

## Gott und die Welt

Für Schellings Freund Georg Friedrich Wilhelm Hegel (1770-1831) wurde das „Absolute" zum Dreh- und Angelpunkt seines Denkens. Er wollte alle Probleme der Philosophie und Geschichte verstehen. Wie Spinoza dachte er Gott und die Welt als Einheit. Hegels Werke gehören zu den schwierigsten der philosophischen Literatur und seine Gedanken lassen sich nicht kurz und einfach wiedergeben. Sein Denken muss man als ein umfassendes System begreifen.

*Georg Friedrich Wilhelm Hegel*

## Religion als Opium

Hegels Philosophie wurde von Karl Marx (1818-1883) scharf kritisiert. Für Marx beeinflusste die Materie die Wirklichkeit, nicht die Ideen. Der Mensch und sein Denken sind von seiner Umgebung geprägt. Er verurteilte die Industrialisierung, als deren Opfer er die Arbeiter sah. Sie würden von machthungrigen Fabrikbesitzern ausgebeutet und ihrer Freiheit beraubt. Marx lehnte Religion ab, für ihn war sie „Opium für das Volk".

Der deutsche Philosoph Arthur Schopenhauer (1788-1860) entwarf ein sehr negatives Bild von der Welt. Der Mensch bewege sich sein ganzes Leben lang zwischen den Polen Schmerz und Langeweile hin und her. Für ihn ist der Mensch rastlos: Nach einer Befriedigung muss die Nächste folgen, sonst bleibt nur Leere. Erlösung fände nur, wer den Willen auslösche und das Nichts, das „Nirwana", akzeptiere.

## Der Nihilismus

*Friedrich Nietzsche*

Der deutsche Philosoph Friedrich Nietzsche (1844-1900), Schüler Schopenhauers, übernahm die negative Betrachtung der Welt seines Lehrers. Er entwarf eine Willensphilosophie. Das Wesen der Welt sah er im Willen zur Macht. Nach Nietzsche gibt es eine „Herrenmoral" und eine „Sklavenmoral". Es gibt „Herdenmenschen", die lebensschwach sind und es gibt „Übermenschen", die das Leben bejahen und einen „Willen zur Macht" entwickeln. Weil Nietzsche davon überzeugt war, dass die Zeit des Christentums sich dem Ende zuneigte, behauptete er „Gott ist tot". Dieser Verlust der traditionellen Werte wird auch als Nihilismus bezeichnet. Nietzsche glaubte daran, dass alles wiederkehre: „Alles geht, alles kommt zurück". Alles Streben nach einer höheren Wahrheit hielt er für Selbstbetrug. Deshalb soll der Mensch im Irdischen verwurzelt bleiben und keine Hoffnungen auf ein Jenseits hegen. Der „Übermensch" würde eine Chance bekommen, das Leben in jeder Einzelheit noch einmal zu leben. Nietzsche übte auch Kritik an der Sprache: Sie sei begrenzt und verstelle durch ihre Wörter die Wirklichkeit. Allgemeine Begriffe wie „Baum" oder „Blume" heben nur Ähnliches hervor, beachten aber die individuellen Unterschiede nicht. Seine Lehre legte Nietzsche in seinem berühmten Werk Also sprach Zarathustra (1883-1891) nieder.

### Hast du schon gewusst,

**dass Nietzsches eigenes Leben eine große Tragödie war? Gegen Ende seines Lebens wurde er schwer krank, bekam Lähmungen und lebte bis zu seinem Tod zwölf Jahre lang in einem geistig verwirrten Zustand. Seine Schwester, die ihn pflegte, veröffentlichte schließlich sein Werk.**

# Existenzphilosophie

Ausgangs- und Mittelpunkt der Existenzphilosophie ist das Dasein des Menschen. Allerdings darf nicht jeder Mensch isoliert betrachtet werden, sondern nur im Zusammenhang mit der Umwelt und in Bezug auf die Mitmenschen. Die Existenz ist aber nicht unveränderlich, sondern sie entwickelt sich dauernd weiter.

## Was bestimmt unsere Existenz?

Der Däne Søren Kierkegaard (1813-1855) gilt als Vater der Existenzphilosophie. Er verspottete die romantische Lebensanschauung als Flucht vor der Wirklichkeit in eine schöne Scheinwelt. Die konkrete Lebenssituation des einzelnen Menschen stand bei ihm im Vordergrund. Das Wichtigste im Leben des Menschen ist die Entscheidung. Aber egal, wie er entscheidet – ob sein Handeln richtig oder falsch ist, kann er nicht voraussehen. Und diese Angst vor der Entscheidung treibt ihn in die Verzweiflung. Doch der Glaube hilft ihm, den richtigen Schritt zu tun. Kierkegaard sieht die Rettung also im christlichen Glauben.

*Søren Kierkegaard*

## Das Wesen des Menschen

Der deutsche Philosoph Martin Heidegger (1889-1976) setzte sich hauptsächlich mit dem Thema Sein und Zeit auseinander. Dabei behandelte er vor allem die Frage nach dem „Sinn vom Sein" und vom Wesen des Menschen. Heidegger stellte die philosophische Tradition infrage und durchdachte die Philosophie neu. Für ihn „existiert" der Mensch und ist nicht einfach nur da. Der Mensch versucht, die Dinge um sich herum und sich selbst zu verstehen und erschließt die Welt in Bezug auf die Vergangenheit und Zukunft. Das Besondere der menschlichen Existenz ist die „Zeitlichkeit". Er ängstigt sich vor der Wahl seiner unbegrenzten Entscheidungsmöglichkeiten, die aber noch nicht da sind. Doch diese Angst wird vom Tod begrenzt, daher ist der Mensch gezwungen, in seiner begrenzten Zeit Entscheidungen zu treffen.

## Die Verantwortung für die Mitmenschen

Der berühmte Schriftsteller und Philosoph Jean Paul Sartre (1905-1980) betrachtet die Existenz des Menschen noch radikaler – als ständiges Hin und Her zwischen dem „Sein und Nichts". Der Mensch müsse ständig Entscheidungen treffen, die selten seinen Wünschen entsprechen. Diese Freiheit ist somit eher eine Last. Für Sartre war es wichtig, dass das Handeln des Einzelnen sich immer auf die Gemeinschaft auswirkt. Also trägt er auch Verantwortung für seine Mitmenschen – also eine soziale Verantwortung. Sartre engagierte sich besonders für den Weltfrieden und den Marxismus. Im Gegensatz zu Kierkegaard lehnt er den Glauben ab.

## Der französische Existenzialismus

**Sartres Hauptwerk Das Sein und das Nichts war stark vom Zweiten Weltkrieg beeinflusst. Der Glaube war erschüttert und man wusste nicht, wie es nach dem Krieg weitergehen sollte. Aus dieser Spannung heraus entstand in Frankreich der eigentliche Existenzialismus, der in den 1950er- und 1960er-Jahren zur Modephilosophie wurde und auch die Literatur stark beeinflusste.**

Die Schriftstellerin und Sartres Lebensgefährtin Simone de Beauvoir (1908-1986) war ebenfalls sozial sehr engagiert und setzte sich vor allem für die Frauen und ihre Rechte ein. Die Frau zu emanzipieren war für sie kein typisch weibliches, sondern vor allem ein gesellschaftliches Problem. Sie weigerte ich, die herkömmliche Frauenrolle zu akzeptieren und beklagte, dass in der Philosophiegeschichte kaum Frauen vertreten waren.

# Das oberflächliche Glück

*Theodor W. Adorno*

Der deutsche Philosoph Theodor W. Adorno (1903-1969) zweifelte daran, dass der Mensch sich wirklich weiterentwickele. Vor allem die Terrorherrschaft des Dritten Reiches (1933-1945) habe gezeigt, dass der Mensch in die Barbarei (Unmenschlichkeit) zurückfällt, wenn sein Verstand von außen beherrscht wird. Zusammen mit Max Horkheimer (1895-1973) schrieb er das Buch Dialektik der Aufklärung.

Weitere wichtige Vertreter dieser Schule waren der Philosoph Herbert Marcuse (1898-1979) und der Psychologe Erich Fromm (1900-1980). Marcuse kritisierte die moderne Industriegesellschaft; sie bringe nur noch Menschen hervor, die nach oberflächlichem Glück strebten. Die wirkliche Freiheit gehe dabei verloren.

Als wichtigster Erbe der „kritischen Theorie" gilt Jürgen Habermas (geb. 1929), der Adornos Assistent war. Er setzt sich besonders für das Bildungswesen ein. Er fordert, dass die Wissenschaften nicht einfach vor sich hin forschen dürfen, sondern sich im Zusammenhang mit dem alltäglichen Leben sehen müssen. Jede Wissenschaft habe eine Verantwortung und Aufgaben gegenüber der Gesellschaft. Nach Habermas ist jedes „Erkennen" von einem bestimmten „Interesse" geleitet, das in einer Demokratie offen gelegt werden muss.

## Hast du schon gewusst,

**dass der Philosoph Ludwig Wittgenstein (1889-1951) ein sehr exzentrischer (verschrobener) Mensch war? Er lehrte als Dozent an der Universität von Cambridge in Großbritannien. Seine Seminare hielt er in einem Liegestuhl und bat seine Studenten, es ihm gleichzutun. Seine unzähligen Aufzeichnungen verwahrte er in einem Safe. Außerdem liebte er zweitklassige Cowboyfilme.**

# Zwei Wahrheiten

Der in Wien geborene britische Philosoph Karl Popper (1902-1994) wies nach, dass es in der Wissenschaft keine gesicherten Erkenntnisse gibt. Etwas gilt nur so lange als wahr, bis es durch eine andere Wahrheit widerlegt – „falsifiziert" – wird. Beispiel: Die Behauptung „Alle Kühe sind braun" gilt nur so lange, bis jemand eine andersfarbige Kuh sieht. Dennoch glaubte Popper daran, dass die Wissenschaft nicht zwecklos ist und zeigte durch seine Methode der „Falsifizierbarkeit" – der Widerlegbarkeit –, dass alle Theorien nur Hypothesen – unbewiesene Annahmen – sind.

# Religion

# Was ist Religion?

Jeder Mensch stellt sich im Laufe seines Lebens die Frage: „Warum bin ich auf der Welt?" Die Antworten, die Naturwissenschaften wie Astronomie, Physik, Chemie und Biologie auf diese Frage geben, helfen uns, die biologische Seite unseres Daseins zu erforschen und zu verstehen. Doch auf die Frage nach dem Sinn und dem Warum geben diese Wissenschaften keine Antwort. Religionen versuchen auf ihre Weise diesen Fragen nachzugehen und haben verschieden Antworten darauf. Aber in einem Punkt sind sich alle Religionen einig – es ist kein Zufall, dass wir leben, denn es gibt einen Sinn für jeden von uns.

## Was erwarten wir von unserem Glauben?

Seit es Menschen auf der Erde gibt, wünschen sie sich, ein gutes Leben zu führen: genug Nahrung, gesunde Kinder, Glück in der Familie und Erfolg bei der Arbeit. Aber solange es Menschen gibt, mussten sie auch schlimme Erfahrungen machen – Hunger, Krankheit oder Tod. Natürlich fragt man sich, woher das Leid kommt und warum es Leid gibt. Gibt es eine geheime Macht, die unser Leben bestimmt, und wie und wo äußert sie sich? Hat jeder Mensch ein ihm vorbestimmtes Schicksal und können wir dieses Schicksal beeinflussen?

Eine Frage, die die Menschen seit Urzeiten beschäftigt, ist, woher der Mensch eigentlich kommt. Wer hat die Erde und das Universum geschaffen? Was ist Sinn und Ziel unseres Lebens? Und was kommt nach dem Tod? Bei der Suche nach einer Erklärung auf diese Fragen hat sich die Idee entwickelt, dass es überirdische Mächte gibt, die unser Leben bestimmen oder beeinflussen. Religion ist der Glaube an eine höhere Macht, die über allem steht und unserem Dasein einen Sinn gibt.

## Religion in prähistorischer Zeit

Auf der Erde leben schon seit Tausenden von Jahren Menschen. Wir können uns vorstellen, dass die Welt für sie voller Rätsel gewesen sein muss. Auf viele Dinge, die für uns heute selbstverständlich sind, wussten sie keine Antwort: Woher kamen Blitz und Donner? Warum floss aus einer Quelle plötzlich kein Wasser mehr? Warum wurde man krank? Für die Menschen von damals war die Welt von Geistern bevölkert, von denen jeder etwas Anderes beeinflusste und die man durch Opfergaben milde stimmen musste. Man glaubte, dass Krankheiten von einem bösen Geist hervorgerufen wurden, der in den Erkrankten gefahren war. Kam kein Wasser mehr aus der Quelle, hatte man wahrscheinlich den Wassergeist verärgert. Um die Geister zu besänftigen, musste man ihnen ein Opfer bringen. Wenn man auf die Jagd gehen wollte, musste man das Glück beeinflussen und das Beutetier verzaubern. Dafür waren die Schamanen zuständig. Schamanen sind Geisterbeschwörer, die mit Geistern Verbindung aufnehmen und so das Jagdglück beeinflussen oder auch Krankheiten heilen.

*Schamanen und Medizinmänner in Südamerika*

*Osiris*

# Religion im alten Ägypten

Als die Menschheit sich langsam entwickelte, veränderten sich auch die Dinge, an die sie glaubten. Das Leben wurde komplizierter. Es gab große Städte, Verkehr und die Menschen betrieben Handel. Da man sich damals bereits mit Naturwissenschaften beschäftigte, konnte man viele Naturerscheinungen und auch Krankheiten erklären.

Eine der großen ersten Hochkulturen war im alten Ägypten entstanden. Die alten Ägypter glaubten an viele Götter, von denen jeder für einen bestimmten Lebensbereich zuständig war. Osiris war der Gott der Unterwelt und der Landwirtschaft. Sein Bruder Seth war der Gott der Wüsten und Stürme. Osiris wurde von seinem Bruder aus Eifersucht getötet, erwachte aber durch die Liebe seiner Gattin Isis wieder zum Leben. Deshalb glaubten die Ägypter, dass auch sie nach dem Tod zu neuem Leben erwachen würden.

# Die Götter der Griechen

Auch die alten Griechen hatten viele Götter. In ihrer Vorstellung lebten die Götter an einem Ort, den sie Olymp nannten. Jede Gottheit hatte ihre besondere Zuständigkeit. Der oberste Gott war Zeus. Von seinem Thron auf dem Olymp sandte er Wetter und Wind, Sturm und Schnee, vor allem aber Blitz und Donner. Sein Bruder Poseidon mit dem Dreizack war der Herrscher der Meere und sein Bruder Hades beherrschte die Unterwelt. Seine Schwester und Gattin Hera gebar ihm die Götter Ares (Kriegsgott) und Hephaistos (Feuergott). Die Menschen bauten den Göttern Tempel und brachten Opfer dar. Sie glaubten, wem die Götter gnädig seien, dem halfen sie, wem sie nicht wohl gesonnen waren, dem fügten sie Schaden zu.

## Polytheismus

**Polytheismus bedeutet „Vielgötterei“ (aus dem griechischen poly = viel und theos = Gott). Polytheisten glauben an eine Vielzahl von Göttern, die unsterblich sind und übermenschliche Eigenschaften haben. Doch sind sie Menschen sehr ähnlich, denn sie heiraten, bekommen Kinder, streiten, betrügen sich und feiern wie wir. Die Religionen der alten Ägypter, der alten Griechen, der Römer und der Germanen waren polytheistisch. Auch der Hinduismus ist eine polytheistische Religion.**

# Was sind Weltreligionen?

Als Weltreligionen bezeichnet man die religiösen Gruppen, die auf der ganzen Welt die meisten Anhänger haben. Heute zählt man im Allgemeinen fünf religiöse Richtungen dazu: das Christentum mit katholischen, protestantischen und orthodoxen Christen, den Islam, das Judentum, den Buddhismus und den Hinduismus. Die Religion mit den meisten Anhängern ist das Christentum. Weltweit bekennen sich über zwei Milliarden Menschen zum Christentum, davon bilden die Katholiken mit etwa 900 Millionen die größte christliche Gruppe. Dann folgt der Islam mit über einer Milliarde Muslimen, die hauptsächlich im Mittleren Osten und in Nord und Westafrika leben. Die 750 Millionen Hindus leben fast ausschließlich in Südasien, davon 650 Millionen in Indien. Der Buddhismus hat weltweit etwa 350 Millionen Anhänger. Zum Judentum bekennen sich weltweit etwa 15 Millionen Menschen, davon leben ungefähr 45 Prozent in Nordamerika, 35 Prozent in Israel und 15 Prozent in Europa.

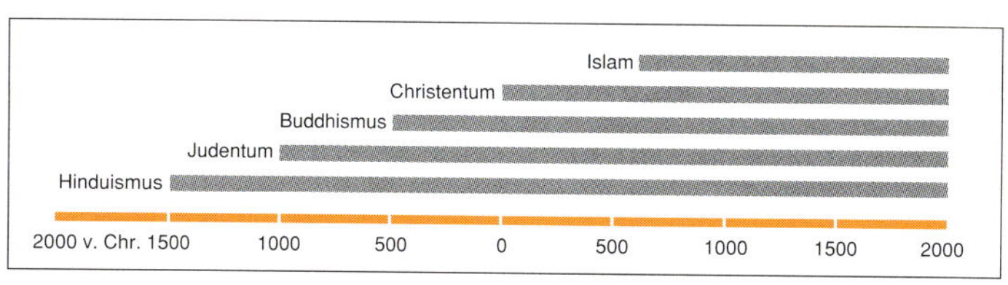


*Die Entstehungsdaten der einzelnen Religionen*

# Das Judentum

Verbreitung des Judentums

Das Judentum ist die älteste monotheistische Religion (also der Glaube an einen einzigen Gott), die wir kennen. Sie entstand dort, wo heute der Staat Israel und die palästinensischen Gebiete liegen. Ein wichtiger Bestandteil des jüdischen Glaubens ist die Hoffnung auf den Messias. Der Messias ist ein Gesandter Gottes, der auf der Welt ein Reich der Gerechtigkeit und des Friedens schaffen wird. Die Angehörigen des jüdischen Glaubens bezeichnen sich selbst als „Volk Israel".

## Die Geschichte Abrahams

Die Bezeichnung „Juden" kommt von einem israelitischen Stamm mit dem Namen Juda, der nach dem vierten Sohn Abrahams benannt wurde. In der jüdischen Religion haben das Christentum und der Islam ihre Wurzeln.

Die Heilige Schrift führt die Herkunft des Volkes Israel auf den Stammvater Abraham zurück. Die Geschichte Abrahams wird in der Bibel erzählt. Sie spielte sich vor ungefähr 3500 Jahren ab.

Abraham lebte in Mesopotamien (heute Irak) und hatte von Gott den Auftrag erhalten, seine Heimat zu verlassen und in ein Land zu ziehen, dass Gott für ihn ausgewählt hatte. In der Bibel heißt dieses Land Kanaan (später Palästina). Unterwegs schloss Gott einen Bund mit Abraham: Er schenkte ihm und seinen Nachkommen dieses Land und sie würden ihn dort als sein auserwähltes Volk als einzigen Gott verehren. Er gab Mose die Zehn Gebote, niedergeschrieben auf zwei steinernen Tafeln. Sie bilden das Herzstück des „Mosaischen Gesetzes", der Thora.

### Hast du schon gewusst,

**dass man das Judentum, den Islam und das Christentum auch Abrahamitische Religionen nennt, weil sie alle Abraham als ihren Stammvater ansehen?**

## Was ist die Thora?

*Thorarolle*

Das heilige Buch der Juden ist die hebräische Bibel und wird Tenach genannt. Das Wort setzt sich aus den hebräischen Namen der drei Hauptteile: Thora (Bücher der Gebote), Newiim (Bücher der Propheten) und Ketuwim (Bücher der Schriften) zusammen. Die Christen nennen den Tenach Altes Testament, das ein Teil der christlichen Bibel ist. Von den drei Teilen ist die Thora der wichtigste. Darin steht die Geschichte des Volkes Israel und der Stammväter Abraham, Isaak und Jakob. Dort wird auch die Geschichte von Mose erzählt, der die Zehn Gebote von Gott empfangen hatte und dem Volk Israel gab. Die Zehn Gebote, die auch das Christentum übernommen hat, sind der bekannteste Teil der Thora, die auf hebräisch geschrieben ist. In jeder Synagoge, dem jüdischen Gebets- und Versammlungshaus, wird die Thora im Laufe eines Jahres in Abschnitten einmal ganz vorgelesen. Die Thora steht im Mittelpunkt des Lebens frommer Juden. Die Thorarollen bestehen aus Pergament. An den Enden sind runde Stäbe befestigt. Die Thorarollen werden in der Synagoge im Thoraschrein aufbewahrt. Er ist meist sehr kostbar verar-

*Junge Männer mit der Thorarolle*

beitet und ist an der Wand angebracht, die nach Jerusalem weist. Die Thora enthält 613 Bestimmungen, 248 Gebote und 365 Verbote. Die Weisungen der Thora lenken das Leben der Juden auf Gott hin. Sie haben das Judentum über Jahrtausende zusammengehalten.

## Was ist ein Rabbiner?

Der Rabbiner oder Rabbi ist ein jüdischer Geistlicher. Er hält Predigten und leitet den Gottesdienst in der Synagoge. Er studiert auch die Thora und den Talmud (das Buch der Lehre, in dem Erklärungen und Bemerkungen zur Thora aufgeschrieben sind). Der Rabbi erklärt den Gläubigen, wie man die Gebote im täglichen Leben umsetzen kann und wie die Geschichten in der Thora zu verstehen sind. Rabbiner werden an einer jüdischen Hochschule ausgebildet. Seit einigen Jahrzehnten ist es auch den Frauen erlaubt, Rabbiner zu werden.

## Die Synagoge

Die jüdischen Gottesdienste finden in Versammlungshäusern statt, die auf Griechisch Synagoge und auf Hebräisch Bet Knesset genannt werden. In der Synagoge wird die Thora in einem Thoraschrein aufbewahrt. Ein Gottesdienst muss aber nicht in einer Synagoge stattfinden. Dazu sind nur eine Thora und ein Minjan nötig. Ein Minjan setzt sich aus mindestens zehn Männern zusammen, die ihr Bar Mizwa hatten. Den Gottesdienst kann jedes erwachsene Mitglied der Gemeinde leiten. Meistens übernimmt diese Aufgabe ein Kantor (Vorsänger) oder ein Rabbiner.

*Innenansicht einer Synagoge*

## Beschneidung

Als Gott seinen Bund mit Abraham schloss, forderte er die Beschneidung aller männlichen Nachkommen als Zeichen des Bundes. Noch heute werden jüdische Jungen acht Tage nach der Geburt beschnitten. Doch die Beschneidung männlicher Säuglinge ist kein ausschließlich jüdischer Brauch. Auch im Islam gibt es die Beschneidung, denn Abraham ist auch der Stammvater der Muslime.

## Bar Mizwa

Mit 13 Jahren wird ein jüdischer Junge ein vollberechtigtes Mitglied der Gemeinde. Nun ist er im Sinne des Religionsgesetzes volljährig und für die Gemeinde mitverantwortlich. Dieser Lebensabschnitt wird mit einem Fest gefeiert – es heißt Bar Mizwa und der Junge liest zum ersten Mal im Gottesdienst aus der Bibel auf Hebräisch vor. In modernen jüdischen Gemeinden gibt es eine ähnliche Feier auch für Mädchen, die Bat Mizwa. Die Mädchen werden nach dem religiösen Gesetz mit zwölf Jahren großjährig.

*Ein Junge mit der Thora in seiner Bar-Mizwa-Tracht*

## Der Davidstern

Der Davidstern (Magen David, „Davidschild") ist ein jüdisches Symbol aus zwei ineinander liegenden gleichseitigen Dreiecken. Als Zeichen jüdischer Identität wurde er zuerst im 14. Jahrhundert auf einer Fahne der Prager Gemeinde abgebildet. Ursprünglich galt er als magisches Schutzzeichen in verschiedenen Kulturen. Seit dem 19. Jahrhundert ist er das Symbol des Judentums und seit 1948 auch des Staates Israel.

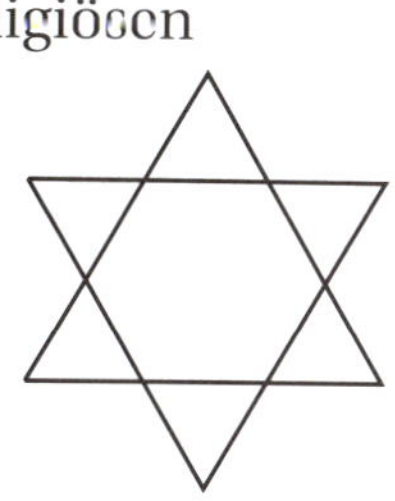

*Der Davidstern*

## Koscher

**Thora und Talmud enthalten auch Vorschriften über das Essen. Sie regeln, welche Speisen aus religiöser Sicht geeignet, das heißt koscher, sind. Koscher sind z. B. nur die Tiere, die gespaltene Hufe haben und Wiederkäuer sind. Schweine sind daher für Juden nicht koscher. Bei Wassertieren sind nur solche mit Schuppen und Flossen erlaubt.**

## Welche religiösen Feste feiern die Juden?

Mehr noch als die Synagoge ist die Familie der Mittelpunkt der jüdischen Religion. Deshalb sind viele jüdische Feste auch Familienfeste. Das wichtigste Fest ist der allwöchentliche Sabbat, ein Tag der absoluten Arbeitsruhe. Im Winter wird das Chanukkafest gefeiert. Das jüdische Neujahrsfest wird im Herbst gefeiert und heißt Roschha Schanah („Jahresanfang“). Jom Kippur wird zehn Tage danach begangen. Es ist ein Versöhnungsfest und ein Fastentag, an dem nichts gegessen wird. Das Purimfest in der Mitte des jüdischen Jahres ähnelt mit seinen Umzügen und Verkleidungen unserem Karneval. Das achttägige Pessachfest erinnert an die Errettung aus der Knechtschaft in Ägypten – den Auszug aus Ägypten, angeführt von Mose. Das Pessachfest wird vor allem im häuslichen Kreis gefeiert. Sukkot, das Laubhüttenfest, ist verbunden mit Erntedank und der Bitte um Regen. Das Fest erinnert an die Zeit der Wüstenwanderung, als die Israeliten in einfachen Hütten aus wenigen Zweigen und Stöcken leben mussten. Jede Familie baut sich eine Hütte auf dem Hof der Synagoge oder des eigenen Hauses. Man trifft sich hier, um gemeinsam zu essen und zu erzählen.

## Wie wird Sabbat gefeiert?

Der Sabbat erinnert an die Schöpfung, nach deren Vollendung Gott ruhte, wie es in der Bibel heißt. Er dauert von Freitagabend (bei Sonnenuntergang) bis Samstagabend. Der Sabbat beginnt mit einem Gottesdienst in der Synagoge. Zu Hause folgt eine festliche Mahlzeit im Familienkreis, bei der die Mutter die traditionellen Sabbatkerzen anzündet. Der Vater spricht ein Gebet, mit dem er den Wein segnet. Am Samstag geht der Sabbat mit einem Gottesdienst, einem guten Mittagessen und viel Ruhe weiter.

## Chanukka, das Lichtfest

Das Chanukkafest erinnert an den Sieg der Juden unter Judas Makabäus über die Armee des Antiochus (164 vor Christus). Die griechischen Eroberer hatten den Heiligen Tempel in Jerusalem entweiht und dort Bilder ihrer Götter aufgestellt. Nach dem Sieg sollte zur Wiedereinweihung des Tempels die Menora, der siebenarmige Leuchter, angezündet werden. Man fand aber geweihtes Öl, das nur für einen Tag Licht spenden konnte und die Beschaffung von neuem Öl dauerte acht Tage. Aber es geschah ein Wunder: Der Leuchter brannte acht Tage, genau so lange, bis wieder geweihtes Öl beschafft worden war. Deshalb hat der Chanukkaleuchter acht Kerzen und eine neunte Kerze, die zum Anzünden der anderen dient.

*Chanukkaleuchter mi[t] sieben entzündeten Ke[rzen]*

## Hast du schon gewusst,

**dass die jüdische Zeitrechnung sich von der christlichen, die heute fast auf der ganzen Welt angewandt wird, unterscheidet? Sie beginnt natürlich nicht mit der Geburt Christi, sondern mit der Erschaffung der Welt. Das Datum errechnet sich aus den Angaben der Bibel. Die jüdische Zeitrechnung beginnt 3761 vor Christus. Das bedeutet, dass das Jahr 2000 dem jüdischen Jahr 5761 entspricht.**

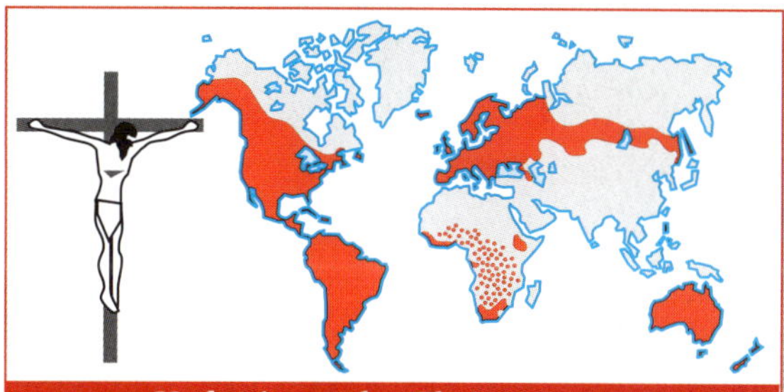

Verbreitung des Christentums

# Das Christentum

Mittelpunkt des christlichen Glaubens ist Jesus, der als Christus auf die Erde kam, um die Menschen zu erlösen. Das Christentum entstand vor etwa 2000 Jahren in Judäa, das im heutigen Israel liegt. Es ist eine Religion, die ihre Wurzeln im Judentum hat. Judäa war von Römern besetzt. Die Menschen fühlten sich von den fremden Herrschern unterdrückt und hofften, dass jemand sie aus dieser Lage befreien würde.

## Der Erlöser

Ein wichtiger Bestandteil des jüdischen Glaubens ist die Hoffnung, dass Gott eines Tages jemanden auf die Erde schickt, der allem Bösen und aller Ungerechtigkeit ein Ende bereitet. Dann wird Friede herrschen und alle Menschen werden glücklich leben. Auf Hebräisch heißt dieser Erlöser Messias, auf Griechisch Christus. Auch die Menschen in Judäa sehnten sich nach einem Erlöser. Viele, die selbst erlebten, was Jesus tat und sagte, waren überzeugt, dass Jesus dieser Gesandte Gottes, der Christus war. „Jesus ist der Christus" wurde das neue Glaubensbekenntnis dieser Menschen, deshalb heißen sie Christen und ihre Religion Christentum. Nach christlicher Überzeugung ist Christus der Sohn Gottes und er sandte ihn in Menschengestalt als Erlöser auf die Erde.

## Wer war Jesus?

Alles was wir über das Leben Jesu wissen, steht in einem Teil der Bibel, den man Neues Testament nennt. Darin wird berichtet, dass Jesus als Sohn von Maria und Joseph in Bethlehem in Judäa geboren wurde. Zu Weihnachten, am 24. und 25. Dezember, feiern alle Christen der Welt seinen Geburtstag. Zur Zeit der Geburt Jesu war ein Komet am Himmel zu sehen, den die Menschen als Zeichen dafür hielten, dass etwas Besonderes geschehen würde. Weise Männer hatten diesen Kometen am Himmel beobachtet und waren ihm gefolgt. Sie brachten dem Neugeborenen Geschenke. Das waren die Heiligen Drei Könige, deren Ankunft am 6. Januar gefeiert wird. Jesus wuchs in Nazareth in Galiläa auf. Er hatte zwar den Beruf des Zimmermanns erlernt, begann aber mit etwa 30 Jahren als Wanderprediger durch Palästina zu ziehen. Später sammelte er eine Gruppe von Männern und Frauen um sich, die Jünger genannt wurden. Sie berichteten, dass Jesus Kranke gesund machte und sogar Tote wieder auferweckte. Diese Wunder sahen die Jünger als ein Zeichen, dass Jesus der lang erwartete Messias war. Immer mehr Menschen schlossen sich Jesus und seinen Jüngern an.

*Die Heilige Familie*

## Warum wurde Jesus gekreuzigt?

In seinen Predigten erklärte Jesus den Menschen, dass nicht den Starken, sondern den Friedfertigen die Erde gehören werde. Er lehnte jede Form von Gewalt ab und forderte die Menschen zur Nächstenliebe auf. Aber viele Menschen waren von dem was Jesus predigte und tat, enttäuscht. Den Messias stellten sie sich prächtig wie einen König vor. Sie wollten, dass er die Römer vertreibt und das neue Friedensreich stark aufbaute. Es passte nicht zu ihrer Vorstellung vom Messias,

*Jesus am Kreuz*

dass Jesus als einfacher Mensch unter ihnen lebte. Daher war es einigen ganz recht, als er mit der römischen Besatzungsmacht Schwierigkeiten bekam. Die Römer hatten die Befürchtung, Jesus würde das Volk aufhetzen und ihnen ihre Macht streitig machen.

## Was wird zu Ostern gefeiert?

Im Johannesevangelium wird erzählt, dass drei Tage nach dem Tod Jesu eine der Frauen, die ihn schon bei seinen Wanderungen begleitet hatte, zum Grab ging, um die Leiche zu waschen und zu ölen. Sie fand das Grab leer und dachte zunächst, jemand hätte die Leiche gestohlen. Aber plötzlich stand Jesus vor ihr – er war vom Tod wieder auferstanden. Als die Frau den anderen Jüngern erzählte, was sie gesehen hatte, glaubte man ihr nicht. In den nächsten Tagen erschien der wieder auferstandene Jesus auch den anderen Jüngern. Zu Ostern feiern die Christen die Auferstehung Jesu. Der Tod und die Auferstehung Jesu zeigte den Menschen, dass mit dem Tod nicht alles endet, sondern dass es nach dem Tod ein ewiges Leben bei Gott gibt.

### Pfingsten

**wird am zweiten Sonntag nach Himmelfahrt gefeiert. Pfingsten ist nach Weihnachten und Ostern das dritte große Fest des christlichen Kirchenjahres. In der Bibel steht, dass plötzlich der Heilige Geist Gottes über die Menschen kam. Pfingsten wird zur Erinnerung an dieses Ereignis gefeiert.**

## Die Apostel

Nach seiner Auferstehung blieb Jesus noch einige Zeit bei seinen Jüngern, bis er vor ihren Augen auf einer Wolke verschwand. Bevor er in den Himmel aufgenommen wurde, gab Jesus seinen Jüngern einen Auftrag: Sie sollten in die Welt hinaus gehen und den Menschen die Botschaft, das Evangelium (griechisch „die frohe Botschaft"), von seinem Tod und seiner Auferstehung bringen. Die Menschen, die Jesus aussandte, sind die Apostel. Petrus legte als erster Jünger Jesu ein Bekenntnis zu Jesus als dem Messias ab. Nach der Himmelfahrt wurde er zum Leiter der Apostel, der zwölf engsten Weggefährten Jesu. Später ging er nach Rom und wird oft als „erster Bischof Roms" bezeichnet.

### Hast du schon gewusst,

**dass der Papst sich als Nachfolger von Petrus sieht? Jesus hatte Petrus zum Oberhaupt der ersten christlichen Gemeinde ernannt. Deshalb beansprucht der Papst, das Oberhaupt aller Christen zu sein. Er wird aber nur von den Angehörigen der katholischen Glaubensrichtung anerkannt.**

## Das Neue Testament

Der erste Teil der Bibel besteht aus hebräischen Schriften, die vor der Zeit Jesu entstanden sind. Diese Schriften werden im jüdischen Gottesdienst benutzt und werden Altes Testament genannt. Die Zehn Gebote, die auch für alle Christen gelten, stehen im Alten Testament.

Das Neue Testament ist der zweite Teil der Bibel, den nur Christen anerkennen. Hier wurden Berichte über das Leben Jesu und Briefe der ersten Gemeinden gesammelt. Diese Berichte werden Evangelien genannt. Sie bilden zusammen mit den ersten Briefen, die zwischen den ersten Gemeinden verschickt worden waren, das Neue Testament. Die meisten dieser Briefe stammen vom Apostel Paulus. Die Evangelien wurden von frühen Christen aufgeschrieben, die die Taten Jesu miterlebt oder davon gehört hatten. Im Neuen Testament gibt es vier Evangelien. Sie sind nach den Evangelisten benannt: Matthäus, Markus, Lukas und Johannes.

## Was ist das Abendmahl?

Das Abendmahl ist ein christlicher Ritus, der an das letzte gemeinsame Essen von Jesus und seinen Jüngern erinnern soll. Am Abend, bevor er gefangen genommen wurde, saß Jesus mit seinen Jüngern zusammen und teilte Brot und Wein aus. Anders als sonst gab er Brot und Wein eine besondere Bedeutung. Zum Brot sagte er: „Nehmet und esset alle davon, das ist mein Leib, der für euch hingegeben wird“ und zum Wein: „Nehmet und trinket alle davon, das ist der Kelch des neuen und ewigen Bundes, mein Blut, das für euch und für alle vergossen wird zur Vergebung der Sünden“. Deshalb wird bei der Abendmahlsfeier in der Kirche Wein und Brot an die Gläubigen verteilt. Man nennt das Abendmahl auch Kommunion.

## Die Taufe

Johannes der Täufer war ein Prophet, der die Ankunft des Messias in Gestalt Jesu predigte. Er forderte die Menschen auf, ihre Sünden zu bereuen und taufte sie als Zeichen dafür, dass sie von ihrer Schuld reingewaschen waren. Als Jesus 30 Jahre alt war, taufte Johannes auch ihn im Fluss Jordan. Die Taufe leitete das öffentliche Wirken Jesu ein. Die Taufe ist seit der Zeit das Sakrament der Aufnahme in die Gemeinschaft Christi.

### Hast du schon gewusst,

**dass die Bibel das wahrscheinlich meistgedruckte Buch auf der Welt ist? Es gibt weltweit ungefähr drei Milliarden Bibeln oder Bibelteile, die in 2000 Sprachen übersetzt wurden.**

## Die Spaltung der Kirche

Im Laufe der Zeit waren zwei Zentren des christlichen Glaubens entstanden – Rom im Westen und Byzanz (heute Istanbul) im Osten. Im 8. und 9. Jahrhundert brach zwischen den Kirchen der so genannte Bilderstreit aus: In Byzanz verehrte man inzwischen Ikonen. Das sind heilige Bilder, auf denen meistens Christus oder Maria mit dem Jesuskind abgebildet sind. Rom sah die Anbetung von Bildern als Götzendienst an. In Wirklichkeit ging es jedoch nicht um die Bilder sondern um politische Macht. 1054 kam es zur Spaltung in zwei Glaubensgemeinschaften: die katholische Kirche in Rom und die orthodoxe Kirche in Byzanz.

## Die Reformation

Einige gläubige Menschen vertraten die Meinung, dass sich das Christentum zu weit von den Ideen Jesu entfernt hatte und beschlossen daher, die Kirche zu erneuern (reformieren). Die Reformatoren kritisierten vor allem den unglaublichen Luxus, in dem der Papst und die Bischöfe lebten. Ein weiterer Punkt war der Handel mit den Ablassbriefen. Das sind Urkunden, die dem Käufer bescheinigen, dass seine Schuld vergeben ist.

Martin Luther, der das Neue Testament studiert hatte, meinte, dass man sich Gottes Vergebung nicht mit Geld erkaufen kann. Vergebung könne man nur von Gott empfangen und müsse dafür Gott im Gebet um Vergebung bitten. Da die Reformatoren weiter an ihrem Erneuerungswerk arbeiteten, spaltete sich die evangelische Kirche schließlich von der katholischen ab.

# Islam

Verbreitung des Islam

Das Wort Islam bedeutet „Hingabe an Gott“. Islam ist nicht ein Glaube, sondern es ist eine Lebensweise. Er regelt alle Bereiche des Lebens, von Essgewohnheiten über Kleidung, Erziehung und Arbeit. Wer den Islam annimmt, wird Muslim oder Moslem („der den Islam angenommen hat“) genannt. Die alte Bezeichnung Mohammedaner, die wir manchmal noch hören oder lesen, bedeutet „Anhänger des Mohammed“ und wird von den Muslimen abgelehnt. Denn man könnte glauben, dass Mohammed die wichtigste Bedeutung für die Gläubigen hätte. Die Muslime verehren ihn zwar als Propheten, aber sie beten nicht zu ihm. Im Mittelpunkt ihres Glaubens steht Gott.

## Wer war Mohammed?

Mohammed ist der Begründer des Islam. Er wurde um 570 in der Stadt Mekka in Arabien geboren. Er erlernte später den Beruf des Kaufmanns. Da er sehr tüchtig und ehrlich war, bekam er den Beinamen al Amin, „der Vertrauenswürdige“. Er heiratete eine schöne Geschäftsfrau mit dem Namen Chadidscha. Sie lebten viele Jahre glücklich zusammen und bekamen mehrere Kinder. Seine Söhne starben alle vor dem Erwachsenenalter. Darum stammen Mohammeds Nachkommen von seiner jüngsten Tochter Fatima ab. Als er 40 Jahre alt war, hatte er eines Nachts ein Erlebnis, das sein Leben völlig verändern sollte. Er schlief ganz allein in einer Höhle auf dem Berg Hira, als er durch eine Stimme wach wurde. Er sah den Engel Gabriel, der zu ihm sprach. Diese Begegnungen wiederholten sich. Mohammed erzählte seiner Frau und seinen Freunden von diesen Erlebnissen, die die Mitteilungen ernst nahmen. Sie merkten sich seine Worte, schrieben sie auf und sammelten sie. Aus diesen Worten Gottes, die der Engel Gabriel an Mohammed weitergab, entstand der Koran.

## Was ist der Koran?

Für Muslime ist der Koran das reine und unverfälschte Wort Gottes. Das arabische Wort Koran bedeutet „Lesung“. Er ist zwar aus dem Arabischen in viele Sprachen, darunter auch ins Deutsche, übersetzt worden. Für Muslime sind diese Übersetzungen jedoch nicht der göttliche Koran – diesen gibt es nur in der arabischen Sprache. Deshalb lernen gläubige Muslime den Koran auf arabisch auswendig.

Die ältesten Verse des Koran stammen aus dem Jahre 610, die jüngsten aus dem Jahre 632. Im Koran spricht nicht Mohammed, sondern Gott. Die Offenbarungen wurden nach dem Tode des Propheten in 114 Kapitel (Suren) zusammengefasst. Der Inhalt der Suren ist sehr vielfältig. Sie erzählen von Gottes Eigenschaften, von den Propheten, von früheren Offenbarungen Gottes, von der Geschichte alter Völker, über Naturerscheinungen und über die Schöpfung. Der Koran enthält auch Regeln für den Aufbau und das Zusammenleben der muslimischen Gemeinschaft. Über das Leben und die Lehren Mohammeds wird nicht im Koran berichtet. Sie sind durch andere Schriften (Hadith) überliefert.

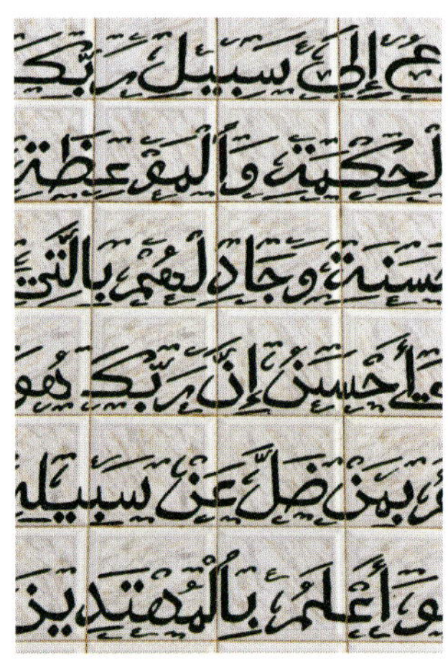
*Kalligrafie einer Koranseite*

## Der Islam und die Bibel

Muslime achten und respektieren die Bibel als eine heilige Schrift. Sie glauben, dass die Thora der Juden, die Psalmen und die Evangelien des Neuen Testaments Gottes Wort sind. Sie ehren Jesus als Propheten, aber glauben nicht daran, dass er der Sohn Gottes ist.

## Was verbindet Juden und Muslime?

Nach jüdischem und muslimischen Glauben sind Juden und Muslime Nachkommen Abrahams. Denn Abrahams ältester Sohn Ismael ist der Stammvater der Araber, sein zweitgeborener Sohn Isaak der der Juden.

## Was ist die Erlösung?

Im Islam kann nur der Gläubige ins Paradies gelangen, der den Willen Gottes (Allahs) erfüllt. Zu einem Zeitpunkt, den nur Allah kennt, wird das Jüngste Gericht stattfinden. Alle Toten stehen dann aus ihren Gräbern wieder auf und müssen vor Gott treten. Wer Allahs Gebote befolgt hat und im Leben gut gehandelt hat, kommt zur Belohnung ins Paradies. Alle anderen kommen in eine Flammenhölle. Propheten und Märtyrer (Menschen, die für ihren Glauben und Allah gestorben sind) kommen gleich nach ihrem Tod ins Paradies.

### Hast du schon gewusst,

**dass im Islam Gott außer dem Namen Allah noch 99 andere hat? Einige dieser Namen sind: der Barmherzige, der Gnädige, der Gütige, der Weise, der Vergebende, der Beschützer und der Liebende. Die Zahl 99 ist symbolisch zu verstehen und bedeutet, dass der Mensch sich beliebig viele Namen für Gott ausdenken kann, aber er trotzdem nie alle seine Namen finden wird.**

## Die fünf Pfeiler des Islam

Die fünf Pfeiler des Islam sind die fünf wichtigsten Regeln, die ein Muslim befolgen muss, wenn er Gott dienen will. Die erste und wichtigste Regel ist das Glaubensbekenntnis. Wer die Worte: „Es gibt keine Gottheit außer Gott (Allah)/ Mohammed ist der Gesandte Gottes“ auf arabisch öffentlich und mit ernster Absicht ausspricht, bekennt sich zum Islam und ist Muslim. Dann folgen das tägliche fünfmalige Gebet, die Wohltätigkeit für die Armen, das Fasten im Monat Ramadan und eine Pilgerfahrt nach Mekka.

## Was ist Ramadan?

Du hast vielleicht Freunde, die Muslime sind. Dann hast du sicher auch schon einmal gehört, dass Muslime einmal im Jahr in einem bestimmten Monat fasten. Das ist der neunte Monat des islamischen Kalenders Ramadan. Während des Fastenmonats sollen die Muslime von Sonnenaufgang bis zum Sonnenuntergang nicht essen, trinken, rauchen und keine sexuellen Beziehungen haben. Das gilt für Arme und für Reiche gleichermaßen. Kranke, Schwangere und Reisende sind vom Fasten ausgenommen, denn die Regeln des Koran nehmen immer Rücksicht auf die Schwäche des Menschen.

*Pilger beim Umrunden der schwarz verhüllten Kaaba in Mekka*

## Pilgerfahrt nach Mekka

Die von Abraham und Ismael erbaute Kaaba in Mekka ist das älteste muslimische Gotteshaus und das höchste Heiligtum des Islam. Mekka ist die Geburtsstadt von Mohammed. Dort und in der Stadt Medina wurde ihm der Koran offenbart. Da-

## Muslimische Zeitrechnung

**Die muslimische Zeitrechnung beginnt am 15. Juli 622, als Mohammed mit seinen Anhängern Mekka verließ und nach Medina zog (Hidschra), wo die erste muslimische Gemeinde entstand. Das Jahr 2000 entspricht also nach dem muslimischen Kalender dem Jahr 1378.**

her gehört es zu den Pflichten eines gläubigen Muslims, einmal in seinem Leben nach Mekka zu pilgern. Die Pilger müssen sieben Mal die Kaaba gegen den Uhrzeigersinn umrunden, dabei Gebete sprechen und den heiligen schwarzen Stein berühren. Die Pilgerfahrt heißt auf Arabisch Hadsch.

## Moschee und Gebet

Die Moschee ist das islamische Gebets- und Versammlungshaus. Zur Moschee gehört ein hoher Turm, das Minarett, von dem der Gebetsrufer

*Die Blaue Moschee in Istanbul*

(Muezzin) zu bestimmten Zeiten die Gläubigen zum Gebet ruft. Fünfmal am Tag ist Gebetszeit – vor Sonnenuntergang, am Mittag, am Nachmittag, am Abend und vor der Nachtruhe. Der Gläubige muss zum Beten nicht in die Moschee gehen, er kann sein Gebet dort verrichten, wo er sich gerade befindet. Dabei muss er nur sein Gesicht in Richtung der heiligen Stadt Mekka wenden.

*Innenansicht der Blauen Moschee in Istanbul*

## Freitagsgebet

Freitag ist der islamische Feiertag. Die Muslime treffen sich zum großen Freitagsgebet in der Moschee. Dort findet das Gebet unter der Anleitung des Imam, des Vorbeters, statt. Die Gebete werden auf der ganzen Welt immer in arabischer Sprache gesprochen, auch wenn die Muslime selbst eine andere Muttersprache haben.

## Hast du schon gewusst,

**dass der Islam die bildliche Darstellung von Gott untersagt? Zu Mohammeds Zeit beteten die Menschen zu Bildern von Göttern in Menschen- und Tiergestalt. Um diese Anbetung der Götterbilder abzuschaffen, wurde jede bildliche Darstellung von Menschen oder Tieren verboten. Es gibt aber im Islam viele Kunstwerke, die das Leben des Mohammed darstellen. Das Gesicht des Propheten ist allerdings mit einem Schleier verdeckt.**

## Verbreitung des Islam

Nach dem Christentum hat heute der Islam die meisten Anhänger in der Welt – rund eine Milliarde Gläubige. Der Islam ist außer im Mittleren Osten und Nordafrika vor allem in dem Gebiet von Westafrika bis nach Indonesien verbreitet. Aber auch in Europa leben viele Muslime: In Frankreich z. B. gibt es etwa 2,5 Millionen Muslime, die hauptsächlich aus nordafrikanischen Ländern stammen. In Deutschland ist der Islam nach der katholischen und der evangelischen Kirche die drittgrößte Religionsgemeinschaft. Hier leben etwa 2,7 Millionen Muslime. 90 Prozent von ihnen sind aus der Türkei zu uns gekommen. Aber auch mehr als 50.000 Menschen deutscher Herkunft haben den Islam angenommen.

# Hinduismus

Verbreitung des Hinduismus

Der Hinduismus ist die vorherrschende Religion Indiens. Das Wort Hindu ist vom Namen des Flusses Indus abgeleitet. Hinduismus ist heute nach dem Christentum und dem Islam die drittgrößte Religionsgemeinschaft in der Welt. Der Hinduismus ist in einem Zeitraum von mehr als 4000 Jahren entstanden. Er fasst eine Vielzahl unterschiedlicher religiöser Vorstellungen zusammen. Die Inder selbst nennen ihre Religion Sanatana Dharma, das heißt „ewiges Gesetz".

## Welche Götter verehren die Hindus?

Der Hinduismus kennt viele Götter, doch viele Hindus glauben an „das Absolute". Dieses Absolute entfaltet sich in der „indischen Dreifaltigkeit" aus Brahma, Vishnu, und Shiva. Für manche Hindus sind Brahma, Vishnu und Shiva drei gleichrangige Erscheinungsformen eines einzigen, allmächtigen Gottes.

Brahma ist der Schöpfer und wird als Baumeister der Welt angesehen, ist aber nicht der höchste Schöpfergott, denn er baut und ordnet die Welt nach Gesetzen, die ihm vorgeschrieben sind. Vischnu ist der Erhalter der Welt. Befindet sich die Welt in Gefahr, erscheint Vishnu in Gestalt eines Tieres oder eines Menschen, um das Böse abzuwehren, und stellt die Weltordnung wieder her. Der andere Gott Shiva ist der Zerstörer und gleichzeitig Schöpfer neuen Lebens.

*Darstellung der Göttin Shiva*

## Veden – die heiligen Schriften

Die heiligen Schriften des Hinduismus sind sehr umfangreich. Sie sind in Sanskrit, der altindischen Gelehrtensprache, aufgeschrieben. Die älteste Schriftsammlung ist über 3000 Jahre alt und wird Veda („das Wissen") genannt. In den Veden sind religiöse Überlieferungen festgehalten: Es sind Hymnen, Opfervorschriften und Weisheitslehren. Jeder Hindu erkennt die Veden an.

## Der Tempel

*Innenansicht eines hinduistischen Tempels*

Hindu-Tempel nennt man Mandir. Die Menschen kommen zum Gebet hierher. Im Mittelpunkt eines Tempels, unter dem Turm, steht eine Figur der Gottheit, die in diesem Tempel verehrt wird. An den Wänden stehen andere Götterstatuen. Es gibt besondere Stellen, an denen der Gottheit Speisen als Opfer dargebracht werden. Die Hindus ziehen ihre Schuhe aus, denn der Tempel ist ein heiliger Ort. In vielen Tempeln gibt es Wasserbecken, damit die Gläubigen sich vor dem Gebet reinigen können.

## Die Kasten

Das Dharma, die heilige Weltordnung, bestimmt, dass jeder Hindu durch seine Geburt einer bestimmten Kaste angehört. Es gibt vier Kasten: die Brahmanen (Priester), Krieger, Bauern und Handwerker. Brahmanen bilden die höchste Rangordnung, dann folgen die Krieger, die Bauern und die

Handwerker. Hindu wird man durch Geburt in eine Kaste. Zum hinduistischen Glauben kann man nicht übertreten wie beispielsweise zum Christentum. Niemand kann eine Kaste verlassen und in eine höhere oder niedrigere Kaste aufgenommen werden. Viele Hindus erkennen die Kastengesetze an. Aber zahlreiche Hindus empfinden es als ungerecht, dass niemand in eine höhere Kaste aufsteigen kann. Denn dadurch dürfen sie bestimmte Berufe nicht ausüben. Im modernen Indien kommt es immer häufiger vor, dass sich Menschen gegen die Kastengesetze auflehnen.

## Die Wege zur Erlösung

Die Hindus streben nach der Erlösung, das heißt Befreiung der Seele aus dem Kreislauf der Wiedergeburt. Es gibt mindestens vier Wege, die zur Erlösung führen. Das ist erstens der Weg des Handelns: Man muss sich an die Regeln des Dharma halten, seine religiösen Pflichten erfüllen, die Regeln seiner Kaste befolgen und gute Taten vollbringen. Dann steigt man in jedem neuen Leben auf, bis schließlich die höchste Stufe erreicht ist. Auf dieser Stufe muss man nicht wiedergeboren werden.

*Mönch bei der Meditation*

### Hast du schon gewusst,

**dass der Ganges der heilige Fluss der Hindus ist? Sie pilgern in die Stadt Benares, tauchen dort in den Ganges ein und trinken das Wasser, denn nach den Vorstellungen der Hindus hat es reinigende Kräfte. Viele Hindus kommen auch nach Benares, um dort am heiligen Fluss zu sterben. Die Leichen der Gläubigen werden verbrannt und die Asche wird in den Ganges gestreut.**

### Hast du schon gewusst,

**dass man Menschen in Indien, die keiner Kaste angehören, Parias („Unberührbare") nennt? Sie stehen in der untersten Stufe der Gesellschaft und müssen Berufe ausüben, die niemand haben möchte, wie z. B. Müllbeseitigung oder Arbeiten in der Kanalisation. Sie gelten daher als „unrein" und andere Hindus dürfen sie nicht einmal berühren.**

Ein anderer Weg zur Erlösung ist die Konzentration. Es handelt sich um Techniken, die wir als Yoga kennen. Yoga bedeutet „Vereinigung mit Gott". Mit täglichen Übungen in Fasten, Atemtechniken, bestimmten Körperhaltungen und wiederholtem Sprechen von bestimmten Worten, den „Mantras", wird der Geist von körperlichen Zwängen befreit. Die dritte und beliebteste Möglichkeit ist Bhakti, die liebende Hingabe an eine Gottheit.

Ein vierter Weg ist Dschinana, der Weg der geistigen Erkenntnis. Das Ziel ist, dass der Mensch aufhört, sich mit seinem Körper zu beschäftigen. Dieser Weg muss von einem Guru (Lehrer) erlernt werden.

## Was ist Karma?

Das Wort Karma bedeutet „Tat". Das Karma, das sind die Taten eines Menschen, entscheidet über sein Schicksal. Tut er viel Gutes, wird er ein glückliches Leben haben, wenn er schlecht handelt, wird sein Leben im Unglück enden. Das Karma entscheidet aber auch, ob man in einer besseren Form wiedergeboren wird oder nicht.

### Hast du schon gewusst,

**dass für Hindus die Kühe heilig sind? Da die Hindus überzeugt sind, dass auch in Tieren eine Seele wohnt, die in einem früheren Leben vielleicht in einem menschlichen Körper lebte, verzichten sie nach Möglichkeit auf das Töten von Tieren. Deshalb ernähren sie sich vegetarisch.**

# Buddhismus

Verbreitung des Buddhismus

Der Buddhismus ist nach seinem Gründer Buddha benannt, der vor etwa 2500 Jahren in Nordindien lebte. Buddha bedeutet: der Erwachte.

*Goldene Buddhafigur in einem Tempel*

## Das Leben des Buddha

Die Lebensgeschichte des Buddha klingt wie ein Märchen. Sein Geburtsname war Siddhartha Gautama und er war der Sohn eines reichen Fürsten. Siddhartha lebte in prächtigen Palästen und wurde zu einem Herrscher erzogen. Schließlich heiratete er eine schöne Prinzessin. Sein Vater versuchte den Prinzen vor allem Leid und Elend außerhalb der Palastmauern zu bewahren. Obwohl ihm jeder Wunsch erfüllt wurde, hatte Siddhartha das Gefühl, dass ihm etwas fehlte. Im Alter von 29 Jahren beschloss er, das Leben außerhalb des Palastes kennen zu lernen. Es wurden Vorbereitungen getroffen, denn der Prinz sollte nur die schönen Seiten der Welt sehen. Aber bei seinen Ausfahrten sah er inmitten fröhlicher Menschen einen vom Alter gezeichneten Greis, dann einen Schwerkranken und am Fluss, wie Leichen verbrannt wurden. Das waren neue Erfahrungen für Siddhartha, denn Alter, Krankheit und Tod hatte er bisher nicht gekannt.

*Siddhartha verlässt seine Frau*

## Der Prinz verlässt den Palast

Bei seinen Ausfahrten hatte Siddhartha zum ersten Mal gesehen, was Armut, Krankheit und Tod sind. Er erkannte, dass er selbst im Laufe seines Lebens Leid erfahren würde. Er war über diese Erkenntnis so erschüttert, dass er sein Leben nicht mehr so fortsetzen konnte wie bisher. Er wollte herausfinden, woher das Leid in der Welt kommt und ob man es verhindern kann. Siddhartha verließ heimlich den Palast und seine Familie. Er schnitt sein Haar ab und tauschte seine Kleider gegen alte Sachen eines Bettlers. Er zog umher und suchte einen Meister, der ihm den Sinn des Lebens zeigen sollte. Aber keiner der Lehrer (Gurus), die er traf, konnte ihn überzeugen. So entschloss er sich zum „Großen Verzicht“ und versuchte das Leben eines Asketen zu führen. Siddhartha fastete so lange, bis er ganz schwach war. Dabei erkannte er, dass auch dieser Weg nicht der richtige war. Schließlich zog er sich in einen Wald zurück und setzte sich unter einen wilden Feigenbaum, um zu meditieren. Er saß mit überkreuzten Beinen („Lotussitz“) ganz aufrecht da, schloss die Augen und dachte konzentriert nach. Bei dieser Übung wurden seine Gedanken klar und deutlich. Sein bisheriges Leben kam ihm wie ein Dämmerschlaf vor, aus dem er nun erwachte. Er hatte sieben Jahre unter dem Feigenbaum nachgedacht und meditiert und erlebte nun die „Große Erleuchtung“. Durch seine Erleuchtung wurde Siddhartha zum Buddha.

## Die vier edlen Wahrheiten

Während Buddha meditierte, versuchte er Antworten auf folgende Fragen zu finden: Was ist Leiden? Wodurch hört das Leiden auf? Wie kann ich das Leiden beenden? Die Antworten auf diese Fragen sind die vier edlen Wahrheiten:

1. Das Leben besteht nur aus Leiden und alles Glück ist vergänglich.
2. Leiden entsteht durch menschliche Begierde.
3. Wenn die Begierde aufhört, hört auch das Leiden auf.
4. Nur ein Weg führt zum Glück. Das ist der Achtfache Pfad. Er ist der „mittlere Pfad" zwischen den Extremen eines Lebens in Lust und Genuss und einem Leben in völliger Entsagung.

Mit dem Leiden meint Buddha jede Art von Unzufriedenheit. Sie entsteht aus den unerfüllten Wünschen der Menschen. Buddha lehrte, dass Menschen am meisten an ihrer eigenen Gier leiden. Sie wollen immer mehr haben – z. B. Reichtum, Schönheit und Jugend. Also sie sind nie zufrieden und kommen niemals zur Ruhe. Wenn die Gier aufhört, hört auch die Unzufriedenheit auf. Um diesen Zustand zu erreichen, muss man sich üben. Dazu dient der Achtfache Pfad. Wenn man die Regeln des Achtfachen Pfades befolgt, kann man sich von Gier befreien und das Nirwana erreichen.

### DER ACHTFACHE PFAD

**Der Achtfache Pfad wird durch acht Speichen des Rades symbolisiert. Er besteht aus folgenden Teilen:**

**Die rechte (richtige) Rede,** d. h. nicht lügen oder schlecht über andere reden.

**Rechtes Handeln,** d. h. niemandem etwas Böses tun.

**Der rechte Lebenserwerb,** d. h. seinen Lebensunterhalt so verdienen, dass man anderen nicht schadet.

**Die rechte Anstrengung,** um böse Gedanken zu unterdrücken.

**Die rechte Aufmerksamkeit,** d. h. immer genau darauf achten, ob man sich richtig verhält.

**Die rechte Konzentration,** die zur Meditation notwendig ist.

**Die rechte Erkenntnis,** die man braucht, um die Welt so sehen zu können, wie sie wirklich ist.

**Das rechte Denken,** d. h. Mitleid und Hilfsbereitschaft.

## Was bedeutet Nirwana?

Nirwana ist das Ziel des Achtfachen Pfades. Die Seele wird befreit und findet ihre Ruhe. Buddha lehrte, dass die Gier die Menschen zu immer neuem Geborenwerden treibt. Wenn man unzufrieden stirbt und noch unerfüllte Wünsche hat, kann seine Seele nicht zur Ruhe kommen. Deshalb muss man auf die Erde zurück, um weiter diesen Wünschen nachzujagen. Aus diesem Grund macht auch keine Wiedergeburt wirklich glücklich. Wer die Gier überwunden hat, beendet den Kreislauf der Wiedergeburten. Das Verlöschen der Gier heißt Nirwana. Das bedeutet aber nicht, dass man schnell diese Welt verlassen und sterben will. Wer Buddhas Weg geht, wird frei von ungeduldigem Verlangen und sinnlosen Wünschen.

*Stupa von Sanchi*

## Stupas – Orte der Anbetung

Buddha starb im Alter von 80 Jahren. Sein Leichnam wurde verbrannt und seine Asche verteilten seine Jünger auf acht Orte, an denen man halbkugelförmige Gebäude mit einer Spitze errichtete. Diese Grabmäler werden Stupas genannt. Heute gibt es viele Stupas, die allerdings keine Asche Buddhas mehr enthalten. Stupas werden sehr verehrt, weil sie in ihrem Aufbau die fort-

## Meditation

*Tibetischer Mönch bei der Meditation*

**Meditation ist das Üben des Geistes, durch das Buddha seine Erkenntnis fand. Meditieren bedeutet, dass man eine Tätigkeit ganz konzentriert ausübt. Dabei ist es wichtig, nur diese eine Sache zu tun und sich nicht ablenken zu lassen. Meditation kann man bei jeder Tätigkeit üben.**

schreitende Erkenntnis und den Achtfachen Pfad darstellen.

## Verbreitung des Buddhismus

Der Buddhismus ist in den asiatischen Ländern Sri Lanka, Thailand, Myanmar (früher Burma), Laos, Kambodscha, Vietnam, Malaysia, China, Korea, Mongolei, Nepal, Butan, Tibet und Japan verbreitet. In Indien, im Geburtsland Buddhas, bekennen sich heute nur wenig Menschen zum Buddhismus. In den letzten 150 Jahren ist der Buddhismus auch nach Europa und Nordamerika gekommen. Der Buddhismus hat im Laufe der Jahrhunderte viele Formen ausgebildet. Er enthält religiöse Traditionen und Vorstellungen der Völker, die diesen Glauben annahmen. Darum ist der Buddhismus nicht überall gleich. In den Verbreitungsgebieten gibt es heute vielfältige buddhistische Traditionen.

## Hast du schon gewusst,

*Tibetische Mönche fertigen ein Sandmandala an*

**dass Buddhisten als Meditationshilfe oft ein Mandala verwenden? Ein Mandala ist ein Bild. Meistens ist es ein Kreis mit komplizierten Verzierungen und Figuren. Bei der Meditation konzentriert man sich ganz auf die Betrachtung des Bildes. Buddhistische Mönche stellen oft Mandalas aus Sand her.**

## Wer ist der Dalai-Lama?

Wahrscheinlich hast du schon einmal den Namen Dalai-Lama gehört oder gelesen und hast dich schon gefragt, wer das ist und was er macht. Der Dalai-Lama ist das Oberhaupt der tibetischen Buddhisten. Im 8. Jahrhundert gelangte der Buddhismus von Indien nach Tibet. Dort vermischte er sich mit einem Volksglauben, der Götter, Dämonen und Zauberriten kannte. Es entstand der tibetische Lamaismus – eine Form des Buddhismus. Seine religiösen Führer sind Mönchspriester, die Lamas (Obere) genannt werden. An deren Spitze steht der Dalai-Lama, den die Gläubigen als Göttlichen verehren. Er gilt als Wiedergeburt des Bodhisattva Avalokiteshvara, des Bodhisattva des Erbarmens. Ein Bodhisattva ist jemand, der die Erleuchtung gefunden hat, aber freiwillig nicht ins Nirwana eingeht, bevor nicht alle Lebewesen soweit sind. Er hilft den anderen Menschen auf ihrem Weg zur Erkenntnis. Da er auf Nirwana verzichtet, muss er in Menschengestalt weiter auf der Erde leben. Deshalb lebt sein Geist im Körper des Dalai-Lama weiter. Nach dem Tod des Dalai-Lama geht der Geist des Bodhisattva in ein neugeborenes Kind über, das dann der nächste Dalai-Lama wird. Der derzeitige Dalai-Lama, Tenzin Gyatso, ist die 14. Wiedergeburt des Bodhisattva des Erbarmens. Seit 1959 lebt er in Indien im Exil, weil Tibet von China gewaltsam erobert und besetzt wurde.

# REGISTER